审计师选聘权配置、市场竞争与独立性

龙小海 著

AUDITOR SELECTION RIGHTS DISPOSITION, AUDIT MARKET COMPETITION AND AUDITOR INDEPENDENCE

社会科学文献出版社
SOCIAL SCIENCES ACADEMIC PRESS (CHINA)

摘　要

审计师独立性一直是会计研究中一个重要的问题。长期以来，关于经济依赖、客户重要性、低价承揽、审计师任期、非审计服务、法律责任、声誉等因素对审计师独立性的影响，一直是理论和实证研究有争议的问题，同时监管部门也存在不同的看法和不同的监管政策。本书在已有相关研究的基础上，首先概括并提炼出了一个完整的审计师选聘权配置框架，进而，分别以完全竞争、垄断竞争和寡头垄断竞争为审计环境，建立了审计师选聘权配置、审计市场竞争与审计师独立性的一个完整分析框架，揭示了审计师选聘权配置、审计市场竞争与审计师独立性的内在关系，并据此对经济依赖、低价承揽、审计师任期、非审计服务、法律责任、声誉等是如何影响审计师独立性的一系列问题给出了一个分析性证明和结论。结论表明，经济依赖、低价承揽、审计师任期、非审计服务、法律责任、声誉等对审计师独立性的影响，取决于审计市场中审计师选聘权配置状况、审计师的声誉分布、审计市场竞争激烈程度、对审计师的监管等因素的综合作用。在具有个体多样性和复杂性的审计师群体中，对不同结构群体样本的实证分析也自然会存在不同甚至相反的结论。其次，基于该分析框架，本书提出了在不同的审计师选聘权配置下，审计师会形成不同的进化稳定策略，进而形成不同的独立审计习惯和规则，同时在审计师选聘权配置的演化过程中，独立审计的发展存在强烈的历史路径依赖。最后，本书运用该分析框架对我国审计师行业发展变迁给出了新的理论解释和相应的政策建议。

Abstract

Auditor independence has always been an important issue in accounting research. For a long time, the issue of economic dependence, client importance, low-balling, auditor tenure, non-audit service, legal liability, reputation and other factors on the auditor independence has been controversial in theoretical and empirical research, while regulators also have different views and different regulatory policies. On the basis of the existing research, firstly, this book summarizes and extracts a complete framework for the selection rights of auditors and then based on the complete competition, monopolistic competition and oligopoly competition as the audit environment, a complete analysis framework of auditor selection rights disposition, audit market competition and auditor independence is established, which reveals the internal relationship between the auditor selection rights disposition, the market competition and the auditor independence, It also provides an analytical proof and conclusion for a series of problems such as economic dependence, low-balling, auditor tenure, non-audit service, legal liability, reputation and so on how to affect the auditor independence. The results show that the impact of economic dependence, low-balling, auditor tenure, non-audit service, legal liability, reputation on the auditor independence depends on the auditor selection rights disposition, the distribution of reputation, the degree of competition, the supervision of auditors and other factors combined effect. For the group of auditors with individual diversity and complexity, empirical studies of samples from different groups will naturally lead to different conclusions. Secondly, based on this analysis framework, this book suggests that under the disposition of different auditor selection rights, the auditors will form different evolutionary stability strategies and lead to the formation of different independent audit habits and rules. There is a strong historical path dependence in the development of the auditing system. Finally, this book uses the analytical framework to give a new theoretical explanation and corresponding policy advice to the audit industry development.

目 录

第一章 绪 论

本章主要提出本书所研究的问题，综述该问题的国内外研究现状，介绍本书的内容安排，说明本书研究的几个基本假设。

第一节 研究的问题与背景

一般认为，经济决策是在不确定情况下做出的，经常存在决策者因选择错误方案而面临重大损失的风险。通过增加信息的可靠性，审计师实际上降低了决策者的风险。更确切地说，审计师降低了信息风险——用来做出决策的财务会计报告存在重大误报的风险（O. 雷·惠廷顿和库尔特·帕尼，2003）。一般来说，在企业管理当局编制和提供其财务信息时，可能存在偶然错误、能力有限以及故意舞弊等问题，导致其财务会计报告违反公认会计准则，未能恰当地反映企业真实的财务状况和经营成果，这使决策者不能做出正确的判断和决策。而经过审计的财务会计报告表明审计师已经按照审计准则和会计准则的要求，对其实施了相应的审计并发表了公允性意见，这确保了财务会计报告在所有重大方面符合会计准则的编制要求，反映的会计信息真实、可靠，进而为决策者利用会计信息做出正确的决策提供了基础。因此，审计师对公司财务进行独立审计是维护资本市场秩序的重要内容。

由此带来的一个问题是，审计师对财务信息的鉴证和报告可能会失败，这不仅损害了审计的经济价值，而且直接影响经济活动的正确决策，更重要的问题是审计失败将导致资本市场丧失对审计的信任，进而影响整个资本市场的有序稳定运行。审计质量本质上就是审计师发现公司违背会计规则并如实报告其发现的概率（DeAngelo，1981a）。因此，审计师独立性是影响审计质量的一个至关重要的因素，监管者和利益相关者对审计师是否有充分的独立性特别关心，特别是对企业经营失败的结果或经审计的会计账目的重要变化非常关心。因此，审计师独立性始终是审计服务市场中一个至关重要的问题。

从现实情况看，美国注册公共会计师协会（AICPA）在 1962 年的道德规范条款中就提出了有关独立性的条款。会计师事务所合并、进入新的服务领域以及各种复杂的商业和职业关系的发展，对审计师独立性提出了新的挑战，在国际上，审计师的独立性又成为一个热门话题，监管当局也在广泛讨论和注意审计师独立性的威胁。1997 年美国证券交易委员会（SEC）和 AICPA 组建了独立准则委员会（ISB），组建 ISB 的目的在于制定相关独立审计的规定，以保护公众利益，增强资本市场投资者的信心。ISB 成立后，发布了大量的独立审计准则。同时，SEC 还要求公共监管委员会（POB）对独立性规定的执行情况进行专门评估。国际会计师联合会（IFAC）在《职业会计师道德守则》中专门制定了审计师独立性的框架。2009 年 IFAC 对《职业会计师道德守则》进行了修订，修订后的《职业会计师道德守则》对强化审计师独立性提出了更加具体的要求。

在进入 21 世纪后的不久，随着“安然公司会计舞弊事件”的曝光，环球电讯、施乐、泰科国际、世界通信、莱得艾德、美国在线时代华纳、甲骨文软件等一系列世界知名公司的会计造假案件相继曝光，令全世界感到震撼和不安，由此也引发了新一轮审计师独立性信任危机。“安然事件”的结果不仅直接导致国际五大会计师事务所之一的安达信会计师事务所的破产，还使得不少国家又开始重新审视审计师的独立性问题并做出相应的制度安排。2002 年美国颁布了 Sarbanes - Oxley 法案，该法案对公众公司的独立审计做出了进一步的规定：审计师向公司提供审计服务或非审计服务应当获得公司审计委员会的批准；审计师应当先向审计委员会报告并受审计委员会的监督；禁止审计师提供特定非审计服务，包括记账，会计信息系统设计和执行，评估服务，精算服务，内部审计，代理管理和人力资源服务，经纪和投资银行服务，与审计无关的法律或专业服务，以及未被批准的其他服务；参与公众公司业务的主要审计合伙人和审计复核合伙人必须每五年进行轮换；若公司的高级官员（首席执行官、主计长、首席财务官、首席审计师等）之一曾经受雇于会计公司并在以前从事过该公司的审计工作，则该会计公司将不能为该公众公司提供审计服务。Sarbanes - Oxley 法案实施后，美国改变了以往单纯由行业自律组织管理审计师的格局，强化了政府对审计师的监督。SEC 成立了公众公司会计监督委员会（PCAOB），SEC 对其进行监督。公众公司会计监督委员会由五位全职委员组成，对公众公司的审计行为和审计师进行监督和调查，并对违反法律、条例和规则的公司和个人进行制裁。

在我国，为适应改革开放和社会主义市场经济发展的需要，自 1980 年以后，注册会计师行业逐渐恢复并取得长足的发展。在此过程中，审计师独立性问题一直是政府和监管部门以及资本市场十分关注的焦点问题。1986 年国务院颁布的《中华人民共和国注册会计师条例》就明确规定，注册会计师依法独立执行业务，受国家法律保护。1993 年颁布的《中华人民共和国注册会计师法》明确规定，注册会计师和会计师事务所依法独立、公正执行业务，受法律保护。然而，由于我国注册会计师行业起步较晚、基础薄弱等多种原因，我国会计师事务所小而散，独立性不强，执业质量不高一直是困扰政府和相关监管部门的问题。2001 年的银广夏事件不仅震动了全国，而且直接导致了中天勤会计师事务所的解散。随后，东方电子、通海高科、绿大地、万福生科等一系列上市公司财务舞弊事件被揭露，令我国审计师独立性同样受到极大质疑并受到各方的关注。为此，2002 年中国注册会计师协会发布的《中国注册会计师职业道德规范指导意见》要求注册会计师执行鉴证业务时应当保持实质上和形式上的独立，不得因任何利害关系影响其客观、公正的立场，并列举了可能损害注册会计师独立性的情况以及应当采取的防范措施。2003 年财政部将原来委托给中国注册会计师协会的行政管理权收回，以使注册会计师协会扮演更多的行业自律者角色，这形成了一个政府和协会双重管理的格局。2009 年，国务院办公厅转发财政部《关于加快发展我国注册会计师行业若干意见》，明确要求："支持会计师事务所依法采用与其发展战略、业务特点和规模相适应的组织形式。进一步健全透明高效、相互制衡的治理结构和内控机制，不断完善内部管理制度和执业责任保险制度。"按照意见的要求，从 2010 年起，财政部等部门要求大中型和从事上市公司审计业务的会计师事务所的组织形式从有限责任制转制为特殊普通合伙制，转制的主要目的是优化审计师法律责任安排，促进审计师提高独立性，提高审计质量，做大做强会计师事务所。从 2010 年起，会计师事务所陆续转制为特殊普通合伙制形式，到 2013 年，从事上市公司审计业务的会计师事务所全部转制为特殊普通合伙制形式。

随着一系列财务舞弊案件的发生，审计师独立性又引起理论界的广泛关注，审计师独立性的研究文献大量涌现，由此也带来了很多理论贡献和争论。不同观点和视角的相遇、碰撞，为我们的思想提供了更为宽广的空间，为我们提供了更多的政策选择。然而，从现有文献来看，目前关于审计师独立性的很多争论和分歧，主要是基于不同的视角、环境、条件进行的研究分析，其尚未形成一个完整的审计师独立性分析框架，以将这些有争论的问题纳入框架并给予合理的解释。基于此，本书在对审计师独立性各种观点进行全面梳理和分析的基础上，跳出“某种因素究竟是否会影响审计师独立性”的规范性思维惯性，以现实存在为前提，以审计师选聘权配置为切入点，形成一个完整的审计师独立性分析体系，并根据这个分析框架来讨论各种因素对审计师独立性造成不同影响的前提条件，进而对独立性问题做出进一步的解释。本书一方面希望能为审计师独立性问题提供一个更为完整和辩证的思路，另一方面也希望能以此为依据为一些有关审计师独立性问题的争议提供一个合理的解释。

第二节　相关研究的基础和现状

关于审计师独立性一直没有一个统一的定义。即使是美国注册公共会计师协会（AICPA）和美国证券交易委员会（SEC）对独立性的定义也都比较长且在不断变化（Antle，1984）。从有关研究文献看，DeAngelo（1981b）将独立性定义为一个在违背会计准则情况被发现的条件下，审计师如实报告的概率。Antle（1982），Baiman（1991）建立了一个分析审计师和管理者合谋的概念框架。Magee，Tseng（1990）将缺乏独立性定义为审计师认为会计报告不符合会计规则，但是出具了相反的审计意见。Lee，Gu（1998）定义独立性为审计师和报告提供者不存在合谋。DeFond，Raghunandan，Subramanyam（2002）认为，审计师的独立性也就是审计师的客观性，以及审计师抵御客户要求其默许不符合准则的报告的能力。

审计师独立性定义形式上的不同主要是为了研究方便，就本质来说，其是一致的。按照审计技术要求，审计师实施了必要的审计努力并掌握了企业的真实情况，但是没有客观地报告，于是，研究审计师独立性的一个关键问题就在于为什么审计师没有客观地报告审计情况。对于这个问题，我们显然可以假设审计师和企业因为某种利益关系而存在某种合谋。由此，为了研究上的专注和方便，本书采用 Lee，Gu（1998）对审计师独立性的定义，即审计师独立性是指审计师和报告提供者之间存在合谋空间。

在确定了本书研究的审计师独立性的定义后，接下来的问题是如何寻找一个切入点来研究审计师独立性。应该说，有关审计师独立性的研究已经不是一个新的话题，研究文献可谓很多。为了在众多的研究中建立一个新的分析框架，必须全面梳理有关独立审计的理论以及有关审计师独立性的研究现状。首先，独立审计理论是审计师独立性问题的理论基石，或者说本书的研究是在有关独立审计的理论基础上进行和展开的。其次，我们需要从现有审计师独立性研究中，寻找本书研究的新视角和提炼出本书的相应观点，并在此基础上进一步对其加以推进和分析。

一　独立审计理论

审计的本质是什么，独立审计是如何产生和发展起来的，它在整个社会经济活动中扮演什么角色，这是分析审计师独立性应该首先弄清楚的基础问题。20 世纪 50 年代以来，人们对以上问题从不同的经济学角度做了多种理论解释①。

（一）委托代理理论

委托代理是目前解释审计需求产生的主流理论。代理问题的探讨最早源于 Coase，Alchian，Demsetz 等所讨论的经营者和所有者之间的财产权问题，他们还提出公司是由一系列契约所组成的观点。1976 年 Jensen，Meckling 发表了 "Theory of the Firm: Managerial Behavior, Agency Costs and Ownership Structure"，该文将产权、代理和财务纳入一个分析框架，形成较为完整的委托代理理论。Jensen，Meckling（1976）认为企业作为一系列复杂契约的联结，聚集着相互冲突的目标，这些目标通过契约安排达成均衡。通过这些契约均衡，管理层不仅会自愿向债权人或股东披露财务报告，而且会自愿聘请独立审计师对财务报告进行审计，以表明其提供的财务报告准确、可靠。此后，许多学者从契约的角度，结合会计信息的特点，对独立审计这一问题进行了更加深入的讨论。概括这些基本的讨论可

① 以下概述在很多文献中已经有详细的系统论述，本书在参阅这些论述的基础上做了一个简要的概括。

以发现，其基本思想是，随着经营者与所有者的分离，公司所有者将公司的经营管理权委托给职业经理人，并由此形成一系列契约。由此带来的问题是，由于投资者、债权人和管理者的目标效用函数不一致，且经营者行为和努力程度具有不可观测性，为实现自我利益最大化，管理者可能会偷懒甚至从事损害股东利益的行为。此外，股东由于承担有限法律责任，就可能诱使所有者从事高风险的经营项目，进而可能损害公司债权人的利益。于是，投资者为保证委托给经营者的资产得到有效的经营，防止经营者可能出现的道德风险行为，就试图设计出使管理者的报酬与其经营业绩挂钩的契约，以激发并约束管理者。但是，由于信息不对称和契约不完备，这可能诱使管理者编制虚假会计报告，虚报经营业绩。所以企业在实施以经营业绩为激励机制的报酬合同时，为有效防止企业经营者利用财务会计报告虚报经营业绩，使所有者设计的以经营业绩为机制的契约得到有效实施，就需要聘请独立的第三方——审计师——审查和鉴证经营者财务报表是否公允。所以，为降低代理成本，避免道德风险，保证企业一系列契约得到有效的实施，股东就需要委托审计师对经营者提供的财务会计报告进行审计。同时，作为接受委托的企业经营者，为表明其提供的反映经营者所付出的努力和取得成果的财务报表具有公信力，也有动机聘请审计师审查和鉴证其提供的有关其经营绩效的财务报表。因此，按照委托代理理论的观点，对审计师的需求已经不仅是所有者的单方需求，而且是所有者和受托经营者共同的需求，并由此形成相应的契约，这使得企业能在市场竞争中得以维持和经营。

（二）信息假说理论

审计需求信息假说的出现与财务会计决策有用观的盛行背景相关。Wallace（1980）在其 *The Economic Role of the Audit in Free and Regulated Markets* 一书中完整地提出了审计信息假说框架。在 1987 年和 2004 年，Wallace 根据后续的研究，对审计信息假说理论进行了补充说明（Wallace，1987，2004）。财务理论认为股价为未来现金流量的现值，而财务报表信息又与企业未来的现金流量息息相关。Watts，Zimmerman（1986）认为，企业未来的现金流量与企业盈余之间具有内在的逻辑相关性，会计盈余可以作为企业未来现金流量的替代变量，使投资者可以通过财务报表来估计企业未来现金流量的分布状况，进而据此对企业经营情况进行评估并做出理性的决策，以提高资源配置的效率。因此，在资本市场中，投资者通过获取充分的会计信息，可以有效降低投资风险、增加盈利机会以及更好地进行决策。但是，由于受能力、时间以及空间等多方面条件所限，投资者和其他利益相关者无法判断公司管理者提供的财务报表是否真实和公允，必须聘请具有专门技术的人来鉴证（Wallace，1987）。而经过审计师审计会计信息，表面上的公司管理者提供的财务报表就是真实和公允的，股东及其他依赖财务信息做决策的利益相关者就会利用管理者提供的会计信息制定其投资决策。因此，信息假说认为，独立审计主要是为了提高会计信息的可信性，增加会计信息的使用价值，降低资本市场的信息不对称，提高资本市场的运行效率，维护资本市场的信心。

（三）保险假说理论

20 世纪 80 年代以来，有学者开始将审计师审计业务看作一项保险，即如果经审计师审计的会计信息有误，那么因使用有误会计信息而遭受损失的会计信息使用者可以通过法律诉讼，向审计师索取赔偿。在这种情况下，购买审计师鉴证服务实质上就相当于购买保险。Wallace（1980）认为，审计师相当于“深口袋”（Deep Pockets），因此，审计师审计通过财务报表相当于审计师为其进行了“背书担保”，投资人因使用错误会计信息而遭受损失时，便能以审计师为共同被告向法院提起诉讼，从而降低投资损失风险。当投资人、管理者等利益相关者均具有这样的内在需求时，公司股东或者其他利益相关者就会自愿付费聘请审计师进行审计，所支付的审计费用相当于保费；而审计师为了避免因审计失败而遭受连带赔偿损失，也会以其专业技术提供更准确的鉴证服务。会计师事务所规模越大，“深口袋”就会越深，可能赔偿的金额就越高，其审计的质量就越高，保险的功能就越强（Lennox，1999）。在保险假说看来，审计被看作一种保险行为，能够减轻投资者和其他利益相关者的风险压力。

（四）本书研究的起点

无论是审计代理假说，还是信息假说、保险假说等，就其本质而言，均源于会计信息使用者和会计信息提供者之间所固有的信息不对称，这种信息不对称从企业契约的过程来看包括：企业契约缔结前，经理人员与投资者之间关于企业未来经营业绩信息的不对称；企业契约履行中，双方关于经理人员人力资本投入以及财务资本运用信息的不对称；企业剩余分配时，双方关于企业剩余信息的不对称（薛祖云、陈靖、陈汉文，2004）。

因此，为使得各方的效用函数最大化，解决由于会计信息不对称所带来的信息错误和舞弊，审计作为一个核查和鉴证机制自然就被引入进来。作为独立的第三方，审计师对信息提供者所提供的会计信息的真实性、公允性发表意见，以降低甚至消除信息错误和舞弊。审计在代理假说中，被认为通过鉴证的方式实现信息监督作用；在信息假说中，则被认为通过鉴证的方式实现信息质量的改善；而在保险假说中，则被认为通过鉴证的方式保证信息的可靠。

因此，独立审计实质上是为了解决会计信息提供者与会计信息使用者之间信息不对称的问题，不对称产生的原因又在于会计信息使用者需要真实、准确的会计信息做出决策，以实现其利益最大化。同样，会计信息提供者可能会隐藏真实的会计信息以谋取更多的利益，于是独立审计的安排就在于使这种冲突达成均衡。为此，独立审计往往被人们比喻为一个在会计信息提供者与会计信息使用者之间的天平，当审计师保持独立时，这个天平是平衡的，一旦审计师失去独立性，这个天平就将失去平衡。

从逻辑上说，在这样的平衡过程中，会计信息提供者拥有充分的信息资源，处于一个信息占有的优势地位。会计信息使用者缺少的是信息资源，其需要从会计信息提供者所提供的信息资源中获取决策所需要的会计信息，处于信息占有的劣势地位。因此，会计信息使用者和会计信息提供者之间的不对称地位决定了审计师选聘权在解决他们之间会计信息不对称问题中发挥着至关重要的作用。一个直观的逻辑判断是，由会计信息使用者来掌握审计师的选聘权，有利于改变其所处的劣势地位，以解决他们之间的信息不对称问题；反之，则可能产生相反的结果。本书的选题和分析的逻辑起点正由此出发，从而展开相关研究。

二　研究现状

从本书所拥有的资料看，对审计师独立性的研究往往与对其他审计问题的研究联系在一起，或者说更多的是所讨论的问题涉及审计独立、审计质量问题。本书通过对这些文献的梳理、归纳，将涉及独立性问题的研究纳入以下逻辑分析框架，以期对独立性研究有一个全面的认识。

（一）审计师独立性与企业合约

本书关于企业合约与审计师独立性的研究主要采用分析式研究。Gjesdal（1981）指出，引入审计师审计能够解决委托代理的信息不对称问题，但由此又引起了一个新的审计师代理问题，即要考虑审计师的动机。Antle（1982）认为在众多的把所有者、管理者和投资者作为效用最大化者的经济模型中，除非审计师与其他经济代理有本质的差别，否则应当将审计师作为一个效用最大化的追求者引入模型。他将审计师作为一个经济代理人纳入模型中，这产生了两个代理模型：一个是管理者代理模型，另一个是审计师代理模型。

Antle（1984）用委托代理模型对审计师的独立性做了公式化定义。通过模型，他将审计师的独立性分为：强独立（Strong Independence）、独立（Independence）和缺乏独立（Lack of Independence）。Baiman，Evans，Noel（1987）讨论了委托者 - 代理者和委托者 - 审计师的最优合约问题，分析了审计师的引入如何改进委托者和代理者的合约关系以及委托者如何克服审计师的道德风险问题，明确了用审计师来改进效率的条件。在模型中，他们引入了一个公共信息机制和一个双向转移（Double - Transfer）机制，得出了让审计师真实报告的合约最优解。Baiman，Evans 和 Nagarajan（1991）通过建立一个三人的委托代理模型分析了管理者通过设计所有者 - 管理者合约和所有者 - 审计师合约来减少潜在合谋带来的损失问题。在模型中，他们在所有者与代理者合约中引入了一个 SE（State's Evidence）条款，这形成了管理者和审计师的一个零和博弈，并得出最优合约解。Kofman，Lawarree（1993）建立了一个多层代理模型来分析管理者和审计师的合谋。与其他分析不同的是，他们同时将内部审计和外部审计引入合约中，这样的双重监督发挥了不同交叉监管的“看门狗”作用。Kornish，Levine（2004）采用一个共同委托代理模型研究了审计师与管理者和所有者之间的相互作用。他们认为审计师独立性取决于审计收费的制度安排和审计委员会（代表委托者利益）、管理者和审计师之间的合约设计：①在固定审计收费安排的情况下，存在审计师不独立的策略均衡；②如果审计收费不是固定收费，审计委员会则可以通过设计一个费用补偿机制，使得审计师保持其独立性，报告真实的审计情况。

（二）审计师独立性与声誉

由于审计师独立性往往具有不可观测性，声誉便成为审计师独立性的一个重要甄别信号。关于声誉和独立性的研究主要在于形成审计师声誉和审计师独立性之间互相作用机制以及形成审计师声誉的条件。Watts，Zimmerman（1986）认为随着代理成本的增加，市场对高质量的审计需求也会增加：管理者自愿雇用高质量审计师作为协调机制，股东则雇用审计师作为一个监管机制。有关审计师声誉与独立性的理论研究并不多，更多的是实证研究。Tirole（1986）研究认为，声誉机制很可能形成一个特殊的长期关系，该关系有正反两方面的作用，声誉不仅有利于提高产出，而且会加大合谋的可能。Kachelmeier（1991）研究认为，在多阶段博弈过程中，为建立较高可信度，审计师应当采取的最优策略是增加付出并保持独立。已有的实证研究提供了声誉能够提高审计师独立性的证据。实证研究表明，高声誉的审计师，具有较高的审计收费（Craswell，Francis，Taylor，1995），更大的审计投入（Watts，Zimmerman，1983），更难以形成对客户的经济依赖，独立性更高（Palmrose，1984；DeFond，1992；Francis，Wilson，1988；Reynolds，Francis，2001），声誉机制能够独立于法律制度单独发挥其激励审计师保持独立性的作用（Weber，Willenborg，Zhang，2008；Skinner，Srinivasan，2012）。实证研究还表明，对采取声誉策略的审计师给予回报是声誉形成的前提条件（Mayhew，2001），有利于提高审计师独立性。

（三）审计师独立性与法律责任

关于审计师法律责任对审计师行为影响的理论研究存在两种不同观点。一种观点认为，法律责任的增加，会激励审计师保持理性，提高审计质量（DeAngelo，1981a；Dye，1993；Schwartz，1997；Chan，Pae，1998；Liu，Wang，2006；Yu，2011；吴联生和顾智勇，2002；刘更新和蔡利，2010；沈辉和肖小凤，2013）。如DeAngelo（1981a）认为财富更多的事务所提供的审计质量更高。Dye（1993）研究分析了审计师初始财富和法律责任、审计准则变化之间的均衡关系，认为法律责任是激励审计师保持独立性和提高审计质量的重要因素。Chan，Pae（1998）研究认为，采用比例承担法律责任（Proportionate Liability）取代连带法律责任（Joint and Several Liability）后，法律诉讼的风险降低，这会使审计师减少投入和降低审计费用。刘更新和蔡利（2010）研究认为，法律标准的不确定性越大，审计师提供的审计质量水平就越低；法律标准的不确定性越小，审计师提供的审计质量水平就越高；当法律标准存在不确定性时，审计准则规定的审计质量水平越接近法律标准规定的审计质量水平，审计师提供的审计质量将越高。另一种观点认为，法律责任增加并不一定会促使审计师提高审计质量，甚至会降低审计质量、财务报告的质量和社会投入（Narayanan，

1994；Hillegeist，1999；Chan，Wong，2002；雷光勇和曹建，2008）。如Narayanan（1994）研究认为，相对于连带法律责任，在比例承担法律责任下，审计师承担的法律风险成本对审计师的投入更为敏感，审计质量更高。这说明，如果审计师的法律风险成本对审计投入不敏感的话，那么高的法律责任反而会导致审计质量降低。

实证研究分别提供了不同的经验证据。一方面，已有研究表明，法律责任的增加，会促使审计师保持独立性，提高审计质量。如Krishnan等（1997）检验了法律责任的提高是否“增加”审计师的放弃，发现在法律责任和审计师选择放弃而不是选择被解雇之间存在正相关关系，即审计师往往主动选择放弃，而不是被动被解雇。Shu（2000）发现审计师由于客户法律责任的增加和与客户之间存在不协调而选择放弃。Khurana，Raman（2004）认为高质量的审计更多的是由于法律责任而不是声誉保护。在萨班斯法案（SOX法案）颁布后，审计师提高了审计收费（Raghunandan，Rama，2006；Ghosh，Pawlewicz，2009），出具持续经营意见的概率上升（Geiger，Raghunandan，Rama，2005）；美国公众公司会计监督委员会（PCAOB）的监管迫使低质量的审计师退出市场，进而提高了审计质量（DeFond，Lennox，2011）。中国法律制度的完善，促使审计师优先考虑对重要客户妥协所带来的法律成本，他们更可能对重要客户出具非标准审计意见（Chen，Sun，Wu，2010）。2002年1月最高人民法院发布的《关于受理证券市场因虚假陈述引发的民事侵权纠纷案件有关问题的通知》和2003年1月发布的《最高人民法院关于审理证券市场因虚假陈述引发的民事赔偿案件的若干规定》，增强了审计师的法律责任，对审计质量起到了明显的促进作用（赵国宇和王善平，2008）。2006年中国通过《企业破产法》后，国内十大会计师事务所出具持续经营意见的可能性提高，法律风险意识明显增强（Mo，Rui，Wu，2015）。已有研究还发现，在法律诉讼风险较高的国家/地区，审计师的审计质量往往较高（Seetharaman，Gul，Lynn，2002；Khurana，Raman，2004；Francis，Wang，2008；Ke，Lennox，Xin，2015；陈小林和潘克勤，2007；闫焕民、刘宁和陈小林，2015）。另一方面，也有研究发现，尽管在SOX法案颁布后，审计师对处于财务困境的公司出具持续经营保留意见的概率提高，但在2003年以后又逐渐下降到以前的水平（Feldmann，Read，2010）。也有研究发现，法律环境薄弱并不一定会导致低审计质量（Lam，Mensah，2006；Choi，Wong，2007；Choi，

Liu, Kim, Simunic, 2009)。Choi, Wong (2007), Choi, Liu, Kim, Simunic (2009) 研究认为，在法律环境比较薄弱的国家，高质量的审计师成为一个完善公司治理结构的替代工具和可靠信号，发挥了更强的治理作用。

（四）审计师独立性与审计收费

对于审计收费和审计师独立性的研究主要在于审计师对审计收费的经济依赖（Economic Dependence）或者审计师对重要客户的经济依赖是否会导致独立性的损害以及审计师在审计市场竞争中的“砍价”或“低价承揽”行为是否会导致对独立性的损害。DeAngelo (1981b) 认为审计-客户关系具有双边控制作用，由此产生审计师对客户的经济依赖，可能导致审计师对其独立性的妥协并按照客户的偏好来出具审计报告。DeAngelo (1981a) 认为大的会计师事务所由于拥有更多的客户，对客户的经济依赖程度比较低，由此审计师规模的大小实际上成为审计师独立性的一个标志。已有的有关审计师独立性与审计收费的理论研究存在两种不同观点。DeAngelo (1981b) 用模型分析了审计师与客户的关系，在模型中，低价承揽是竞争均衡的，现任审计师能利用自己的信息优势来获得正的准租金，Lee, Gu (1998) 建立了一个低价承揽、审计师法律责任和审计师独立性的动态多人代理道德风险模型，研究认为低价承揽能降低交易费用，并能增强审计师独立性。但是，Magee, Tseng (1990) 建立了一个多阶段单客户审计市场模型，研究认为，在有某些条件的情况下，现任审计师的准租金会对独立性形成威胁。Moore, Scott (1989) 研究认为，审计师法律责任直接影响审计师的投入和审计师的独立性。Teoh (1992) 研究认为，尽管存在低价承揽、解聘审计师等导致变更审计师的因素，但是变更审计师对投资者来说仍然是一个好消息。

相关的实证研究从不同的方面提供了不同的经验证据。一是相关的实证研究对经济依赖是否影响审计师独立性给出了不同的经验证据。一方面，现有研究认为没有证据说明，经济依赖损害了审计师独立性（Reynolds, Francis, 2001），影响了审计师出具审计意见（Cordially, Stokes, Lanughton, 2002），但重要客户会影响审计师出具审计意见（Cordially, Stokes, Laughton, 2002）。相反，审计师收费越高，审计师独立性就越强（Reynolds, Francis, 2001）。另一方面，也有研究发现，审计师对于审计收费较高的客户，更倾向于出具标准审计意见（Hope, Langli, 2010），出具持续经营意见的可能性更低（Blay, Geiger, 2013）；对重要客户，更倾向于出具标准审计意见（Krishnan，Krishnan，1997），出具持续经营意见的可能性更低（Blay，Geiger，2013）。但是，当法律责任环境变化时，法律责任的增强能有效降低重要客户对审计质量的影响（Chen，Sun，Wu，2010）。二是相关实证研究对低价承揽是否影响审计师独立性给出了不同的经验证据。一方面，有的研究没有发现在审计市场中存在“低价承揽”的现象（Francis，1984；Simunic，1980）；另一方面，也有研究发现了审计师在首次审计时“低价承揽”的证据（Francis，Simon，1987；Simon，Francis，1988；Baber，Brooks，Ricks，1987），审计师“低价承揽”的程度与审计质量呈正相关关系（Stanley，2015）。

（五）审计师独立性与非审计服务

在安然公司破产后，美国禁止审计师从事有关非审计服务，由此引起了对非审计服务影响审计师独立性的关注。研究者关注的焦点是，这尽管存在维护独立性的市场动机，但还是构成对独立性的威胁。相反的意见是：对非审计服务的限制忽视了审计师由此带来的期望损失成本。相关的理论研究并不多见。Kornish，Levine（2004）通过模型分析最优化咨询（或非审计服务）的成本和效益，认为非审计服务并不一定会导致盈余管理，在出现过度非审计服务费的情况下，盈余管理才和非审计服务费有关。Beck，Wu（2006）通过建立动态贝叶斯模型研究审计师在“干中学”和提供专业服务对审计质量的影响。研究认为，非审计服务既可能增加也可能减少审计业务风险。大额的专业服务收费会诱使审计师提供非审计服务，进而增加审计业务的风险，降低审计质量。但是，在提供非审计服务（其使得审计人员通过熟悉企业业务，增加相应的审计经验和技能）使得审计师降低审计从业风险并提高审计质量的情况下，审计师可能提供免费的非审计服务。

从实证的结果看，证据可以说是模棱两可的。一方面，现有研究在相关审计师的法律诉讼案件中，没有发现非审计服务影响独立性的证据（Palmrose，1999），没有发现非审计服务影响审计师出具持续经营意见的证据（DeFond，Raghunandan，Subramanyam，2002；Geiger，Rama，2003；Callaghan，Parkash，Singhal，2009），没有发现非审计服务收费与非正常应计项目具有显著正相关关系（Chung，Kallapur，2001），没有发现非审计服务影响审计师独立性的系统证据（Ashbaugh，Lafond，Mayhew，2003）。当非审计服务由具有行业专长的审计师提供时，审计师更可能出具持续经营意见（Lim，Tan，2008），审计师提供纳税咨询服务能提高审计师出具持续经营意见的准确性（Robinson，2008）。另一方面，现有研究也提供非审计服务影响审计师独立性的证据。研究发现非审计服务收费与审计师出具持续经营意见之间存在显著负相关关系（Sharma，Sidhu，2001），与企业任意应计项目和微利具有显著正相关关系，与股价呈负相关关系（Frankel，Johnson，Nelson，2002b），在中小规模的成长型企业、IPO 企业以及电子商务等某些行业，非审计服务收费与非正常应计项目具有显著正相关关系（Reynolds，Deis，2004）。

（六）审计师独立性与审计师任期

对于审计师的任期和审计师独立性的关系，存在两个观点。一种观点提倡强制轮换审计师。该观点认为审计师的任期过长会导致审计师与管理层建立“良好”的合作关系，使得审计师更可能迎合管理层的偏好，进而损害审计师独立性和审计质量。另一种观点认为随着任期的增加，由于审计师对客户会更加了解和熟悉，出现问题的可能性更小，审计质量就会得到提高。

已有的实证研究分别提供了不同的经验证据。一方面，有研究发现，审计任期越长，质量控制就越弱（Deis，Giroux，1992），任意应计就越大（Davis，Soo，Trompeter，2002），出具持续经营意见的可能性更低，企业更容易达到利润门槛（Carey，Simnett，2006）。另一方面，也有研究发现，审计师任期越长，盈余管理程度较低（Myers，Myers，Omer，2003）；行业专业化审计师的任期越长，审计质量越高（Lim，Tan，2010），企业股价的非系统波动越大（Su，Xue，Zhao，Zhou，2016）。审计师任期与投资者对盈余质量的理解呈正相关关系（Ghosh，Moon，2005）。另外，也有研究发现，审计师任期对审计质量几乎没有影响（Knechel，Vanstraelen，2007），国际四大会计师事务所审计师的任期与其审计失败不存在明显的相关关系，但是在非国际四大会计师事务所中，审计师任期与审计失败存在非线性相关关系（Read，Yezegel，2016）。

与审计师任期有关的问题是审计师的变更问题。Magee，Tseng（1990），Dye（1991），Kanodia，Mukherji（1994），Gigler，Penno（1995），Bockus，Gigler（1998）通过审计模型讨论了审计师变更的问题。研究认为，影响审计师变更的原因是多种多样的，包括购买审计意见、信息动机、聘请审计师的成本、规避高风险客户、资本市场的反应等。

已有的实证研究从两个方面检验了审计师变更对审计质量的影响。一方面，审计师自愿选择更换客户的原因包括客户的法律风险增加（Shu，2000；Johnstone，Bedard，2004），与客户的不协调（Shu，2000）等；客户选择更换审计师的原因包括审计师出具了“不清洁”审计意见（李东平、黄德华、王振林，2001），实施审计意见购买（Lennox，2000；Chen，Peng，Xue，Yang，Ye，2016），选择更好的审计师（Sankaraguruswamy，Whisenant，2004）。另一方面，实证研究检验了强制轮换审计师是否有利于提高审计师独立性和审计质量。有研究发现，强制轮换审计师能够提高审计质量（Lennox，2014），但也有研究发现，强制轮换审计师反而导致审计质量降低（Cameran，Francis，Marra，Pettinicchio，2015）。

三 本书研究的内容

已有的研究表明，尽管不同的代理模型假设会给出不同的维护审计师独立性的设计机制，但是企业合约是有效维护审计师独立性和防范企业财务欺诈的微观基础。企业合约对审计师独立性的维护实质上是交易各方实现博弈均衡的结果。

（一）本书研究主题切入点之一

目前关于审计师独立性的分析框架，主要基于传统委托代理分析框架。而传统的分析框架可以归纳为这样一个委托代理关系结构（如图1－1所示），在这个分析框架中，均存在一个共同的审计师选聘权假设前提：委托者（所有者）拥有对审计师的雇佣权和选择权。这个假设前提对于分析审计师独立性是至关重要的。应当说，Kofman，Lawarree（1993）敏锐地看到了这一点。Kofman，Lawarree（1993）认为企业聘请的审计师究竟被看作外部审计，还是内部审计，取决于其关联关系。如果会计师事务所是由管理者聘用并为企业提供咨询服务的话，就把他作为内部审计。如果会计师事务所是由股东选派并和管理者没有什么瓜葛，就把他当作外部审计。Lee，Gu（1998）认为 Magee，Tseng（1990）等人的模型的假设前提实际隐含了内部人控制的问题，这与一般独立审计的初衷不符。他在得出了低价承揽有利于维护独立性的结论时，特别强调了委托者（所有者）拥有对审计师的雇佣权和选择权的假设。实证研究也证明了由投资者来选择审计师能降低审计师对独立性的违背，消除审计师的道德风险，提高审计质量（Mayhew，Pike，2004；Chi，Lei，Long，Wang，

2013；胡海燕和唐建新，2015）。

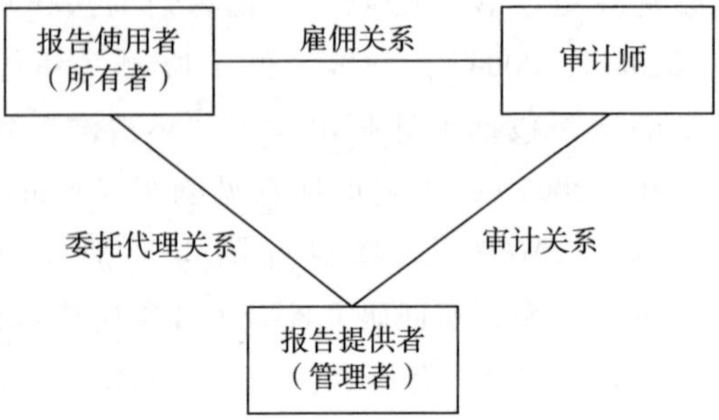

图 1－1　审计师选聘权 O－A 配置

尽管委托代理框架是分析和解释审计师独立性的主流理论，但现实情况是错综复杂的。在现实中，传统的委托代理审计关系结构受到了来自公司治理理论发展以及现实的挑战——股权的社会化、国有产权的代理、企业利益相关者理念的引入、大股东控制以及内部人控制、政府对经济的不适当管制和干预等问题的出现，使得委托代理框架中的审计师选聘权配置关系并不能代表所有现实中可能遇到的情况，即现实中并不总是像传统委托代理框架中的情况那样，具有审计师选择权和雇佣权的经济主体总会具备真实报告会计信息的意愿和动机[①]（见图 1－2），相反，尽管名义上审计师的选聘需要经股东会批准，但是现实中批准的比例超过了 98%（Glezen，Millar，1985；Raghunandan，Rama，2003；Dao，Mishra，Raghunandan，2008），因此，现实中，很多管理者在选聘审计师时往往具有决定性的作用（Chi，Lei，Long，Wang，2013）。与所有者委托动机不同，在自我利益最大化的驱动下，机会主义的管理者（被委托者）反而可能具有虚报会计信息的意愿和动机。因此，两种不同的审计师选聘权配置方式意味着存在两种完全不同的审计委托代理模式，即一个是由所有者委托审计师模式，另一个是管理者委托审计师模式。但是在目前有关研究审计师独立性的分析框架中，要么以委托者（所有者）委托审计师为假设前提，要么以被委托者（管理者）委托审计师为假设前提，显然在两种不同的假设前提下所得到的分析结论是完全不同的甚至是相反的。同时，由于现实社

① 一些研究认为大股东可能不希望雇用高质量的审计师，而是为了减少外部监管而雇用低质量的审计师。不透明有利于大股东保护其私利，甚至侵占小股东利益。实际上，不透明不仅保护大股东的私利，而且有利于政治寻租（Fan，Wong，2005）。

会具有复杂性，在现实社会中，两个不同的审计师选聘权方式不仅同时存在，而且随着经济社会制度的变迁，两个不同的审计师选聘权方式还会互相转化，因此，如果我们不将两个完全不同的审计师选聘权方式纳入一个完整的审计师独立性的分析框架中，就不仅使得相关的理论研究缺乏一个完整反映现实情况的分析框架，而且会使基于不同假设前提的研究结论显得模棱两可甚至互相矛盾，进而造成研究的结论与现实、直觉或者实证的结果相背离。

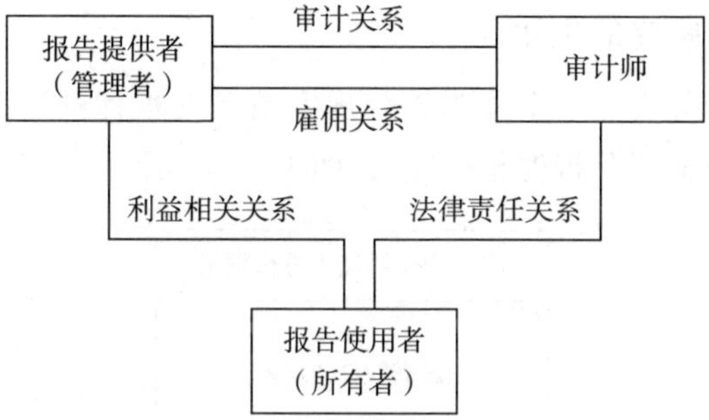

图 1-2 审计师选聘权 M-A 配置

（二）本书研究主题切入点之二

毋庸置疑，审计师之间的审计业务竞争对审计师独立性具有重大影响。审计市场的不同竞争结构类型，对审计师的独立性具有明显的影响（例如，四大国际会计师事务所形成了明显的审计垄断市场）。但是在目前有关研究审计师独立性的分析框架中，研究者为了研究的方便，往往把审计市场结构的影响简化了或者对其不予考虑，只研究委托者、代理人和审计师之间的博弈行为。尽管这样的研究也能给我们分析审计师独立性提供一个可观察的路径，但是不管怎样，把审计市场与委托者、代理人和审计师之间的博弈割裂开来，不仅使研究显得不够完整，而且很可能造成研究的结论与现实、直觉或者实证的结果相背离。

（三）本书研究主题切入点之三

从审计师制度变迁看，按照制度经济学的观点，由于审计师职业服务市场发展的历史起点不一样，其发展的内在逻辑思路也就不一样。历史地看，主要有两条路径：一条路径从产权主体多元化、自由主义与市场万能主义的意识形态的历史与逻辑起点出发、发展，它基本依靠市场自身的力量，实行行业自律；另一条路径从产权主体单一、政府万能与强干预主义的意识形态与计划经济体制的历史与逻辑起点出发、发展，其开始阶段主要依靠政府的行政力量去推进市场化，创造市场需求。英美等发达市场经济国家走的就是前一条发展路径，我国走的就是后一条发展路径。前一种审计师制度安排属于诱致性制度变迁的结果，而后一种审计师制度安排属于强制性制度变迁的结果。目前国外的研究主要基于市场经济成熟的条件，其对于依靠行政力量推动审计师行业制度演变，审计师独立性形成的机理，尚缺乏深入的研究。

（四）本书研究的主题

按照前面的分析，一个更为符合现实情况的审计师选聘权分析框架可以抽象概括为完整的分析框架①②（如图 1－3 所示）。

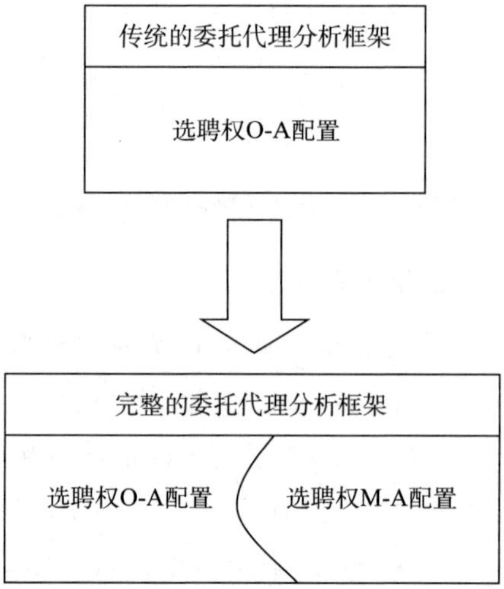

图 1－3　完整的审计师选聘权分析框架

在该框架中，存在以下几个基本关系。

（1）在审计师选聘权 O－A 配置中，对审计师的雇佣权和选择权集中于报告使用者，审计师真实报告审计情况最符合报告使用者的利益。

（2）在审计师选聘权 M－A 配置中，对审计师的雇佣权和选择权集中于报告提供者，审计师真实报告审计情况可能不符合报告使用者的利益。

---

① 我们注意到对一些财务欺诈的案例分析，其深层原因往往会被归结为公司治理和审计师事务所的治理结构（黄世忠等，2003）。

② 一个有趣的问题是，审计师对于商业风险较高的客户会索取额外的报酬（Lyon，Maher，2005）。

（3）在现实社会中，以 M－A 配置或者 O－A 配置单一审计师选聘权形式存在是罕见的，现实中，审计师选聘权的存在形式往往是一个混合的 OA－MA 配置形式，即部分企业的审计师选聘权以 M－A 配置形式存在，其他企业的审计师选聘权以 O－A 配置形式存在。

由于完整的审计师选聘权配置结构更加符合现实世界，因此完整审计师选聘权配置结构的建立，为我们理解和解释很多审计师独立性问题和现象提供了一个新的思路和方法。

第三节　研究方法与内容安排

一　研究方法

目前关于审计师独立性治理问题，主要采用的是分析性研究、实证研究方法。但是关于审计师选聘权配置问题的研究，主要探讨的是在委托代理关系中或者在客户与审计师的竞争中，审计师是如何保持其独立性的。这主要是因为，一方面，有关审计师选聘权配置的研究，往往与其他审计师独立性问题结合在一起，少有人将审计师选聘权配置作为一个完整专题进行研究的；另一方面，研究者均已经开始注意到审计师选聘权配置方式是研究审计师独立性的一个起点（Lee，Gu，1998；Mayhew，Pike，2004；Chi，Lei，Long，Wang，2013），或者说是一个重要的基本假设前提，根据不同的假设前提，其会推演并得出不同的委托代理分析框架体系。所以，本书在方法论上，以现实存在为立论前提，以分析性方法为主要研究方法，以审计师选聘权配置为切入点，建立了一个完整的审计师独立性分析框架。

在这样的方法论下，本书的研究主要解决四个问题。第一个问题是不同类型的审计师选聘权配置下的审计师独立性问题。本书通过建立不同类型的审计师选聘权配置分析框架，完整地回答了不同类型的审计师选聘权配置如何影响审计师独立性及其影响的机制。第二个问题是审计师选聘权配置和不同审计竞争类型的结合问题。我们分别将完全竞争审计市场、垄断竞争审计市场和寡头垄断竞争审计市场引入一般性分析框架中，以形成一个基于完整审计师选聘权的审计师独立性的一般性分析框架，这为我们研究审计师独立性提供了新的思路。第三个问题是一般性分析框架的理论价值问题。本书采用所建立的一般性分析框架，为目前审计师独立性研究中所关注的审计师低价承揽、审计师任期、审计师的收费、非审计服务、法律责任、声誉等是否会影响审计师独立性的实证研究提供了一个合理的解释和观察视角。第四个问题是不同类型的审计师选聘权与不同的独立审计制度演变路径是否存在联系，如果有，那么这样的联系又是怎样的。为此，我们将不同类型的审计师选聘权引入独立审计制度变迁中进行考察，以探索和发现它们之间的关系。

基于此，本书内容具体分为三个部分：第一部分包括第一章和第二章，主要是形成本书的起点和基础；第二部分包括第三、四、五、六章，主要是形成基于审计师选聘权配置下的审计师独立性分析框架，并对该框架中影响审计师独立性的各种因素做分析性论证，其中所使用的研究工具主要是博弈（如进化博弈）；第三部分包括第七章，为应用篇，主要是应用前两部分的理论结论，为中国的审计师独立性发展过程提供理论解释和建议。

二　研究思路

本书的研究思路如图 1－4 所示。

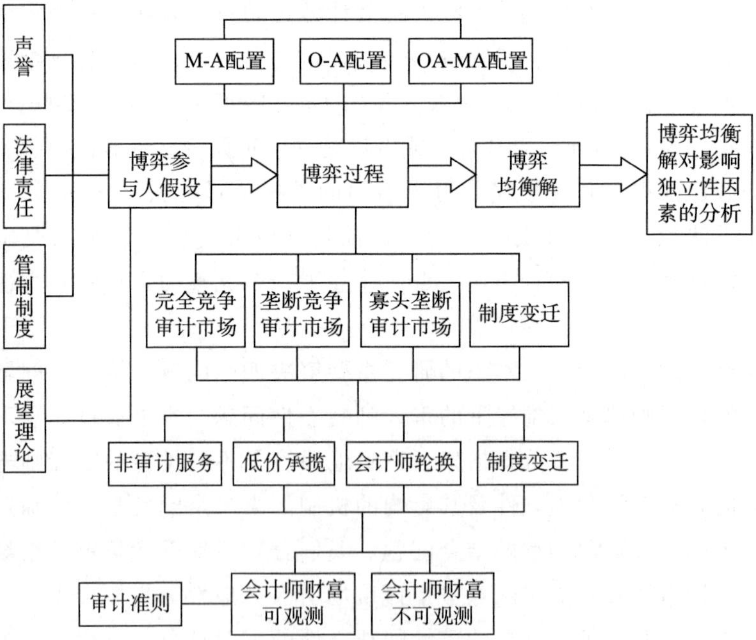

图 1－4　研究思路

三　研究内容安排

第一章主要提出所研究的问题，综述该问题的国内外研究现状，介绍本书的内容安排，说明本书的几个基本假设。

第二章提供了研究审计师独立性的一个完整视角。该章认为，当我们将审计师选聘权配置作为研究审计师独立性的切入点，放弃了一般审计师独立性研究中实际隐含或者未言明、不完整的审计师选聘权配置假设后，现实中的审计师独立性问题存在清晰的边界，一是审计师选聘权M－A配置下的边界，二是审计师选聘权 O－A 配置下的边界。

第三章将完全竞争审计市场引入审计师选聘权分析框架中，形成了一个基于审计师选聘权配置的完全竞争审计市场一般性分析框架，并在完全竞争条件下，分析了审计师低价承揽、审计师任期、审计师的收费、非审计服务、法律责任、声誉等对审计师独立性的影响，并由此为这些问题提供了一个完整的分析性的证明和结论。

第四章将不完全竞争审计市场引入审计师选聘权分析框架中，形成了一个基于审计师选聘权配置的不完全竞争审计市场一般性分析框架，并在不完全竞争条件下，分析了审计师低价承揽、审计师任期、审计师的收费、非审计服务、法律责任、声誉等对审计师独立性的影响，并由此为这些问题提供了一个完整的分析性的证明和结论。

第五章将寡头垄断审计市场引入审计师选聘权分析框架中，形成了一个基于审计师选聘权配置的寡头垄断审计市场一般性分析框架，并在寡头垄断审计市场条件下，分析了审计师低价承揽、审计师任期、审计师的收费、非审计服务、法律责任、声誉等对审计师独立性的影响，并由此为这些问题提供了一个完整的分析性的证明和结论。

第六章应用进化博弈分析框架，通过分析审计师行业制度的市场化发展模式和行政式推进模式，提出了在不同的审计师选聘权配置下，审计师会形成不同的进化稳定策略格局，这导致形成不同的独立审计习惯和规则，同时在审计师选聘权配置的演化过程中，独立审计制度的发展存在强烈的历史路径依赖。

第七章应用本书建立的理论框架对我国审计师独立性发展进行理论解释，并提出相应的政策性建议。

四 本书的基本假设

（一）经济人：参与人具有在一定的约束条件下，追求自身效用最大化的理性意识和动机。

（二）机会主义行为倾向：参与人只要有“损人利己”的机会，均会尽可能地利用，以实现其效用最大化。

（三）审计合约的不完备：审计合约的不完备是本书的一个基本假设前提；审计合约的不完备是指报告的提供者总存在通过与审计师合谋，获得额外收益的机会。

（四）审计师能力充分：审计师均掌握了充分的审计技术，只要实施最低成本的审计，就能充分知晓被审计人的所有会计信息。

（五）监管者能力充分：监管者均具有充分的监管能力，只要实施最低成本的监管，就能充分掌握被审计人和审计师合谋的信息。

（六）审计师的零成本更换：除非因为讨论问题的需要而特别说明，否则审计师的更换是无成本的。

第二章

审计师选聘权配置和审计师独立性

本章将在第一章基础上，建立并形成一个完整的审计师选聘权配置框架。

第一节 传统委托代理框架中的审计师选聘权配置特征

在第一章中，我们谈到独立审计源于委托代理关系的形成和发展。因此，本章也首先从委托代理关系中的审计师选聘权谈起。

委托代理理论是目前解释审计需求产生的主流理论。Antle（1982）认为应当将审计师作为一个效用最大化的追求者引入委托代理模型，以形成两个代理：一个是管理者代理，另一个是审计师代理。因此，很多研究者将委托代理框架作为分析和解释各种审计师行为的基本框架，其成为分析审计师独立性的主要工具。

在该框架下，它实际上隐含着这样一个重要的假设前提，委托者是会计报告的使用者，他具有追求真实会计信息的意愿和动机，同时拥有对审计师的选择权和雇佣权[①]。因此，在这种审计师选聘权配置下，委托者在与代理人和审计师之间的委托代理博弈中占主导地位，委托者显然会利用其掌握的选聘权，选择符合自身利益的具有独立性的审计师，决定是否雇用以及雇用什么样的审计师或者进一步寻找其他有关信息。而且这种主导地位会在审计师之间的审计竞争博弈中继续发挥作用并在竞争中得到进一步的强化。应该说，这是传统委托代理理论研究审计师独立性的起点。

---

① 这也是审计师选聘权 O－A 配置中所隐含的重要假设。

从会计信息使用者和会计信息提供者之间所固有的信息不对称视角出发，我们对以上隐含在委托代理关系中审计师选聘权的基本特征进行抽象，得到其独立审计的审计师选聘权配置：①会计报告使用者（所有者、委托者、投资者）拥有对审计师的选择和聘用权利；②会计报告使用者（所有者、委托者、投资者）本能地具有追求真实审计报告的动机。为了便于叙述，我们将以上审计师选聘权配置框架称为审计师选聘权 O－A 配置。显然，在这样的审计师选聘权配置下，会计报告使用者便会利用其掌握的选聘权，选择符合自身利益的具有独立性的审计师。也正是基于该框架的这个特征（或者把它作为委托代理关系中所隐含的基本前提），Baiman，Evans，Noel（1987），Baiman，Evans，Nagarajan（1991）以及 Kornish，Levine（2004）分别建立了十分精致的数学模型，设计出一个让审计师说真话的完备合约。在模型中，委托人精心设计了一个支付代理人、审计师的报酬补偿函数，当审计师企图迎合代理人高报产出时，这个补偿函数会抵销审计师高报产出所获得的额外收益，当审计师企图迎合代理人低报产出时，这个补偿函数也会抵销审计师低报产出所获得的额外收益，从而激励审计师提供真实审计报告。

第二节　传统委托代理框架演变及审计师选聘权配置

如果现实中的经济世界果真是上述的情况，那么情况将变得十分简单。但是，现实社会往往错综复杂，传统的委托代理框架中的审计师选聘权配置并不总是存在于现实的各种企业形式之中。随着股权的社会化、国有产权的代理、企业利益相关者理念的引入、大股东控制以及内部人控制、政府强制性审计，传统委托代理框架中的审计师选聘权配置由会计报告使用者手中转移到会计报告提供者（管理者、大股东、企业等）手中，此时，会计报告提供者显然会利用其掌握的选聘权来影响审计师的独立性，以机会主义的态度选聘审计师，而这种影响会在审计师之间的审计竞争博弈中继续得到发挥和被强化。

同样，我们将以上隐含在现实独立审计关系中审计师选聘权的基本特征进行概括抽象，得出现实中另一个审计师选聘权配置：①会计报告使用者（投资者、小股东、政府、社会公众等）不拥有对审计师的选聘权，选聘权转移到会计报告提供者（管理者、大股东、企业等）手里；②机会主义的会计报告提供者（管理者、大股东、企业等）并不天然具有追求真实审计的原始动机①，相反，其追求的是选聘符合其机会主义倾向的审计师。我们将以上审计师选聘权配置框架称为审计师选聘权 M－A 配置。

应当说，不少学者在其研究中也已经充分注意到现实中的这种情况。Kofman，Lawarree（1993）认为企业聘请的审计师，究竟被看作外部审计，还是内部审计取决于其关联关系。如果会计师事务所是由管理者聘用并为企业提供咨询服务的话，就把其作为内部审计。如果会计师事务所是由股东选派并和管理者没有什么瓜葛，就把其当作外部审计。他们认为这样的外部审计更加客观和独立。1978 年，美国审计师责任委员会提交的调查报告（Cohen Report）指出，如果审计师发布了对管理者不利的信息，则管理者会利用更换审计师的威胁来影响审计师。Magee（1990）等人也敏锐地看到了这一点，在他们的模型中就隐含了审计师选聘权 M－A 配置的假设。Lee，Gu（1998）认为 Magee（1990）等人的模型假设实际隐含了内部人控制的问题，这与一般独立审计的初衷不符。他在得出了低价承揽有利于维护独立性的结论时，特别强调了委托者（所有者）拥有对审计师的选择权和雇佣权的假设。Mayhew，Pike（2004）建议将审计师的选择权从管理者的控制中分离出来，这可以有效地改善审计师的独立性。

同时，政府和监管部门也已经充分认识到这种情况所带来的独立性损害，并采取相应的应对措施和办法。为了限制管理层对选聘审计师的影响，2002 年美国颁布的 Sarbanes－Oxley 法案明确规定：审计业务或非审计业务应当获得公司审计委员会的批准；审计师应当向审计委员会报告并受审计委员会的监督。2005 年以来，中国央企和地方国企逐渐由国资委或集团总部统一选聘审计师以进行审计。

第三节　完整的审计师选聘权配置分析框架

一　完整的审计师选聘权配置框架

在现实社会中，两种审计师选聘权配置以单一形式存在的状态比较

① 一些研究认为大股东可能不希望雇用高质量的审计师，而是为了减少外部监管而雇用低质量的审计师。不透明有利于大股东保护其私利，甚至侵占小股东利益。实际上，不透明不仅保护大股东的私利，而且有利于政治寻租（Fan，Wong，2005）。

少见，更多的情况是处于一种混合配置状态，即一部分企业中的审计师由会计报告提供者选聘①，另一部分企业的审计师由会计报告使用者选聘②。因此，在现实社会中，审计师选聘权配置更可能由 O－A、M－A 两种配置按照一定比例形成，我们不妨称之为审计师选聘权 OA－MA 配置（如图 2－1 所示）。

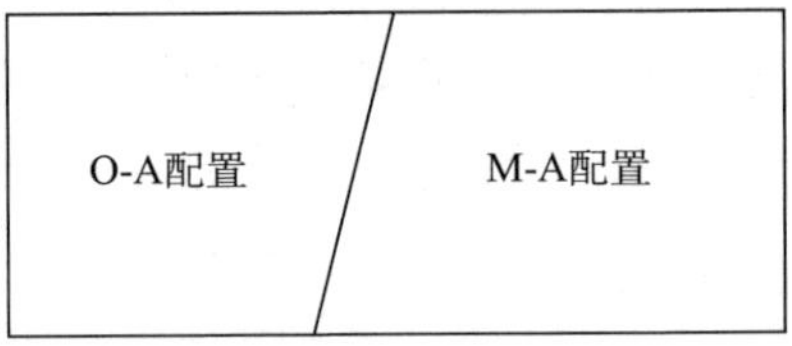

图 2－1　审计师选聘权 OA－MA 配置

而厘清现实中审计师选聘权 OA－MA 配置中的审计师独立性问题，需要首先对 O－A、M－A 配置进行分别分析和比较，进而在此基础上进行一个加权求解，以便得到 OA－MA 配置下审计师独立性之理解。

二　完整的审计师选聘权配置框架和审计师独立性

比较两种审计师选聘权配置结构，不难看出，两种审计师选聘权配置的差异如下。①审计师选聘权 O－A 配置中，对审计师雇佣权和选择权集中在报告使用者，相反，审计师选聘权 M－A 配置中，对审计师的雇佣权和选择权集中在报告提供者。②审计师选聘权 O－A 配置中，审计师真实报告审计情况最符合报告使用者的利益；相反，审计师选聘权M－A 配置中，机会主义的报告提供者总是存在利用审计师虚假审计报告获取更大利益的动机。我们知道，在传统委托代理框架（O－A 配置）中，保持审计师独立性的机制在于委托人所拥有的审计师选聘权。一个自然的问题是，在审计师选聘权配置中，审计师是如何保持其独立性的。

事实上，如果我们把独立审计引入公司治理结构中，那么审计师选聘权 O－A 配置属于公司内部治理结构的范畴，即传统委托代理关系中的独立审计关系；审计师选聘权 M－A 配置属于公司外部治理结构中的独立审计关系。因此，这两种审计师选聘权配置结构中的审计师独立性问题类似

① 事实上，“安然事件”就是一个著名的例子。导致安然事件发生的一个重要问题是，对企业审计师的控制权转移到经理层。

② 调查显示，我国已经有 17.9% 的审计需求来源于股东会或者董事会的需求。

于公司治理中的"用手投票"和"用脚投票"问题。在 O－A 配置中，报告使用者利用所拥有的审计师选聘权来选择独立的审计师，这相当于采用"用手投票"来维护审计师的独立性。而在 M－A 配置中，报告使用者由于不拥有审计师选聘权，因此，他只能采取"用脚投票"的方式来选择独立的审计师，这个"用脚投票"的过程我们可以通过博弈树表示（如图 2－2 所示）。

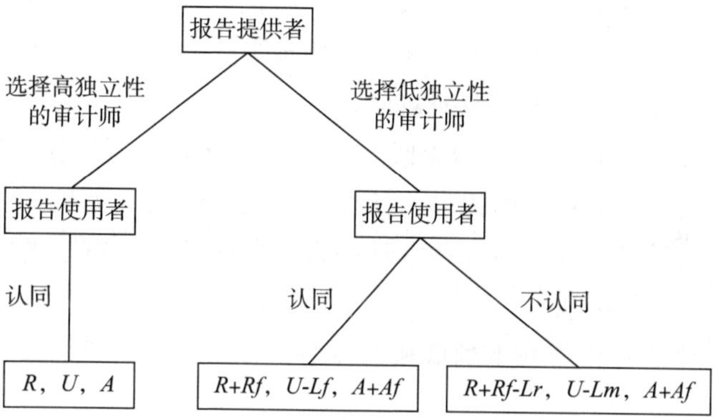

图 2－2 "用脚投票"过程的博弈树

其中：R 表示报告提供者在真实报告情况下获得的收益，U 为报告使用者在真实报告情况下获得的收益，A 为审计师在真实报告下获得的收益，Rf 为报告提供者在虚假报告情况下所获得的额外净收益，Lf 为报告使用者默认报告提供者选择低独立性审计师的额外净损失，Af 为审计师为虚假会计报告出具标准审计意见时获得的额外净收益，Lr 为报告使用者不认同报告提供者选择低独立性审计师，"用脚投票"给报告提供者造成的额外净损失，Lm 为报告使用者不认同报告提供者选择低独立性审计师的额外净损失。

根据以上博弈树，我们可以得到以下结论。

（1）当 $Lm > Lf$，$Af > 0$ 时，博弈的均衡策略是：报告提供者选择低独立性的审计师，报告使用者认同报告提供者的选择。

（2）当 $Lm < Lf$，$Lr < Rf$，$Af > 0$ 时，博弈均衡策略是：报告提供者选择低独立性的审计师，报告使用者不认同报告提供者的选择。

（3）当 $Lm < Lf$，$Lr > Rf$，$Af > 0$ 时，博弈均衡策略是：报告提供者选择高独立性的审计师，报告使用者认同报告提供者的选择。

（4）当 $Af < 0$ 时，博弈均衡策略是：报告提供者选择高独立性的审计

师，报告使用者认同报告提供者的选择。

以上结论的直观解释如下。

(1) 当报告使用者采取“用脚投票”策略给自己所带来的损失大于不采取“用脚投票”策略给自己所带来的损失时，其会默许报告提供者选择低独立性的审计师。

(2) 尽管报告使用者会采取“用脚投票”来抵御低独立性的审计师，但是当报告使用者采取“用脚投票”策略给报告提供者所带来的损失小于不采取“用脚投票”策略给报告提供者所带来的损失时，报告使用者的这种策略并不会改变报告提供者的初衷。

(3) 当报告使用者“用脚投票”给自己所带来的损失小于报告提供者选择低独立性审计师带来的损失，且报告使用者给报告提供者所带来的损失大于报告提供者选择低独立性审计师带来的收益时，有效的审计师选聘权 M－A 配置才会形成。

(4) 当报告提供者找不到低独立性的审计师时，其只能选择高独立性的审计师。

将以上条件进一步分解，得到在该选聘权配置结构下维护审计师独立性的条件如下。

(1) 市场存在选择高独立性审计师的报告提供者；

(2) 审计师独立性可以观测[①]；

(3) 报告使用者存在其他选择高独立性审计师所提供的获利机会，且其获利要大于选择低独立性审计师时的获利。

因此，相对于审计师选聘权 O－A 配置对审计师独立性的“用手投票”机制，审计师独立性在审计师选聘权 M－A 配置中则表现为报告使用者“用脚投票”。由于其不拥有审计师的选聘权，为了选聘高独立性审计师，其只能利用“用脚投票”的机制来校正机会主义的报告提供者选聘低独立性审计师的动机。但是，这需要满足一系列的严格条件。这些条件概括为一条，就是要求具有完备的市场化运作和管理机制。因此，从理论上说，在审计师选聘权 M－A 配置下的审计师独立性至少不会高于在审计师选聘权 O－A 配置下的审计师独立性。换言之，管理层对审计师的选聘有

---

① 一般认为，审计师独立性是不可直接观测的，报告使用者往往通过以下手段对独立性进行间接的观测和评估：①审计师的声誉；②尽可能获取更多的其他独立性信息，如报告提供者与审计师之间的利益关系信息。

着举足轻重的影响，面对激烈竞争的审计市场，审计师可能会屈从于管理者的压力而丧失独立性（Watts，Zimmerman，1986）。同时这与一些“著名”的财务欺诈案件主要出现在以“用脚投票”为主要治理模式的美英企业之中，而以“用手投票”为主要治理模式的德日企业则较少发生的现实相符合①。实践中也有了不少有益的探索，如著名的 Sarbanes – Oxley 法案要求审计师向公司审计委员会而非管理层报告，并且其受审计委员会的监督，审计委员会必须预先批准审计师所提供的所有服务；中国的国有企业实行由国资委选聘审计师，有的政府部门对政府类审计实行“公开招标”等。

应当指出的是，以上两种配置存在等价转化的可能。一方面是审计师选聘权 M – A 配置的转化。在审计师选聘权 M – A 配置的框架下，当市场“用脚投票”的作用使得报告提供者选择高独立性审计师时，尽管报告使用者形式上没有对审计师的选择权和雇佣权，但是在市场的作用下，其实质上已经拥有对审计师的选择权和雇佣权。另一方面是审计师选聘权 O – A 配置的转化。当对审计师的选择权由报告使用者转移到报告提供者，且市场的“用脚投票”的作用无法使得报告提供者选择高独立性审计师时，尽管报告使用者形式上拥有对审计师的选择权和雇佣权，但是由于企业治理结构的不完善（如内部人控制等），实质上对审计师的选择权和雇佣权已经被报告提供者接管。

第四节　完整的审计师选聘权配置框架下的审计师行为假说②

目前实务界和理论界对经济依赖（Economic Dependence）、审计收费、低价承揽（Low Balling）、审计师任期、非审计服务、法律责任等对审计师独立性有影响的问题一直存在较大的争议。审计师选聘权配置框架的建立，为我们分析审计师独立性提供了一个新的视角。这里，我们试图利用审计师选聘权分析框架，对这些有争议的问题做一个逻辑分析并提出本书所主要论证之假说。

---

① 事实上，“安然事件”就是一个著名的例子。导致安然事件发生的一个重要问题是，对企业审计师的控制权转移到经理层。

② 以下假说基于审计师选聘权 M – A 配置与审计师选聘权 O – A 配置下的审计代理情况。

一　审计市场竞争和审计师独立性

审计市场的竞争对审计师独立性的影响十分重要。在不同的审计师选聘权配置下，审计市场竞争对审计师独立性的影响，具有正反两方面不同的市场调节作用，并使得审计师采取不同的审计策略。在审计师选聘权O－A配置下，充分竞争的审计市场的存在，使得委托者能利用市场调节机制，选择和雇用具有独立性的审计师，淘汰独立性差的审计师，并促使审计师采取声誉策略，以形成一个良好的审计市场环境。而在审计师选聘权M－A配置下，机会主义的报告提供者便会利用市场调节机制，选择和雇用符合其机会主义动机的审计师，使得审计师陷入与会计报告提供者合谋的“囚徒困境”之中，这导致审计师独立性不断降低。

二　审计师声誉和审计师独立性

由于审计师独立性往往具有不可观测性，声誉便成为审计师独立性的一个重要甄别信号。在审计师选聘权O－A配置下，高声誉意味着高的审计师独立性，随着代理成本的增加，审计师声誉能够增加审计的服务需求和审计收费（Watts，Zimmerman，1986），由此在审计市场上形成了审计师声誉与审计师独立性互相促进的市场机制。但是，在审计师选聘权M－A配置下，审计师是由报告提供者选聘的，报告提供者便会利用雇用审计师的权利选聘符合其机会主义倾向的审计师，即使是高声誉的审计师，也会在审计市场竞争的“淘汰”作用下，陷入与会计报告提供者合谋的“囚徒困境”之中，而采取符合其机会主义利益动机的行为决策。

三　经济依赖（客户重要性）和审计师独立性

审计师对客户的审计收费实际上形成了对客户的一种经济依赖，由此所带来的问题是经济依赖是否会导致其独立性受到损害。在审计师选聘权O－A配置下，审计师的经济依赖是由报告使用者提供和支付的，从本质上说，报告使用者购买的是审计师独立性，于是追求高独立性审计师的报告使用者可以充分利用审计师对报告使用者的经济依赖（客户重要性），对不独立的审计师形成威胁，促使审计师保持独立性。在审计师选聘权M－A配置下，情况则不同，此时审计师的经济依赖是由报告提供者支付的，机会主义的报告提供者会利用雇用审计师的权利，选择符合其机会主义利益动机的审计师。这种选择的结果，自然会形成对审计师独立性的威胁。因此，在不同的审计师选聘权配置下，审计收费（经济依赖）对审计师独立性的影响的作用方向和程度是完全不同的。

四　低价承揽（审计师放弃）和审计师独立性

"低价承揽"是指审计师利用客户更换审计师的成本进行低价业务竞争的行为。如果我们在审计师选聘权配置下来考虑这个问题，那么一个清晰的关系是，在审计师选聘权 O－A 配置下，"低价承揽"增强了审计师的独立性。因为追求高独立性审计师的报告使用者可以充分利用审计师"低价承揽"的审计市场，对不独立的审计师及时进行更换，即现任审计师的正准租金也会激励审计师保持独立性（Lee，Gu，1998）。而在审计师选聘权 M－A 配置下，"低价承揽"直接构成了对审计师独立性的威胁，因为"低价承揽"为报告提供者选择低独立性的审计师提供了机会，对高独立性审计师则形成了潜在的更换威胁。因此，在不同的审计师选聘权配置下，"低价承揽"对审计师独立性的影响的作用方向和程度是完全不同的。

五　审计师任期和审计师独立性

在审计师选聘权 O－A 配置下，审计师任期越长意味着其独立性越高。任期长意味着追求高审计师独立性的报告使用者只有认可审计师在其被聘任过程中的独立性，才会不断延长其任期，否则，其会通过"用手投票"和审计市场的竞争，及时更换审计师。但是，在审计师选聘权 M－A 配置中，情况则相反。任期长意味着具有机会主义倾向的报告提供者认可了审计师在其审计过程中的"合作"行为，否则，他会更换低独立性的审计师。因此，在现实中，这两种相反的情况均是同时存在的。在不同的审计师选聘权配置下，审计师任期对审计师独立性的影响作用方向和程度是不同的，这种不同与审计师竞争的激烈程度、审计师声誉分布有关。

六　法律责任、审计准则和审计师独立性

法律责任的作用在于保证合约的有效实施并对审计失败的审计师给予处罚。在过失责任的框架下，对审计师是否承担责任的判断取决于审计师是否执行了规定的审计准则。法律责任和审计准则的"高低"成为影响审

计师行为的重要因素。在审计师选聘权 O－A 配置下，报告使用者本身可以利用其拥有的审计师选聘权来确保审计师的独立性，法律责任、审计准则只是其维护审计师独立性的一个必要的补充。换言之，一旦法律环境能给审计师一定程度的制约和监管，企业就会在其治理结构中选择启用审计师（Fan，Wong，2005）。但是，在审计师选聘权 M－A 配置下，机会主义的报告提供者为实现其利益最大化，本身就会利用其拥有的审计师选聘权损害审计师的独立性，法律责任、审计师财富和审计准则便成为防止报告提供者利用这种机会主义倾向的至关重要的因素。但是，由于审计师以其财富来承担法律责任，因此，过高的法律责任和过严的审计准则将导致现任审计师选择“辞退”好的客户（Bockus，Gigler，1998）。避免这种情况的发生，要求监管当局以充分高的检查概率实施监管，及时清除任何违反独立审计准则的审计师[①]，当然这需要支付昂贵的监管成本。

七　非审计服务和审计师独立性

与审计师的选聘权对审计师独立性影响相类似，非审计服务审计师的选聘权配置，同样会对审计师的独立性产生影响。类似地，我们将非审计服务审计师的选聘权分为以下基本配置：①非审计服务审计师的选聘权被配置给报告使用者；②非审计服务审计师的选聘权被配置给报告提供者。在审计师选聘权 O－A 配置下，即使审计师既被报告使用者聘请从事审计服务，又被报告提供者聘请从事非审计服务，具有审计师选择权和雇用权的报告使用者，也会对被管理者聘请审计师从事非审计服务是否会影响审计师独立性进行评估，并据此来确定是否选聘其从事审计业务。为了保证审计师的独立性，报告使用者可能采取很多更加严格的措施，如禁止从事本企业审计的审计师同时为报告提供者提供非审计服务，或者说其为报告提供者提供非审计服务必须经过报告使用者批准等。因此，在审计师选聘权 O－A 配置下，非审计服务并不会导致审计师独立性的降低。但是，在审计师选聘权 M－A 配置下，如果审计师既被报告提供者聘请从事审计服务，又被报告提供者聘请从事非审计服务，那么具有机会主义倾向的报告提供者同时拥有聘请审计师从事审计服务和非审计服务的权利。面对更大的经济利益获得的激励或者可能失去的威胁，审计师会更加迎合报告提供

---

① 从理论上说，就是要使所有审计师参与合谋的期望收益低于实施独立审计的期望收益。

者的意愿，这导致其独立性严重受到损害。因此，在不同审计师选聘权配置下的非审计服务对审计师独立性的影响是完全不同的。

本书将在后面几章中给出详细的分析论证。

第五节　本章的结论性评述

本章在目前审计师独立性研究的基础上，将传统的委托代理分析框架扩展为更加符合客观现实的完整的审计师选聘权配置，并在此基础上分析审计师选聘权配置的作用机制。当我们建立并采用一个完整的审计师选聘权配置来分析审计师的独立性问题时，对于一些有争议的问题，我们便可以得到一个较为清晰的认识和拥有新的理解视角，这对于厘清一些模棱两可的认识，分析政策取向无疑具有现实意义。

第三章

审计师选聘权配置、完全市场竞争和审计师独立性

第一节 引言

上一章讨论了审计师选聘权配置的基本框架，并提出了相应的独立性假说。从本章开始，本书将以审计师选聘权为切入点，在引入不同类型审计竞争市场的条件下，建立一个完整的审计师独立性分析框架，并在此基础上，对前文所做的假说给出一个分析性证明。在本章，我们考察的是完全审计市场竞争的情况。

按照微观经济学对完全竞争市场的定义（平狄克、鲁宾费尔德，2000），本书所指的完全竞争审计市场如下。①审计市场上有无数的委托者和审计师。②每个审计师提供的审计服务占全部行业审计服务的比重充分小，以至于其决策对设计服务市场的价格不会产生影响。所以每个审计师视其审计服务价格为给定的。③每个审计师提供的审计产品是无差异的。所以，当委托者选择聘用哪位审计师时仅考虑其价格。任何一个审计师如果将审计服务的价格提高到市场价格之上，那么必将丧失其客户。审计服务的同质性保证单一的市场审计服务价格的存在；审计师进入或者退出市场是完全自由的。审计师一旦见到盈利的机会就会自由地进入审计市场，一旦出现亏损，就会退出市场。④完全的信息。审计师对其成本、价格等拥有完全的信息。委托者同样对于其偏好、收入水平、价格和购买的审计服务具有完全的信息。

尽管在现实中，以上条件是不可能真正存在的，但是，我们可以将完全竞争审计市场作为参照或者某种市场情况的近似模拟。换言之，即使这些假设条件的一个或者多个不成立，且市场不是完全竞争的，但是通过完

全竞争的理想模式进行比较，我们也仍然可以得到很大的启示。

第二节　模型的建立

一　完全竞争审计市场的基本假设

按照完全竞争市场的基本特征，我们做出以下假设。

（1）在完全竞争审计市场中，存在无数个审计师。

（2）全部审计师均具有相同的声誉，假定其声誉为零。

（3）审计师退出市场时的收益被标准化为0。

（4）初始博弈策略：为便于考察审计师独立性的变化，审计师在博弈的初始状态均采取独立策略。

（5）完全信息：博弈参与人对所有其他参与人的特征、策略空间以及支付函数具有准确的认识。

二　动态博弈过程及其均衡

（一）独立审计的动态博弈过程

我们采用博弈扩展式来描述独立审计的动态博弈过程及其均衡（如图3－1所示）。

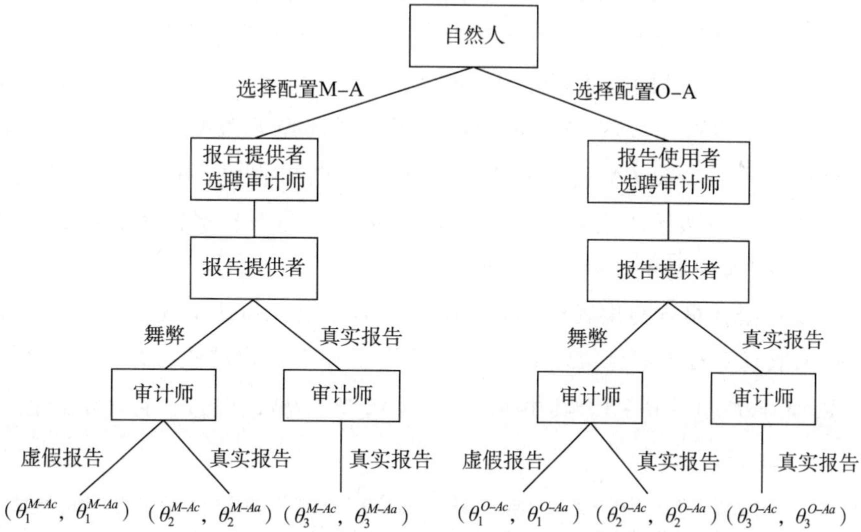

图3－1　扩展式博弈过程

根据展开式博弈树，我们可以得出独立审计的动态博弈过程。

第一步：自然人首先行动，由自然人确定由报告提供者（M－A 型配置）还是报告使用者（O－A 型配置）选择其审计师。假定自然人以概率 k 选择 O－A 类型的审计师配置，以概率 $1-k$ 选择 M－A 类型的审计师配置。

第二步：在自然人行动后，报告提供者选择其会计报告行动策略，其行为策略空间为 $S_c=(T, F)$，F 表示操纵会计报告，T 表示真实报告会计信息。

第三步：在自然人和报告提供者行动后，审计师选择行动策略。审计师在受聘对企业会计报告进行审计，获知报告提供者的行动策略后，进入两个信息集 h_1 和 h_2，h_1 信息集表示报告提供者操纵会计报告，h_2 信息集表示报告提供者没有操纵会计报告。在信息集 h_1，审计师的策略空间 $S_a(h_1)=(D, DN)$，D 表示审计师独立（不合谋），DN 表示审计师不独立；在信息集 h_2，审计师的策略空间 $S_a(h_2)=(D)$①。

第四步：在自然人、报告提供者和审计师都行动后，监管层（政府、协会、委托者等）实施检查。通过检查，存在两种结果，一种是以上行为被发现；另一种是以上行为未被发现。这里我们假设合谋被发现的概率为 P，合谋没有被发现的概率为 $1-P$。

（二）博弈各方的收益函数

从以上博弈树得到的博弈各方的收益矩阵如下。

（1）会计报告提供者操纵会计报告，且与审计师达成合谋合约时，报告提供者和审计师的收益矩阵为 $(\theta_1^{Xc}, \theta_1^{Xa})$，$X=O-A, M-A$。其中 $\theta_1^{Xc}=U_c(X, F, DN, S_{-a})$，它表示当报告提供者选择 F 策略，与报告提供者签约的审计师采取 DN 策略时报告提供者的期望收益。$\theta_1^{Xa}=U_a(X, F, DN, S_{-a})$，它表示当报告提供者选择 F 策略，与报告提供者签约的审计师采取 DN 策略时审计师的期望收益。

（2）会计报告提供者操纵会计报告，但与审计师达不成合谋合约，审计师采取真实报告审计策略时，报告提供者和审计师的收益矩阵为 $(\theta_2^{Xc}, \theta_2^{Xa})$，$X=O-A, M-A$。其中 $\theta_2^{Xc}=U_c(X, F, DN, S_{-a})$，它表示当报告

---

① 一般来说，审计师通常需就出具“非标准的无保留意见”的原因与管理层沟通，管理层一般会进一步提供证据以证实其报表的真实性。所以，当企业选择真实报告时，审计师最终会出具标准审计意见。

提供者选择 F 策略，与报告提供者签约的审计师采取 D 策略时报告提供者的期望收益。$\theta_2^{Xc}=U_a$（X，F，D，S_{-a}）<0，它表示当报告提供者选择 F 策略，与报告提供者签约的审计师采取 D 策略时报告提供者的期望收益。由基本假设知道，$\theta_2^{Xc}=U_a$（X，F，D，S_{-a}）<0。

（3）会计报告提供者和审计师均采取真实报告策略，报告提供者和审计师的收益矩阵为（θ_3^{Xc}，θ_3^{Xa}），$X=O-A$，$M-A$。其中 $\theta_3^{Xc}=U_c$（X，T，D，S_{-a}），它表示当报告提供者选择 T 策略，与报告提供者签约的审计师采取 D 策略时报告提供者的期望收益。$\theta_3^{Xa}=U_a$（X，T，D，S_{-a}），它表示当报告提供者选择 T 策略，与报告提供者签约的审计师采取 D 策略时审计师的期望收益。

（三）博弈的 Nash 均衡解

我们知道，在审计师独立性的博弈中，不仅存在报告提供者和审计师之间的博弈，而且存在审计师之间的博弈，审计师的独立审计行为不仅受到报告提供者的影响，而且要受到其他审计师博弈行为的影响。因此，在报告提供者和审计师之间最终形成（F，DN）的均衡策略，需要满足以下条件：

（1）报告提供者和审计师之间具有形成（F，DN）均衡策略的条件；

（2）在报告提供者采取合谋的策略情况下，与报告提供者签约的审计师采取的合谋策略同时也成为其与其他审计师博弈的均衡策略。

由博弈树容易看出，为满足条件（1），报告提供者首先要具有实施会计报告舞弊的动机，即满足 $\theta_1^{Xc}\geqslant\theta_3^{Xc}$ 的条件。同时，考虑到 $\theta_2^{Xc}=U_a$（X，F，D，S_{-a}）<0，即如果审计师不与其形成合谋协议，则报告提供者也不能实现其舞弊的行为。因此，报告提供者为使审计师选择合谋策略，显然需要满足条件（2），即报告提供者在采取合谋的策略情况下，使得与报告提供者签约的审计师采取的 DN 策略成为 Nash 均衡，这显然只要满足以下条件：

$$U_a(X,\ F,\ DN,\ S_{-a}{}^*)\geqslant U_a(X,\ F,\ D,\ S_{-a}{}^*)$$
$$U_a(X,\ F,\ DN,\ S_{-a}{}^*)\geqslant U_a(X,\ F,\ DN,\ S_{-a})$$

综上所述，我们得到报告提供者与其审计师采取合谋的策略，即（F，DN）为博弈均衡策略的条件是：

$$\begin{cases}U_c(X,\ F,\ DN,\ S_{-a}{}^*)\geqslant U_c(X,\ T,\ D,\ S_{-a}{}^*)\\U_a(X,\ F,\ DN,\ S_{-a}{}^*)\geqslant U_a(X,\ F,\ D,\ S_{-a}{}^*)\\U_{-a}(X,\ F,\ DN,\ S_{-a}{}^*)\geqslant U_{-a}(X,\ F,\ DN,\ S_{-a})\end{cases}\qquad(3-2-1)$$

其中，$S_{-a}{}^{*}$ 为博弈均衡策略。此时，不仅报告提供者和其审计师形成（F，DN）的均衡策略，而且，在报告提供者采取 F 策略时，审计师之间的博弈也形成（DN，DN）的均衡策略，于是最终形成会计报告使用者和审计师的（F，DN）博弈均衡。

否则，只要报告提供者采取 T 策略，审计师就一定会采取 D 策略，会计报告使用者和审计师便形成（T，D）博弈均衡。

三　报告提供者为审计合谋所愿意支付的最大额外补偿

假设在企业经营的某一个状态，由企业管理者的博弈策略知道，企业管理者存在两个策略选择，即真实报告会计信息和虚假报告会计信息，由以上博弈树知道，当企业管理者选择真实报告会计信息时，其价值收益为 $U_c(X, T, D, S_{-a})$，当企业管理者选择虚假报告会计信息时，其价值收益为 $U_c(X, F, DN, S_{-a})$。于是，企业管理者与所有者签订合约后的期望收益为：

$$U_c(X, T, D, S_{-a}) = \frac{R_c(0)}{1-\delta}$$

$$U_c(X, F, DN, S_{-a}) = -L_c(f)P + \left[\frac{R_c(f)}{1-\delta} - T(X, f)\right](1-P)$$

其中具体含义如下。

为简化起见，我们将代理人舞弊被发现后的收益标准化为0。

$R_c(0)$ 为会计报告提供者提供真实企业会计报告后所获得的现实以及由此可能带来的今后各期收益的平均收益。

$R_c(f)$ 为会计报告提供者提供虚假企业会计报告后所获得的现实以及由此可能带来的今后各期收益的平均收益。

δ 为贴现因子，f 为报告提供者作假的程度。

$L_c(f)$ 为报告提供者舞弊被发现后受到的损失。

$T(X, f)$ 为报告提供者购买审计师审计意见的额外付出。

P 为报告提供者和审计师实施合谋被发现的概率。

假设 $\bar{T}(X, f)$ 为管理者为购买审计师审计意见所愿意付出的最大额外补偿（Side Compensate），此时，由 $U_c(X, F, DN, S_{-a}) = \max U_c(X, T, D, S_{-a})$，便可以得到报告提供者所愿意支付的最大额外补偿：

$$\bar{T}(X, f) = \frac{R_c(f)}{1-\delta} - \frac{P}{(1-P)}\left[\frac{1}{1-\delta}R_c(0) + L_c(f)\right] \qquad (3-2-2)$$

第三节　审计师选聘权 M－A 配置、完全市场竞争和审计师独立性

一　审计师选聘权 M－A 配置下的博弈均衡

在审计师选聘权配置 M－A 下，我们首先假定报告提供者如果能实现采取合谋均衡策略，那么是有利可图的，即满足 $U_c(X, F, DN, S_{-a}) \geqslant U_c(X, T, D, S_{-a})$①。当审计服务由报告提供者选择时，报告提供者便可以利用该选择权影响审计师的独立性。考虑到博弈的初始状态为审计师均处于采取（D, D）审计策略状态，审计市场均处于不完全竞争状态，于是得到以下结论。

（1）当审计师均采取（D, D）审计策略时，审计师获得的收益均为 $\mu_a(0)$。此时，如果博弈中有一个审计师选择合谋策略，那么考虑到报告使用者在选聘审计师前均会与所有审计师进行沟通，于是继续采取 D 策略的审计师获得的收益为 0，采取 DN 策略的审计师获得的收益为 $n\mu_a{}^f(0)$。

（2）当审计师均采取（DN, DN）审计策略时，审计师获得的收益均为 $\mu_a{}^f(0)$。此时，如果博弈中有一个审计师选择 D 策略，那么由于存在大量采取 DN 策略的审计师，因此其将失去审计业务，其收益为 0；采取 DN 策略的审计师将继续维持收益 $\mu_a{}^f(0)$。

由以上分析得到 M－A 配置下的审计师博弈收益矩阵：

		其他审计师 D	其他审计师 DN
审计师	D	$\mu_a(0), \mu_a(0)$	$0, n\mu_a{}^f(0)$
	DN	$n\mu_a{}^f(0), 0$	$\mu_a{}^f(0), \mu_a{}^f(0)$

由以上博弈收益矩阵得到，在报告提供者企图采取合谋策略的条件下的审计师效用函数为：

$$U_a(X, F, D, D_{-a}) = \mu_a(0), U_a(X, F, D, DN_{-a}) = 0$$

① 这是讨论审计师独立性的基本前提，否则，审计师显然均会选择独立。

$$U_a(X, F, DN, D_{-a}) = \mu_a{}^f(0), U_a(X, F, DN, DN_{-a}) = \mu_a{}^f(0)$$

根据本章假设和完全市场竞争条件下厂商的竞争理论，一旦审计师在审计市场执业，其期望收益将大于0。显然 $\mu_a(0)>0$，于是由收益矩阵就可以得到审计师与其他审计师进行博弈的 Nash 均衡。

（1）当 $\mu_a{}^f(0)<0$ 时，存在一个纯策略均衡：(D, D)。

（2）当 $\mu_a{}^f(0)>0$ 时，考虑到 $n\to\infty$，则审计师陷入“囚徒困境”。根据博弈论中重复博弈的 Nash 无名氏定理，由于审计市场中存在无数个审计师①，因此，其博弈均衡为 (DN, DN)。

于是，我们将以上条件合并，得到以下结论。

（1）当 $\mu_a{}^f(0)<0$ 时，审计师存在一个纯策略均衡：(D, D)。此时，报告提供者只会采取不合谋策略。

（2）当 $\mu_a{}^f(0)>0$ 时，审计师存在一个纯策略均衡：(DN, DN)。此时，显然（3-2-1）式成立，报告提供者将采取合谋策略。

由此得到的审计师保持独立性的边界条件是：

$$\mu_a(0)=0 \text{ 或者 } U_a(M-A, F, DN, DN_{-a}) = U_a(M-A, F, D, DN_{-a}) = 0 \qquad (3-3-1)$$

二　审计师选聘权 M-A 配置下形成审计师合谋的最低额外补偿

当审计师均采取独立审计均衡策略时，其与报告提供者签订审计合约时的期望收益为审计师在完全竞争审计市场中的均衡收益，即 $U_a(M-A, F, D, D_{-a}) = \frac{R_a(0)}{1-\delta}$，$R_a(0)$ 为审计师在完全竞争审计市场中实施独立审计所获得的现实以及由此可能带来的今后各期收益的平均收益，δ 为折现率。

当审计师采取合谋均衡策略时，其在报告提供者签订审计合约时的期望收益由两部分组成，一部分为合谋未被发现时的期望收益，这部分期望收益由 $(1-P)\frac{R_a(0)}{1-\delta}$ 与报告提供者为其合谋所提供的额外补偿构成；另一部分为合谋被发现后的期望收益。我们将审计师舞弊被发现后的收益标准化为0，于是这部分收益为 $-PL_a(f, w, q)$。因此，当审计师采取合谋均

① 证明见附录。

衡策略时，审计师在与报告提供者签订审计合约时的期望收益为：

$$U_a(M-A,\ F,\ DN,\ DN_{-a}) = -L_a(f,\ w,\ q)P + \left[\frac{R_a(0)}{1-\delta} + T(M-A,\ f)\right](1-P)。$$

其中具体含义如下。

L_a $(f,\ w,\ q)$ 表示审计师舞弊被发现后的损失。

T $(M-A,\ f)$ 为报告提供者因审计合谋而支付给审计师的额外补偿。

根据审计师形成合谋的边界条件 U_a $(M-A,\ F,\ DN,\ DN_{-a})=0$，得到：

$$\left[\frac{R_a(0)}{1-\delta} + \underline{T}(M-A,\ f)\right](1-P) - L_a(f,\ w,\ q)P = 0$$

因此，审计师需要支付的最小额外补偿是：

$$\underline{T}(M-A,\ f) = \frac{P}{(1-P)}\left[L_a(f,\ w,\ q) - \frac{1-P}{(1-\delta)P}R_a(0)\right] \qquad (3-3-2)$$

三　审计师选聘权 M-A 配置和审计师独立性

当报告提供者和审计师形成合谋博弈时，从理论上说，他们通过合谋所获得的额外总收益是 $\Delta T(M-A,\ f) = \overline{T}(M-A,\ f) - \underline{T}(M-A,\ f)$，该收益在经过讨价还价后，在报告提供者和审计师之间进行分配。因此，ΔT $(M-A,\ f)$ 越大，可供会计报告提供者和审计师之间瓜分的利益就越多，其形成合谋的动机就越强，反之，就越弱。因此，我们将 ΔT $(M-A,\ f)$ 称为审计师独立性强度。

由 $\Delta T(M-A,\ f) = \overline{T}(M-A,\ f) - \underline{T}(M-A,\ f)$，得到：

$$\Delta T(M-A, f) = \frac{R_c(f)}{1-\delta} - \frac{P}{(1-P)}\left[\frac{1}{1-\delta}R_c(0) + L_c(f)\right] - \frac{P}{(1-P)}L_a(f,\ w,\ q) + \frac{R_a(0)}{(1-\delta)} \qquad (3-3-3)$$

由此得到以下结论。

（1）如果 $\exists f$ 使得 ΔT $(M-A,\ f)>0$，则审计师采取合谋均衡策略。由此得到审计师参与合谋的条件为：

$\Pi(M-A) = \{f: \Delta T(M-A,\ f)>0\} \neq \varphi$，即它是非空集。

（2）如果 $\forall f$ 使得 ΔT $(M-A,\ f)<0$，则审计师采取独立均衡策略。由此审计师不参与合谋的条件为：

$\Pi(M-A)=\{f:\Delta T(M-A,f)>0\}=\varphi$，即它是空集。

在给出了有关审计师独立性的完备性合约后，我们便可以对很多学者对具有完备性审计师独立性合约的设计给出一个直观简单的解释。从本质上看，很多研究所精心设计的委托者－代理人以及委托者－审计师最优合约①，便为委托者寻找一种相机收费的审计收费机制，以避免出现$\exists f$，使得$\Delta T>0$，其直观的图示见图 3－2。如果委托者寻找到某种相机收费机制，使得$\forall f$，$\Delta T<0$，则委托者便找到了一个具有独立审计完备性的最优合约，其直观的图示见图 3－3。

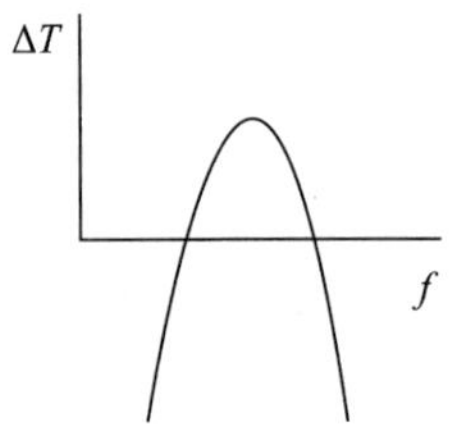

图 3－2　合约不完备

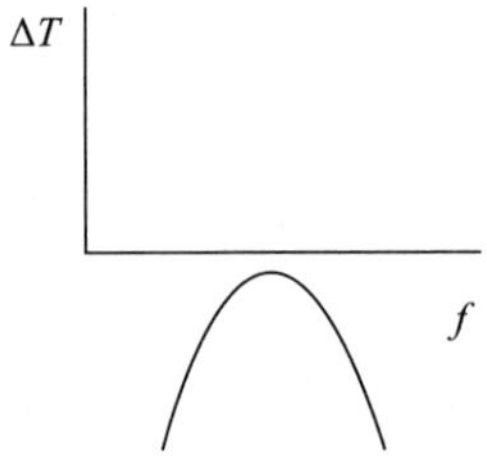

图 3－3　合约完备

四　审计师选聘权 M－A 配置、会计信息虚报程度和审计师独立性

由前文容易知道，当 $\Pi(M-A)\neq\varphi$ 时，审计师将与报告提供者合谋，显然他们将选择使得合谋所获得的额外支付达到最大，即 $f=\arg\max\limits_{f}\Delta T(M-A,f)$，于是我们得到的会计信息虚报程度的最优解集为：

$$\Pi^{*}(M-A)=\{f:\max\Delta T(M-A,f)\}\cap\{f:\Delta T(M-A,f)>0\}$$

以上式子转化为下列等价式子：

$$\Pi^{*}(M-A)=\left\{f:\frac{\partial\Delta T(M-A,f)}{\partial f}=0\right\}\cap\{f:\max\Delta T(M-A,f)\}\cap\{f:\Delta T(M-A,f)>0\}$$

由于：

$$\Delta T(M-A,f)=\frac{R_{c}(f)}{1-\delta}-\frac{P}{(1-P)}\left[\frac{1}{1-\delta}R_{c}(0)+L_{c}(f)\right]-\frac{P}{(1-P)}L_{a}(f,w,q)+\frac{R_{a}(0)}{(1-\delta)}$$

① 如 Antle（1984），Baiman，Evans，Noel（1987），Baiman，Evans，Nagarajan（1991）以及 Kornish，Levine（2004）分别给出的模型。

令$\frac{\partial\ \Delta T\ (M-A,f)}{\partial\ f}=0$，得到：

$$R'_c(f)(1-P)-(1-\delta)[L'_a(f,w,q)-L'_c(f)]P=0$$

$$\Pi^*(M-A)=\left\{f:\frac{R'_c(f)}{L'_a(f,w,q)+L'_c(f)}=\frac{P}{(1-P)(1-\delta)}\right\}\cap$$
$$\{f:\max\Delta T(M-A,f)\}\cap\{f:\Delta T(M-A,f)>0\} \tag{3-3-4}$$

此时，当审计师和报告提供者合谋的期望边际收益等于期望边际损失时，审计师和报告提供者合谋的共同额外期望收益达到最大，但是如果此时总的最大期望收益不能补偿总的预期损失，则审计合约完备。

五　审计师选聘权 M－A 配置、经济依赖和审计师独立性

当Π（$M-A$）$\neq\varphi$时，审计师与报告提供者博弈形成的 Nash 均衡策略为（F，DN），审计师和审计师博弈形成的 Nash 均衡策略为（DN，DN）。此时，由于：

$$\Delta T(M-A,f)=\frac{R_c(f)}{1-\delta}-\frac{P}{(1-P)}\left[\frac{1}{1-\delta}R_c(0)+L_c(f)\right]-\frac{P}{(1-P)}L_a(f,w,q)+\frac{R_a(0)}{(1-\delta)}$$

得到：$\frac{\partial\Delta T(M-A,f)}{\partial R_a(0)}=\frac{1}{(1-\delta)}>0$

上式表明，审计师对审计收费的经济依赖越大，审计师独立性就越低。反之，则越高。

如果Π（$M-A$）$=\varphi$，审计师与报告提供者博弈形成的 Nash 均衡策略为（T，D），则一旦会计报告提供者要求审计师合谋，审计师会主动选择放弃。此时，审计师的经济依赖就不会形成对独立性的威胁。

六　审计师选聘权 M－A 配置、审计收费和审计师独立性

（一）审计师额外补偿为零时的审计收费

令$\underline{T}$（$M-A,f$）$=0$，得到：

$$R_a(0)=\frac{P(1-\delta)}{1-P}L_a[f,w,q]$$

当审计市场的收费使得审计师的期望收益大于$\frac{P(1-\delta)}{1-P}L_a[f,w,q]$时，管理者就可以凭借市场审计收费出价找到合作的审计师。

（二）特定客户审计收费比重和审计师独立性

令 $\theta = \dfrac{R_a(0)}{TR_a(0)}$ 为特定客户的审计收费占审计师总审计收费的比例，将 $R_a(0) = \theta TR_a(0)$ 代入上式得到：

$$\frac{\partial \Delta T(M-A, f)}{\partial \theta} = \frac{TR_a(0)}{(1-\delta)} > 0$$

该式表明特定客户的审计收费占审计师总审计收费的比例越高，审计师独立性就越低。反之，则越高。

七　审计师选聘权 M－A 配置、低价承揽和审计师独立性

当审计市场存在低价承揽的情况时，现任审计师的审计收益要大于后任审计师的收益，即 $R_a{}^H(0) > R_a(0)$。所以，当现任审计师与报告提供者签订审计合约时，其合谋所需要的最低额外补偿为：

$$\underline{T}^H(M-A, f) = \frac{P}{(1-P)}\left[L_a(f, w, q) - \frac{1-P}{(1-\delta)P}R_a{}^H(0)\right]$$

$$\Delta T^H(M-A, f) = \bar{T}(M-A, f) - \underline{T}^H(M-A, f) > \bar{T}(M-A, f) - \bar{T}(M-A, f)$$

$$\Delta T^H(M-A, f) > \Delta T(M-A, f)$$

且
$$\frac{\partial \underline{T}^H(M-A, f)}{\partial R_a{}^H(0)} = \frac{1}{(1-\delta)} > 0$$

而　$\Pi^H(M-A) = \{f: \Delta T^H(M-A, f) > 0\}, \Pi(M-A) = \{f: \Delta T(f) > 0\}$

$$\Pi^H(M-A) \supset \Pi(M-A)$$

由此，低价承揽将导致审计师独立性的强度降低，降低审计师的独立性。

八　审计师选聘权 M－A 配置、审计师任期和审计师独立性

关于审计师的任期，存在两种管理方式，一种是对审计师的最长任期进行限制；另一种是对审计师的最短任期进行限制，为了考察这两种任期管制制度对审计师独立性的影响，我们需要对模型进行适当的改造。由于当企业管理者成为审计委托人时，一旦报告提供者存在与审计师合谋的动机和需求，审计师选择独立策略的期望收益是执行强制剩余期限合约，审计师选择合谋策略的收益是执行意愿期限合约，即使审计师合谋被发现，

只要法律责任没有强制其退出审计市场，审计师也就仍可以获得与报告提供者的审计业务合约。由此得到：

$$U_a(M-A,\ F,\ D,\ DN_{-a})=\frac{1-\delta^{T_1}}{1-\delta}R(0)$$

$$U_a(M-A,\ F,\ DN,\ DN_{-a})=\left[\frac{1-\delta^{T_2}}{1-\delta}R_a(0)+\underline{T}(f,\ T_1,\ T_2)\right](1-P)-L_a(f,\ w,\ q)P$$

其中，T_1指审计师的强制剩余期限，T_2指意愿合约期限。

于是，由审计师之间的博弈收益矩阵得到的审计师合谋边界条件为：

$$U_a(M-A,\ F,\ D,\ DN_{-a})=U_a(M-A,\ F,\ DN,\ DN_{-a})$$

$$\left[\frac{1-\delta^{T_2}}{1-\delta}R_a(0)+\underline{T}(M-A,f,\ T_1,\ T_2)\right](1-P)-L_a(f,\ w,\ q)P=\frac{1-\delta^{T_1}}{1-\delta}R_a(0)$$

管理者需要支付的最小额外报酬是：

$$\underline{T}(M-A,f,\ T_1,\ T_2)=\frac{1}{(1-P)}\left[L_a(f,\ w,\ q)P-\frac{(1-P)(1-\delta^{T_2})}{1-\delta}R_a(0)+\frac{1-\delta^{T_1}}{1-\delta}R_a(0)\right]$$

由此得到，$\underline{T}$（$M-A,f,\ T_1,\ T_2$）是T_1的增函数，是T_2的减函数。

由此得到审计师合谋的动机强度是：

$$\Delta T(M-A,f,\ T_1,\ T_2)=\overline{T}(M-A,f)-\underline{T}(M-A,f,\ T_1,\ T_2)$$

由此得到：

$$\frac{\partial\Delta T(M-A,f,\ T_1,\ T_2)}{\partial T_1}=\frac{\delta^{T_1}\ln\delta}{(1-P)(1-\delta)}R_a(0)<0$$

$$\frac{\partial T\Delta(M-A,f,\ T_1,\ T_2)}{\partial T_2}=\frac{-\delta^{T_2}\ln\delta}{(1-\delta)}R_a(0)>0$$

以上结论的含义如下。

（1）ΔT（$M-A,f,\ T_1,\ T_2$）是T_1的减函数，意味着审计师的剩余合约任期增加，ΔT（$M-A,f,\ T_1,\ T_2$）将下降，导致审计师独立性增强，反之，则导致独立性降低。

（2）ΔT（$M-A,f,\ T_1,\ T_2$）是T_2的增函数，意味着审计师的意愿合约任期增加，ΔT（$M-A,f,\ T_1,\ T_2$）将升高，导致审计师独立性增强，反之，则导致独立性降低。

以上结论的政策含义是：在报告提供者拥有审计师选择权情况下，对审计师任期实施最短任期限制，可以在一定程度上增强审计师独立性；对审计师任期实施最长任期限制，可以在一定程度上降低审计师独立性。

九　审计师选聘权 M－A 配置、法律责任、审计师财富、审计准则与审计师独立性

（一）在审计师财富不可观测且无差异情况下，审计师的无过失责任和审计师财富

我们知道，加大对审计师的法律责任，降低审计师合谋时获得的收益，进而提高审计师的独立性。但是，由于审计师的法律责任以其财富为限，因此，审计师所承担法律责任的大小，又取决于审计师财富的多少。

如前所述，让审计师法律责任和审计师财富使得审计师采取独立策略，需要满足 $\Pi\ (M-A)=\varphi$，由此得到的阻止审计师合谋的审计师法律责任和审计师财富解集分别为：

$$\Pi_D^L(M-A)=\left\{L_a[f,\ w,\ q]:L_a[f,\ w,\ q]\geqslant\frac{(1-P)}{P}\bar{T}(M-A,f)+\frac{(1-P)}{(1-\delta)P}R_a(0)\right\}$$

$$\Pi_D^w(M-A)=\left\{w:L_a[f,\ w,\ q]\geqslant\frac{(1-P)}{P}\bar{T}(M-A,f)+\frac{(1-P)}{(1-\delta)P}R_a(0)-\frac{\rho\delta R_a(0)}{(1-\delta)}\right\}$$①

如果审计师的财富充分大，即 $w\in\Pi_D^w\ (M-A)$ 时，则充裕的审计师财富将使法律责任能够得到充分的实施，所以，加大对审计师的法律责任，能有效增强审计师独立性。

如果 $\Pi\ (M-A)\neq\varphi$，则审计师法律责任和审计师财富将使得审计师采取合谋策略，此时审计师法律责任和审计师财富解集分别为：

$$\Pi_{DN}^L(M-A)=\left\{L_a[f,\ w,\ q]:L_a[f,\ w,\ q]\leqslant\frac{(1-P)}{P}\bar{T}(M-A,f)+\frac{(1-P)}{(1-\delta)P}R_a(0)\right\}$$

$$\Pi_{DN}^w(M-A)=\left\{w:L_a[f,\ w,\ q]\leqslant\frac{(1-P)}{P}\bar{T}(M-A,f)+\frac{(1-P)}{(1-\delta)P}R_a(0)\right\}$$

显然，以上解集之间的关系为：

---

① $\rho=0$，1 表示两种不同的法律责任规定。$\rho=0$ 表示法律对合谋的审计师不实施强制退出；$\rho=1$ 表示法律对合谋的审计师实施强制退出。当法律责任存在强制合谋审计师退出市场的规定时，审计师的合谋一旦被发现，其所承担的损失由两部分组成：财富的损失 $L_a[f,\ w,\ q]-\frac{\delta R_a(0)}{(1-\delta)}$，未来的期望收益 $\frac{\delta R_a\ (0)}{(1-\delta)}$。在本书后面，为简化起见，对此不再进行考虑和说明。

$$\Pi_D^L(M-A)\cap\Pi_{DN}^L(M-A)=\varphi,\ \Pi_D^L(M-A)\cup\Pi_{DN}^L(M-A)=\Omega(L)$$
$$\Pi_D^w(M-A)\cap\Pi_{DN}^w(M-A)=\varphi,\ \Pi_D^w(M-A)\cup\Pi_{DN}^w(M-A)=\Omega(w)$$

如果审计师的财富充分小，即 $w\in\Pi_{DN}^w$（$M-A$）时，则法律责任由于受审计师财富的限制，不能够得到充分的实施，所以，加大对审计师的法律责任，并不能增强审计师独立性。

（二）在审计师财富不可观测且有差异情况下，审计师的无过失责任

如果审计市场中存在财富分别是 $w_1<w_2<\cdots<w_n$的 n 类审计师，存在某个 i，$i\in\{1,2,\cdots,n\}$，使得 $w_i\in\Pi_{DN}^w$（$M-A$），即 $w_i\notin\Pi_D^w$（$M-A$），则 Π（$M-A$）$\neq\varphi$，该 i 类审计师就会采取合谋策略，于是其他类别的审计师要么被市场所淘汰，要么调整其所拥有的财富（兼并、拆分），使得其财富趋于 w_i。

如果对于任意的 i，$i\in\{1,2,\cdots,n\}$，$w_i\notin\Pi_{DN}^w$（$M-A$），即 $w_i\in\Pi_D^w$（$M-A$），则审计师就会采取独立策略。考虑到 $w_1<w_2<\cdots<w_n$，此时，只要满足 $w_1\notin\Pi_{DN}^w$（$M-A$），审计师就会采取独立策略。

（三）在审计师财富不可观测且无差异情况下，审计师的有过失责任

一般来说，有过失责任是指遵守审计准则的审计师获得责任免除，不遵守审计准则的审计师承担全面的审计失败责任。在这种情况下，审计准则成为判别审计师是否承担审计失败法律责任的一个重要标准。而从审计技术上来看，审计准则的高低，实质上是确保审计师发现报告提供者是否真实报告会计信息的审计技术规程。换言之，审计准则高，审计师在审计时发现报告提供者舞弊的概率就高，反之，就比较低。于是，我们可以得到审计准则和审计师合谋应当承担法律责任之间的关系。

为简化起见，不失一般性，我们假定审计师发现报告提供者没有真实报告会计信息概率为 q，则审计师合谋所承担的期望法律责任变为：

$$qL_a(f,w)+(1-q)0=qL_a(f,w)$$

同理，让审计师法律责任和审计师财富使得审计师采取独立策略，需要满足 Π（A）$=\varphi$，由此得到的阻止审计师合谋的审计师法律责任、会计准则和审计师财富解集分别为：

$$\Pi_D^L(M-A)=\left\{L_a(f,w):qL_a(f,w)\geqslant\frac{(1-P)}{P}\bar{T}(M-A,f)+\frac{(1-P)}{(1-\delta)P}R_a(0)\right\}$$

$$\Pi_D^q(M-A)=\left\{q:qL_a(f,\ w)\geqslant\frac{(1-P)}{P}\bar{T}(M-A,\ f)+\frac{(1-P)}{(1-\delta)P}R_a(0)\right\}$$

$$\Pi_D^w(M-A)=\left\{w:qL_a(f,\ w)\geqslant\frac{(1-P_g)}{P_g}\bar{T}(f)+\frac{(1-P)}{(1-\delta)P}R_a(0)-\frac{\rho\delta R_a(0)}{(1-\delta)}\right\}$$

如果 $\Pi(M-A)\neq\varphi$，则审计师法律责任和审计师财富将使得审计师采取合谋策略，此时审计师法律责任、会计准则和审计师财富解集分别为：

$$\Pi_D^L(M-A)=\left\{L_a(f,\ w):qL_a(f,\ w)\leqslant\frac{(1-P)}{P}\bar{T}(M-A,\ f)+\frac{(1-P)}{(1-\delta)P}R_a(0)\right\}$$

$$\Pi_D^q(M-A)=\left\{q:qL_a(f,\ w)\leqslant\frac{(1-P)}{P}\bar{T}(M-A,\ f)+\frac{(1-P)}{(1-\delta)P}R_a(0)\right\}$$

$$\Pi_D^w(M-A)=\left\{w:qL_a(f,\ w)\leqslant\frac{(1-P)}{P}\bar{T}(M-A,\ f)+\frac{(1-P)}{(1-\delta)P}R_a(0)+\frac{\rho\delta R_a(0)}{(1-\delta)}\right\}$$

（四）在审计师财富不可观测且有差异情况下，审计师的过失责任

如果审计市场中存在财富分别是 $w_1<w_2<\cdots<w_n$ 的 n 类审计师，存在某个 i，$i\in\{1,2,\cdots,n\}$，使得 $w_i\in\Pi_{DN}^w$（$M-A$），即 $w_i\notin\Pi_D^w$（$M-A$），则 Π（$M-A$）$\neq\varphi$，该 i 类审计师就会采取合谋策略，于是其他类别的审计师要么被市场所淘汰，要么调整其所拥有的财富（兼并、拆分），使得其财富趋于 w_i。

如果对于任意的 i，$i\in\{1,2,\cdots,n\}$，$w_i\notin\Pi_{DN}^w$（$M-A$），即 $w_i\in\Pi_D^w$（$M-A$），则审计师就会采取独立策略。考虑到 $w_1<w_2<\cdots<w_n$，此时，只要满足 $w_1\notin\Pi_{DN}^w$（$M-A$），审计师就会采取独立策略。

十　审计师选聘权 M－A 配置、会计监管和审计师独立性

所谓的有效会计监管是，使得寻找审计师合谋被发现的概率 P，$F_A=\varphi$，即审计师采取独立审计策略。

由 Π（$M-A$）$=\varphi$，得到的 P 的边界条件为：

$$\frac{R_c(f)}{1-\delta}-\frac{P}{(1-P)}\left[\frac{1}{1-\delta}R_c(0)+L_c(f)\right]-\frac{P}{(1-P)}L_a(f,\ w,\ q)+\frac{R_a(0)}{(1-\delta)}=0$$

$$P=\frac{R_c(f)+R_a(0)}{R_c(0)+R_c(f)+R_a(0)+(1-\delta)[L_a(f,\ w,\ q)+L_c(f)]}$$

由此，为得到有效会计监管，要使得对审计师合谋被发现的概率满足以下解集：

$$\Pi^{P}(M-A)=\left\{P:P\geqslant\frac{R_{c}(f)+R_{a}(0)}{R_{c}(0)+R_{c}(f)+R_{a}(0)+(1-\delta)[L_{a}(f,w,q)+L_{c}(f)]}\right\}$$

十一 审计师选聘权 M－A 配置、非审计服务和审计师独立性

与审计师审计选聘权配置类似，在非审计服务业务处于完全市场竞争条件下，非审计服务审计师的选聘权配置，同样会对审计师的独立性产生类似于对审计师选聘权配置的影响。因此，我们将审计师非审计服务的选聘权分为以下基本配置①。

（1）M－NA 配置：非审计服务审计师的选聘权被配置给报告提供者。

（2）O－NA 配置：非审计服务审计师的选聘权被配置给报告使用者。

（一）非审计服务选聘权 M－NA 配置下的审计师独立性

在 M－NA 配置下，非审计服务审计师由报告提供者选聘，报告提供者便可以利用该选择权影响审计师的独立性。如果审计师同意选择合谋，则审计师将获得非审计服务，同时报告提供者也将获得由现任审计师从事非审计业务的相应收益；如果审计师选择独立，则报告提供者将把非审计服务委托给其他非现任审计师，审计师将失去非审计服务，同时报告提供者也将失去由现任审计师从事非审计业务的相应收益。因此，得到：

$$U_{c}(X/M-NA,T,D,D_{-a},N)=U_{c}(X,T,D,D_{-a},N)$$

$$U_{c}(X/M-NA,F,D,D_{-a},Y)=U_{c}(X,F,D,D_{-a},Y)+U_{cN}(0)$$

$$\bar{T}(X/M-NA,f)=\bar{T}(X,f)+\frac{1}{(1-P)(1-\delta)}NA_{c}$$

其中，$U_{cN}=\frac{NA_{c}}{1-\delta}$，$NA_{c}$表示聘请审计师从事非审计服务与聘请非审计师从事非审计服务所获得的期望效用的差异，δ为折现率。

（二）非审计服务选聘权 O－NA 配置下的审计师独立性

在 O－NA 配置下，非审计服务审计师由报告使用者选聘，由于其存在追求真实会计信息的动机，于是，其就会增强审计师的独立性。其所采取的策略和收益是，如果现任审计师选择独立，则报告使用者将把非审计服

① 为体现出聘请审计师从事非审计服务要比聘请非审计师从事非审计服务具有更大的效用并由此给审计师独立性带来不同的影响，我们假设聘请非审计服务审计师的费用由报告提供者承担。

务委托给该现任审计师，现任审计师将获得非审计服务，同时报告提供者也将获得由现任审计师从事非审计业务的相应收益；如果审计师选择合谋，且合谋没有被发现，则报告使用者将把非审计服务委托给该现任审计师。但是一旦合谋被发现，审计师将失去非审计服务，同时报告提供者也将失去由现任审计师从事非审计业务的相应收益。因此，非审计服务对报告提供者的期望收益影响为：

$$U_c(X/O-NA,\ T,\ D,\ D_{-a},\ Y)=U_c(X,\ T,\ D,\ D_{-a},\ Y)+U_{cN}(0)$$

$$U_c(X/O-NA,\ F,\ D,\ D_{-a},\ N)=U_c(X,\ F,\ D,\ D_{-a},\ N)+(1-P)U_{cN}(0)$$

同理，得到报告提供者所愿意支付的最大额外补偿为：

$$\bar{T}(X/O-NA,f)=\bar{T}(X,f)-\frac{P}{(1-P)(1-\delta)}NA_c$$

（三）两种选聘权 M－A/M－NA 配置下的审计师独立性

当非审计服务审计师由报告提供者选聘时，报告提供者便可以利用该选择权影响审计师的独立性。考虑到博弈的初始状态为审计师均处于采取（D, D）审计策略状态，审计市场和非审计市场均处于不完全竞争状态，于是得到以下结论。

（1）当审计师均采取（D, D）审计策略时，审计师获得的收益均为 $\mu_a(0)+\mu_{aN}(0)$。此时，如果博弈中有一个审计师选择合谋策略，则由于他们可以同时获得审计和非审计服务，因此，其可以获得全部审计和非审计服务，于是继续采取 D 策略的审计师获得的收益为 0，采取 DN 策略的审计师获得的收益为 $n[\mu_a^f(0)+\mu_{aN}(0)]$。

（2）当审计师均采取（DN, DN）审计策略时，审计师获得的收益均为 $\mu_a^f(0)+\mu_{aN}(0)$。此时，如果博弈中有一个审计师选择 D 策略，则由于他们将同时失去审计和非审计服务，其收益为0；采取 DN 策略的审计师将继续维持收益 $\mu_a^f(0)+\mu_{aN}(0)$。以上关系可以用以下收益矩阵表示：

		其他审计师 D	其他审计师 DN
审计师	D	$\mu_a(0)+\mu_{aN}(0)$, $\mu_a(r)+\mu_{aN}(r)$	0, $n[\mu_a^f(0)+\mu_{aN}(0)]$
	DN	$n[\mu_a^f(0)+\mu_{aN}(0)]$, 0	$\mu_a^f(0)+\mu_{aN}(0)$, $\mu_a^f(0)+\mu_{aN}(0)$

其中，$\mu_{aN}(0)=\frac{NA_a}{1-\delta}$，$NA_a$表示在完全竞争非审计市场中实施独立审计所获得的现实以及由此可能带来的今后各期收益的平均收益，δ为折现率。

由收益矩阵得到以下结论。

（1）当$\mu_a{}^f(0)+\mu_{aN}(0)<0$时，审计师之间博弈的均衡策略为（$D$，$D$）。

（2）当$\mu_a{}^f(0)+\mu_{aN}(0)>0$时，考虑到$n\to\infty$，则审计师陷入“囚徒困境”。根据博弈论中重复博弈的Nash无名氏定理，由于审计市场中存在无数个审计师，因此，其博弈均衡为（DN，DN）。

由此得到的审计师保持独立性的边界条件是：

$$\mu_a{}^f(0)+\mu_{aN}(0)=0$$

同理，由边界条件得到的报告提供者所愿意支付的最大额外补偿为：

$$\bar{T}(M-A/M-NA,f)=\bar{T}(M-A,f)+\frac{1}{(1-P)(1-\delta)}NA_c$$

管理者需要支付的最小额外报酬是：

$$\underline{T}(M-A/M-NA,f)=\underline{T}(M-A,f)-\frac{1}{(1-P)(1-\delta)}NA_a$$

$$\Delta T(M-A/M-NA,f)=\Delta T(M-A,f)+\frac{1}{(1-P)(1-\delta)}(NA_c+NA_a)$$

该结论显示，在非审计服务审计师由报告提供者选聘时，由现任审计师承担企业的非审计服务，将导致审计师独立性的降低。

（四）两种选聘权 M－A/O－NA 配置下的审计师独立性

当非审计服务审计师由报告使用者选聘时，由于其内在具有追求真实会计信息的动机，报告使用者便可以利用该选聘权选择独立的审计师。考虑到博弈的初始状态为审计师均处于采取（D，D）审计策略状态，审计市场和非审计市场均处于不完全竞争状态，于是得到以下结论。

（1）当审计师均采取（D，D）审计策略时，审计师获得的收益均为$\mu_a(0)+\mu_{aN}(0)$。此时，如果博弈中有一个审计师选择DN策略，则由于他们之间的合谋不可从外部观察到，于是继续采取D策略的审计师获得的收益为$\mu_{aN}(0)$，对于采取DN策略的审计师，一旦合谋被发现，审计师将失去非审计服务，因此采取 DN 策略的审计师获得的收益为 $n[\mu_a{}^f(0)+(1-P)\mu_{aN}(0)]$。

（2）当审计师均采取（DN，DN）审计策略时，审计师获得的收益均为 $[\mu_a{}^f(0)+\mu_{aN}(0)]$。此时，如果博弈中有一个审计师选择 D 策略，于是继续采取 DN 策略的审计师获得的收益为 $[\mu_a{}^f(0)+\mu_{aN}(0)]$；对于采取 D 策略的审计师，当其采取的策略由 DN 策略变为 D 策略时，报告使用者将改变审计委托关系，但是报告使用者并不会因此改变非审计服务的委托关系，即采取 D 策略的审计师获得的收益为 $\mu_{aN}(0)$。以上关系可以用以下收益矩阵表示：

		其他审计师	
		D	DN
审计师	D	$\mu_a(r)+\mu_{aN}(r)$， $\mu_a(r)+\mu_{aN}(r)$	$\mu_{aN}(r)$， $n[\mu_a{}^f(0)+(1-P)\mu_{aN}(0)]$
	DN	$n[\mu_a{}^f(0)+(1-P)\mu_{aN}(0)]$， $\mu_{aN}(r)$	$\mu_a{}^f(0)+\mu_{aN}(0)$， $\mu_a{}^f(0)+\mu_{aN}(0)$

由收益矩阵得到以下结论。

（1）当 $\mu_a{}^f(0)+\mu_{aN}(0)<0$ 时，审计师之间博弈的均衡策略为（D，D）。

（2）当 $\mu_a{}^f(0)+\mu_{aN}(0)>0$ 时，考虑到 $n\to\infty$，则审计师陷入"囚徒困境"。根据博弈论中重复博弈的 Nash 无名氏定理，由于审计市场中存在无数个审计师，因此，其博弈均衡为（DN，DN）。

由此得到的审计师保持独立性的边界条件是：

$$\mu_a{}^f(0)+\mu_{aN}(0)=0$$

同理，由边界条件得到的报告提供者所愿意支付的最大额外补偿为：

$$\overline{T}(M-A/O-NA,f)=\overline{T}(M-A,f)-\frac{P}{(1-P)(1-\delta)}NA_c$$

报告提供者为形成审计合谋所必须支付的最小额外报酬是：

$$\underline{T}(M-A/O-NA,f)=\underline{T}(M-A,f)-\frac{1}{(1-P)(1-\delta)}NA_a$$

$$\Delta T(M-A/O-NA,f)=\Delta T(M-A,f)-\frac{1}{(1-P)(1-\delta)}(PNA_c-NA_a)$$

该结论显示，在非审计服务审计师由报告使用者选聘时，审计师独立性是否会降低，取决于 $PNA_c - NA_a$ 的大小。当 $PNA_c - NA_a > 0$ 时，由现任审计师承担企业的非审计服务，不仅不会导致审计师独立性的降低，而且会增强审计师的独立性。当 $PNA_c - NA_a < 0$ 时，由现任审计师承担企业的非审计服务，将导致审计师独立性的降低。

第四节　审计师选聘权 O－A 配置、完全市场竞争和审计师独立性

一　审计师选聘权 O－A 配置下的博弈均衡

在审计师选聘权 O－A 配置下，审计师之间采取各种博弈策略进行博弈的收益为：①当博弈各方的策略不同时，会计报告使用者会利用其拥有对审计师的选聘权，选聘符合其自身利益的具有独立性的审计师，一旦审计师被发现舞弊，则其就会被排除在选聘范围之外，由此采取独立策略的审计师的期望收益为 $\mu_a(0)$，采取不独立策略的期望收益是 $\mu_a{}^f(0)$；②当各方都希望采取独立审计策略时，其策略符合会计报告使用者的利益，因此，采取一致独立审计策略审计师获取的收益均为 $\mu_a(0)$；③当各方都采取不独立策略时，显然各方均可以获得采取不独立策略时的收益 $\mu_a{}^f(0)$。由以上分析得到的 O－A 配置下的审计师博弈收益矩阵为：

		审计师 2	
		D	DN
审计师 1	D	$\mu_a(0)$, $\mu_a(0)$	$\mu_a(0)$, $\mu_a{}^f(0)$
	DN	$\mu_a{}^f(0)$, $\mu_a(0)$	$\mu_a{}^f(0)$, $\mu_a{}^f(0)$

由以上博弈收益矩阵得到，在报告提供者企图采取合谋策略的条件下，其审计师的效用函数为：

$$U_a(X, F, D, D_{-a}) = \mu_a(0), U_a(X, F, DN, DN_{-a}) = \mu_a{}^f(0)$$

为方便起见，我们将不完全竞争垄断市场条件下审计师退出市场时的收益标准化为 0，根据完全竞争条件下厂商的竞争理论，一旦审计师在审

计市场执业，其期望收益将大于 0。显然 $\mu_a^f(r)>0$，由收益矩阵得到以下结论。

（1）当 $\mu_a(0)>\mu_a^f(0)$ 时，审计师存在的一个纯策略均衡为（D，D），显然（3-2-1）式不成立，报告提供者将不会采取合谋策略。

（2）当 $\mu_a(0)<\mu_a^f(0)$ 时，审计师存在的一个纯策略均衡为（DN，DN）。此时，显然（3-2-1）式成立，报告提供者将采取合谋策略。

由此得到的审计师保持独立性的边界条件是：

$$\mu_a(0)=\mu_a^f(0)\text{或者 } U_a(O-A,\ F,\ DN,\ DN_{-a})=U_a(O-A,\ F,\ D,\ DN_{-a}) \tag{3-4-1}$$

二　审计师选聘权 O-A 配置下形成审计师合谋所支付的最低额外补偿

当审计师采取独立审计均衡策略时，其从报告提供者签订审计合约时的期望收益为审计师在完全竞争审计市场中的均衡收益。$U_a(O-A,\ T,\ D,\ D_{-a})=\dfrac{R_a(0)}{1-\delta}$，$R_a(0)$ 为审计师在完全竞争审计市场中实施独立审计所获得的现实以及由此可带来的今后各期收益的平均收益，δ 为折现率。

当审计师采取合谋均衡策略时，其从报告提供者签订审计合约时的期望收益由两部分组成，一部分为合谋未被发现时的期望收益，这部分期望收益由$\dfrac{R_a(0)}{1-\delta}$与报告提供者为其合谋所提供的额外补偿构成；另一部分为合谋被发现后的期望收益。我们将审计师舞弊被发现的收益标准化为 0，于是这部分收益由合谋被发现后应承担的法律责任构成。因此，当审计师采取合谋均衡策略时，审计师在与报告提供者签订审计合约时的期望收益为：

$$U_a(O-A,\ F,\ DN,\ DN_{-a})=-L_a(f,\ w,\ q)P+\left[\frac{R_a(0)}{1-\delta}+T(O-A,\ f)\right](1-P)$$

根据审计师形成合谋的边界条件，得到的审计师合谋的边界为：

$$U_a(O-A,\ F,\ DN,\ DN_{-a})=U_a(O-A,\ T,\ D,\ D_{-a})$$

$$\left[\frac{R_a(0)}{1-\delta}+\underline{T}(O-A,\ f)\right](1-P)-L_a(f,\ w,\ q)P=\frac{R_a(0)}{1-\delta}$$

报告提供者实现合谋需要支付审计师的最小额外报酬是：

$$\underline{T}(O-A,f)=\frac{P}{1-P}\left[L_a(f,w,q)+\frac{1}{1-\delta}R_a(0)\right] \tag{3-4-2}$$

三　审计师选聘权 O－A 配置和审计师独立性

由 $\Delta T(O-A,f)=\bar{T}(O-A,f)-\underline{T}(O-A,f)$ 得到：

$$\Delta T(O-A,f)=\frac{R_c(f)}{1-\delta}-\frac{P}{(1-P)}\left[\frac{1}{1-\delta}R_c(0)+L_c(f)\right]-\frac{P}{(1-P)}L_a(f,w,q)-\frac{P}{(1-P)(1-\delta)}R_a(0) \tag{3-4-3}$$

类似地，得到以下结论。

（1）审计师不参与合谋的条件为：

$\Pi(O-A)=\{f:\Delta T(O-A,f)>0\}=\varphi$，即它是空集。

（2）审计师参与合谋的条件为：

$\Pi(O-A)=\{f:\Delta T(O-A,f)>0\}\neq\varphi$，即它是非空集。

四　审计师选聘权 O－A 配置、会计信息虚报程度和审计师独立性

当 Π（$O-A$）$\neq\varphi$ 时，审计师将与报告提供者合谋，显然他们将选择使得合谋所获得的额外支付达到最大，即 $f=\arg\max\limits_f\Delta T(O-A,f)$，于是我们得到会计信息虚报程度的最优解集为：

$$\Pi^*(O-A)=\{f:\max\Delta T(O-A,f)\}\cap\{f:\Delta T(O-A,f)>0\}$$

为了便于求解，可将以上式子转化为下列等价式子：

$$\Pi^*(O-A)=\left\{f:\frac{\partial\Delta T(O-A,f)}{\partial f}=0\right\}\cap\{f:\max\Delta T(O-A,f)\}\cap\{f:\Delta T(O-A,f)>0\}$$

令 $\frac{\partial\Delta T(O-A,f)}{\partial f}=0$，得到：

$$R_c'(f)(1-P)-(1-\delta)[L_a'(f,w,q)-L_c'(f)]P=0$$

所以，在审计师选聘权 O－A 配置下，报告提供者选择的作假程度为：

$$\Pi^*(O-A)=\left\{f:\frac{R_c^{'}(f)}{L_a^{'}(f,w,q)+L_c^{'}(f)}=\frac{P}{(1-P)(1-\delta)}\right\}\cap$$
$$\{f:\max\Delta T(O-A,f)\}\cap\{f:\Delta T(O-A,f)>0\} \qquad (3-4-4)$$

五　审计师选聘权 O－A 配置、经济依赖和审计师独立性

当 Π（$O-A$）$\neq\varphi$ 时，审计师与报告提供者博弈形成的 Nash 均衡策略为（F, DN），审计师和审计师博弈形成的 Nash 均衡策略为（DN, DN）。但是，由于：

$$\Delta T(O-A,f)=\bar{T}(O-A,f)-\underline{T}(O-A,f)$$
$$=\frac{R_c(f)}{1-\delta}-\frac{P}{(1-P)}\left[\frac{1}{1-\delta}R_c(0)+L_c(f)\right]-\frac{P}{(1-P)}L_a(f,w,q)-\frac{P}{(1-P)(1-\delta)}R_a(0)$$
$$\frac{\partial\Delta T(O-A,f)}{\partial R_a(0)}=-\frac{P}{(1-P)(1-\delta)}$$

这说明审计师的经济依赖越大，越有利于提高审计师的独立性。

如果 Π（$O-A$）$=\varphi$，审计师与报告提供者博弈形成的 Nash 均衡策略为（T, D），则一旦会计报告提供者要求审计师合谋，审计师会主动选择放弃。此时，审计师的经济依赖就不会形成对独立性的威胁。

六　审计师选聘权 O－A 配置、审计收费和审计师独立性

（一）审计师额外补偿为零时的审计收费

令 $\underline{T}$（$O-A$, f）$=0$，得到：

$$\frac{P}{1-P}\left[L_a(f,w,q)+\frac{1}{1-\delta}R_a(0)\right]=0$$

这要求 $R_a(0)<0$。

显然，这是不可能成立的。报告提供者不可能凭借市场审计收费出价找到合谋的审计师。

（二）特定客户审计收费比重和审计师的独立性

令 $\theta=\dfrac{R_a(0)}{TR_a(0)}$为特定客户的审计收费占审计师总审计收费的比例，将 $R_a(0)=\theta TR_a(0)$代入上式得到：

$$\frac{\partial \Delta T(O-A, f)}{\partial \theta} = -\frac{TR_a(0)P}{(1-P)(1-\delta)} < 0$$

该式表明特定客户的审计收费占审计师总审计收费的比例越大，审计师独立性就越高。反之，则越低。

七　审计师选聘权 O－A 配置、低价承揽和审计师独立性

当审计市场存在低价承揽的情况时，现任审计师的审计收益要大于后任审计师的收益，即 ${R_a}^H(0) > R_a(0)$。所以，当现任审计师与报告提供者签订审计合约时，其合谋所需要的最低额外补偿如下。

由 $\underline{T}^H(O-A, f) = \frac{P}{1-P}\left[L_a(f, w, q) + \frac{1}{1-\delta}{R_a}^H(0)\right]$得到：

$$\Delta T^H(O-A, f) = \bar{T}(O-A, f) - \underline{T}^H(O-A, f) < \bar{T}(O-A, f) - \underline{T}(O-A, f) = \Delta T(O-A, f)$$

$$\Delta T^H(O-A, f) < \Delta T(O-A, f)$$

$$\frac{\partial \Delta T^H(O-A, f)}{\partial {R_a}^H(0)} = -\frac{P}{(1-P)(1-\delta)}$$

而$\Pi^H(O-A) = \{f:\Delta T^H(O-A, f) > 0\}$，$\Pi(O-A) = \{f:\Delta T(O-A, f) > 0\}$

$$\Pi(O-A) \supset \Pi^H(O-A)$$

由此，低价承揽将增强审计师独立性。

八　审计师选聘权 O－A 配置、审计师任期和审计师独立性

当报告使用者成为审计委托人时，如果审计师采取独立审计策略，则显然，该审计师将获得未来剩余的审计合约；如果审计师选择合谋，则一旦合谋被发现，其将被报告使用者中止剩余合约。如果未被发现，其将继续执行意愿期限合约。由此得到：

$$U_a(O-A, F, D, D_{-a}) = \frac{1-\delta^{T_2}}{1-\delta}R(0)$$

$$U_a(O-A, F, DN, DN_{-a})$$

$$= \left[\frac{1-\delta^{T_2}}{1-\delta}R_a(0) + \underline{T}(O-A, f, T_1, T_2)\right](1-P) - L_a(f, w, q)P$$

其中，T_2指意愿合约期限。

于是，由审计师之间的博弈收益矩阵得到的审计师合谋的边界条

件为：

$$U_a(O-A,\ F,\ D,\ DN_{-a}) = U_a(O-A,\ F,\ DN,\ DN_{-a})$$

$$\left[\frac{1-\delta^{T_2}}{1-\delta}R_a(0) + \underline{T}(O-A,\ f,\ T_1,\ T_2)\right](1-P) - L_a(f,\ w,\ q)P = \frac{1-\delta^{T_2}}{1-\delta}R_a(0)$$

同理，可以得到管理者需要支付的最小额外报酬是：

$$\underline{T}(O-A,\ f,\ T_1,\ T_2) = \frac{P}{(1-P)}\left[L_a(f,\ w,\ q) + \frac{1-\delta^{T_2}}{1-\delta}R_a(0)\right]$$

$$\frac{\partial\Delta T(O-A,\ f,\ T_1,\ T_2)}{\partial T_2} = \frac{P\delta^{T_2}\ln\delta}{(1-P)(1-\delta)}R_a(0) < 0$$

由于 $\Delta T(O-A, f, T_1, T_2)$ 是 T_2 的减函数，这意味着审计师的意愿任期增加，审计师独立性增强。

以上结论的政策含义是：在报告使用者拥有审计师选择权情况下，对审计师任期实施最短任期限制，可以在一定程度上增强审计师独立性；对审计师任期实施最长任期限制，不仅不会增强审计师独立性，而且会导致审计师独立性的降低。

九　审计师选聘权 O－A 配置、法律责任、审计师财富、审计准则和审计师独立性

（一）在审计师财富不可观测且无差异情况下，审计师的无过失责任

如前所述，审计师法律责任和审计师财富使得审计师采取独立策略，需要满足 Π（$O-A$）$=\varphi$，由此得到的阻止审计师合谋的审计师法律责任和审计师财富解集分别为：

$$\Pi_{DN}^{L}(O-A) = \left\{L_a[f,\ w,\ q] : L_a[f,\ w,\ q] \geqslant \frac{(1-P)}{P}\bar{T}(O-A,\ f) - \frac{1}{(1-\delta)}R_a(0)\right\}$$

$$\Pi_{D}^{w}(O-A) = \left\{w : L_a[f,\ w,\ q] \geqslant \frac{(1-P)}{P}\bar{T}(O-A,\ f) - \frac{1}{(1-\delta)}R_a(0)\right\}$$

如果审计师的财富充分大，即 $w \in \Pi_D^w$（$O-A$）时，则充裕的审计师财富将使法律责任能够得到充分的实施，所以，加大对审计师的法律责任，能有效增强审计师独立性。

如果 Π（$O-A$）$\neq\varphi$，则审计师法律责任和审计师财富将使得审计师采取合谋策略，此时审计师法律责任和审计师财富解集分别为：

$$\Pi_{DN}^{L}(O-A)=\left\{L_a[f,w,q]:L_a[f,w,q]\leqslant\frac{(1-P)}{P}\bar{T}(O-A,f)-\frac{1}{(1-\delta)}R_a(0)\right\}$$

$$\Pi_{D}^{w}(O-A)=\left\{w:L_a[f,w,q]\leqslant\frac{(1-P_g)}{P_g}\bar{T}(O-A,f)-\frac{1}{(1-\delta)}R_a(0)\right\}$$

显然，以上解集之间的关系为：

$$\Pi_{D}^{L}(O-A)\cap\Pi_{DN}^{L}(O-A)=\varphi,\ \Pi_{D}^{L}(O-A)\cup\Pi_{DN}^{L}(O-A)=\Omega(L)$$

$$\Pi_{D}^{w}(O-A)\cap\Pi_{DN}^{w}(O-A)=\varphi,\ \Pi_{D}^{w}(O-A)\cup\Pi_{DN}^{w}(O-A)=\Omega(w)$$

如果审计师的财富充分小，即 $w\in\Pi_{DN}^{w}$（$O-A$）时，则法律责任由于受审计师财富的限制，不能得到充分的实施，所以，加大对审计师的法律责任，并不能增强审计师独立性。

（二）在审计师财富不可观测且有差异情况下，审计师的无过失责任

如果审计市场中存在财富分别是 $w_1<w_2<\cdots<w_n$ 的 n 类审计师，存在某个 i，$i\in\{1,2,\cdots,n\}$，使得 $w_i\in\Pi_{DN}^{w}$（$O-A$），即 $w_i\notin\Pi_{D}^{w}$（$O-A$），则 Π（$O-A$）$\neq\varphi$，该 i 类审计师就会采取合谋策略，与配置 M－A 不同，此时，该类审计师要么被市场所淘汰，要么调整其所拥有的财富（兼并、拆分），以获得在市场继续生存的条件，避免被淘汰。

如果对于任意的 i，$i\in\{1,2,\cdots,n\}$，$w_i\notin\Pi_{DN}^{w}$（$O-A$），即 $w_i\in\Pi_{D}^{w}$（$O-A$），则审计师就会采取独立策略。考虑到 $w_1<w_2<\cdots<w_n$，此时，只要满足 $w_n\notin\Pi_{DN}^{w}$（$O-A$），审计师就会采取独立策略。

（三）在审计师财富不可观测且无差异情况下，审计师的有过失责任

同理，为简化起见，不失一般性，我们假定审计师发现报告提供者没有真实报告会计信息概率为 q，则审计师合谋所承担的期望法律责任变为：

$$qL_a(f,w)+(1-q)0=qL_a(f,w)$$

同理，审计师法律责任和审计师财富使得审计师采取独立策略，需要满足 Π（$O-A$）$=\varphi$，由此得到的阻止审计师合谋的审计师法律责任、会计准则和审计师财富解集分别为：

$$\Pi_{D}^{L}(O-A)=\left\{L_a(f,w):qL_a(f,w)\geqslant\frac{(1-P)}{P}\bar{T}(O-A,f)-\frac{1}{(1-\delta)}R_a(0)\right\}$$

$$\Pi_{D}^{q}(O-A)=\left\{q:qL_a(f,w)\geqslant\frac{(1-P)}{P}\bar{T}(O-A,f)-\frac{1}{(1-\delta)}R_a(0)\right\}$$

$$\Pi_{D}^{w}(O-A)=\left\{w:qL_a(f,w)\geqslant\frac{(1-P)}{P}\bar{T}(O-A,f)-\frac{1}{(1-\delta)}R_a(0)\right\}$$

如果 Π（$O-A$）$\neq\varphi$，则审计师法律责任和审计师财富将使得审计师采取合谋策略，此时审计师法律责任、会计准则和审计师财富解集分别为：

$$\Pi_{DN}^{L}(O-A)=\left\{L_a(f,\ w):qL_a(f,\ w)\leqslant\frac{(1-P)}{P}\bar{T}(O-A,f)-\frac{1}{(1-\delta)}R_a(0)\right\}$$

$$\Pi_{DN}^{q}(O-A)=\left\{q:qL_a(f,\ w)\leqslant\frac{(1-P)}{P}\bar{T}(O-A,f)-\frac{1}{(1-\delta)}R_a(0)\right\}$$

$$\Pi_{DN}^{w}(O-A)=\left\{w:qL_a(f,\ w)\leqslant\frac{(1-P)}{P}\bar{T}(O-A,f)-\frac{1}{(1-\delta)}R_a(0)\right\}$$

（四）在审计师财富不可观测且有差异情况下，审计师的过失责任

如果审计市场中存在财富分别是 $w_1<w_2<\cdots<w_n$ 的 n 类审计师，存在某个 i，$i\in\{1,2,\cdots,n\}$，使得 $w_i\in\Pi_{DN}^{w}$（$O-A$），即 $w_i\notin\Pi_{D}^{w}$（$O-A$），则 Π（$O-A$）$\neq\varphi$，该 i 类审计师就会采取合谋策略，于是其他类别的审计师要么被市场所淘汰，要么调整其所拥有的财富（兼并、拆分），使得其财富趋于 w_i。

如果对于任意的 i，$i\in\{1,2,\cdots,n\}$，$w_i\notin\Pi_{DN}^{w}$（$O-A$），即 $w_i\in\Pi_{D}^{w}$（$O-A$），则审计师就会采取独立策略。考虑到 $w_1<w_2<\cdots<w_n$，此时，只要满足 $w_1\notin\Pi_{DN}^{w}$（$O-A$），审计师就会采取独立策略。

十　审计师选聘权 O－A 配置、会计监管和审计师独立性

由 Π（$O-A$）$=\varphi$，得到的 P 的边界条件为：

$$\Delta T(O-A,f)=0$$

$$\frac{R_c(f)}{1-\delta}-\frac{P}{(1-P)}\left[\frac{1}{1-\delta}R_c(0)+L_c(f)\right]-\frac{P}{(1-P)}L_a(f,\ w,\ q)-\frac{P}{(1-P)(1-\delta)}R_a(0)=0$$

$$P=\frac{R_c(f)}{R_c(f)+R_c(0)+R_a(0)+(1-\delta)L_a(f,\ w,\ q)+(1-\delta)L_c(f)}$$

由此，为得到有效的会计监管，要使得对审计师合谋被发现的概率满足以下解集：

$$\Pi^{P}(O-A)=\left\{P:P\geqslant\frac{R_c(f)}{R_c(f)+R_c(0)+R_a(0)+(1-\delta)L_a(f,\ w,\ q)+(1-\delta)L_c(f)}\right\}$$

十一　审计师选聘权 O – A 配置、非审计服务和审计师独立性

（一）两种选聘权 O – A/M – NA 配置下的审计师独立性

当非审计服务审计师由报告提供者选聘时，报告提供者便可以利用该选择权影响审计师的独立性。考虑到博弈的初始状态为审计师均处于采取（*D*, *D*）审计策略状态，审计市场和非审计市场均处于不完全竞争状态，于是得到以下结论。

（1）当审计师均采取（*D*, *D*）审计策略时，审计师获得的收益均为 $\mu_a(0)+\mu_{aN}(0)$。此时，如果博弈中有一个审计师选择合谋策略，则由于他们之间的合谋不可从外部观察到，于是继续采取 *D* 策略的审计师获得的收益为 $\mu_a(0)+\mu_{aN}(0)$，采取 *DN* 策略的审计师获得的收益为 $\mu_a^{\,f}(0)+\mu_{aN}(0)$。

（2）当审计师均采取（*DN*, *DN*）审计策略时，审计师获得的收益均为 $\mu_a^{\,f}(0)+\mu_{aN}(0)$。此时，如果博弈中有一个审计师选择 *D* 策略，则于是继续采取 *DN* 策略的审计师获得的收益为 $\mu_a^{\,f}(0)+\mu_{aN}(0)$；对于采取 *D* 策略的审计师，由于其采取的策略由 *DN* 策略变为 *D* 策略，作为惩罚，报告提供者将把非审计服务委托给其他非现任审计师，审计师将失去非审计服务，同时报告提供者也将失去由现任审计师从事非审计业务的相应收益，即采取 *D* 策略的审计师获得的收益为 $\mu_a(0)$。以上关系可以用以下收益矩阵表示：

		其他审计师 *D*	其他审计师 *DN*
审计师	D	$\mu_a(0)+\mu_{aN}(0)$, $\mu_a(0)+\mu_{aN}(0)$	$\mu_a(0)+\mu_{aN}(0)(\mu_a(0))$, $[\mu_a^{\,f}(0)+\mu_{aN}(0)]$
	DN	$[\mu_a^{\,f}(0)+\mu_{aN}(0)]$, $\mu_a(0)+\mu_{aN}(0)(\mu_a(0))$	$\mu_a^{\,f}(0)+\mu_{aN}(0)$, $\mu_a^{\,f}(0)+\mu_{aN}(0)$

由收益矩阵得到以下结论。

（1）当 $\mu_a(0)\geqslant\mu_a^{\,f}(0)$ 时，审计师之间博弈的均衡策略为（*D*, *D*）。

（2）当 $\mu_a(0)\leqslant\mu_a^{\,f}(0)$ 时，审计师之间博弈的均衡策略为（*DN*, *DN*）。

由此得到的审计师保持独立性的边界条件是：

$$\mu_a(0)=\mu_a^{\,f}(0)$$

同理，由边界条件得到的报告提供者所愿意支付的最大额外补偿为：

$$\bar{T}(O-A/M-NA, f)=\bar{T}(O-A, f)+\frac{1}{(1-P)(1-\delta)}NA_c$$

管理者需要支付的最小额外报酬是：

$$\underline{T}(O-A/M-NA, f)=\underline{T}(O-A, f)$$

$$\Delta T(O-A/M-NA, f)=\Delta T(O-A, f)+\frac{1}{(1-P)(1-\delta)}NA_c$$

该结论显示，在非审计服务审计师由报告提供者选聘时，由现任审计师承担企业的非审计服务，将导致审计师独立性的降低。

（二）两种选聘权 O－A/O－NA 配置下的审计师独立性

当非审计服务审计师由报告使用者选聘时，由于其内在拥有追求真实会计信息的动机，报告使用者便可以利用该选聘权选择独立的审计师。考虑到博弈的初始状态为审计师均处于采取（D，D）审计策略状态，审计市场和非审计市场均处于不完全竞争状态，于是得到以下结论。

（1）当审计师均采取（D，D）审计策略时，审计师获得的收益均为 $\mu_a(0)+\mu_{aN}(0)$。此时，如果博弈中有一个审计师选择 DN 策略，则由于他们之间的合谋不可从外部观察到，于是继续采取 D 策略的审计师获得的收益为 $\mu_a(0)+\mu_{aN}(0)$，采取 DN 策略的审计师获得的收益为 $\mu_a^f(0)+(1-P)\mu_{aN}(0)$。

（2）当审计师均采取（DN，DN）审计策略时，审计师获得的收益均为 $\mu_a^f(0)+\mu_{aN}(0)$。此时，如果博弈中有一个审计师选择 D 策略，则于是继续采取 DN 策略的审计师获得的收益为 $\mu_a^f(0)+\mu_{aN}(0)$；对于采取 D 策略的审计师，即使其采取的策略由 DN 策略变为 D 策略，报告使用者也并不会因此改变审计和非审计服务委托关系，即采取 D 策略的审计师获得的收益为 $\mu_a(0)+\mu_{aN}(0)$。以上关系可以用以下收益矩阵表示：

		其他审计师 D	其他审计师 DN
审计师	D	$\mu_a(0)+\mu_{aN}(0)$，$\mu_a(0)+\mu_{aN}(0)$	$\mu_a(0)+\mu_{aN}(0)$，$[\mu_a^f(0)+(1-P)\mu_{aN}(0)]$
	DN	$[\mu_a^f(0)+(1-P)\mu_{aN}(0)]$，$\mu_a(0)+\mu_{aN}(0)$	$\mu_a^f(0)+\mu_{aN}(0)$，$\mu_a^f(0)+\mu_{aN}(0)$

由收益矩阵得到以下结论。

（1）当$\mu_a(0) \geqslant \mu_a{}^f(0)$时，审计师之间博弈的均衡策略为（$D$，$D$）。

（2）当$\mu_a{}^f(0) - P\mu_{aN}(0) \leqslant \mu_a(0) \leqslant \mu_a{}^f(0)$时，则审计师陷入另一种“囚徒困境”。根据博弈论中重复博弈的 Nash 无名氏定理，由于审计市场中存在无数个审计师，因此，其博弈均衡为（D，D）。

（3）当$\mu_a(0) \leqslant \mu_a{}^f(0) - P\mu_{aN}(0)$时，其博弈均衡为（$DN$，$DN$）。

由此得到的审计师保持独立性的边界条件是：

$$\mu_a(0) = \mu_a{}^f(0) - P\mu_{aN}(0)$$

同理，由边界条件得到的报告提供者所愿意支付的最大额外补偿为：

$$\bar{T}(O-A/O-AM, f) = \bar{T}(O-A, f) - \frac{P}{(1-P)(1-\delta)}NA_c$$

报告提供者为形成审计合谋所必须支付的最小额外补偿是：

$$\underline{T}(O-A/O-NA, f) = \underline{T}(O-A, f) + \frac{P}{(1-P)(1-\delta)}NA_a$$

由此得到：

$$\Delta T(O-A/O-NA, f) = \Delta T(O-A, f) - \frac{P}{(1-P)(1-\delta)}(NA_c + NA_a)$$

该结论显示，在非审计服务审计师由报告使用者选聘时，由现任审计师承担企业的非审计服务，不仅不会导致审计师独立性的降低，而且会增强审计师的独立性。

第五节　审计师选聘权 OA－MA 配置、完全市场竞争和审计师独立性

一　审计师选聘权 OA－MA 配置下的博弈均衡

配置模式 OA－MA 实际上是一个混合配置模式，即 k 比例的会计报告使用者拥有审计选聘权，$1-k$ 比例的报告提供者拥有审计选聘权。于是，在审计市场中，审计师遇到 M－A 配置类型的概率是 $1-k$，遇到O－A配置类型的概率是 k，由前文知道，在审计师遇到 O－A 配置类型时，实现博弈均衡的报告提供者所愿意支付的最大补偿为 $\bar{T}$（A，f），审计师合谋的最小

补偿为 $\underline{T}$ (A, f)；在审计师遇到 M－A 类型时，实现博弈均衡的报告提供者所愿意支付的最大补偿为 $\overline{T}$ (B, f)，审计师合谋的最小补偿为 $\underline{T}$ (B, f)，于是，在混合配置状态下，报告提供者所愿意支付的期望最大补偿和审计师合谋的期望最小补偿分别为：

$$\overline{T}(OA-MA,f)=k\overline{T}(O-A,f)+(1-k)\overline{T}(M-A,f)$$
$$\underline{T}(OA-MA,f)=k\underline{T}(O-A,f)+(1-k)\underline{T}(M-A,f)$$

于是，得到：

$$\underline{T}(OA-MA,f)=\frac{1}{1-P}\left[\frac{k+P-1}{1-\delta}R_a(0)+L_a(f,w,q)P\right] \qquad (3-5-1)$$

二　审计师选聘权 OA－MA 配置和审计师独立性

由 $\Delta T(OA-MA,f)=\overline{T}(OA-MA,f)-\underline{T}(OA-MA,f)$ 得到：

$$\begin{aligned}&\Delta T(OA-MA,f)\\&=\frac{R_c(f)}{1-\delta}-\frac{P}{(1-P)}\left[\frac{1}{1-\delta}R_c(0)+L_c(f)\right]-\\&\frac{P}{(1-P)}L_a(f,w,q)-\frac{P+k-1}{(1-P)(1-\delta)}R_a(0)\end{aligned} \qquad (3-5-2)$$

其中，$\Delta T(OA-MA,f)=k\Delta T(O-A,f)+(1-k)\Delta T(M-A,f)$。

由 $\Delta T(O-A,f)=\Delta T(M-A,f)-\frac{1+P}{(1-\delta)(1-P)}R_a(0)$ 得到：

$$\Delta T(OA-MA,f)=\Delta T(M-A,f)-k\frac{1+P}{(1-\delta)(1-P)}R_a(0)$$
$$\Delta T(OA-MA,f)=\Delta T(O-A,f)+(1-k)\frac{1+P}{(1-\delta)(1-P)}R_a(0)$$

类似地，得到以下结论。

(1) 审计师不参与合谋的条件为：

$\Pi(OA-MA)=\{f:\Delta T(OA-MA,f)>0\}=\varphi$，即它是空集。

(2) 审计师参与合谋的条件为：

$\Pi(OA-MA)=\{f:\Delta T(OA-MA,f)>0\}\neq\varphi$，即它是非空集。

三　审计师选聘权 OA－MA 配置、会计信息虚报程度和审计师独立性

当 Π ($OA-MA$) $\neq\varphi$ 时，审计师将与报告提供者合谋，显然他们将

选择使得合谋所获得的额外支付达到最大，即 $f = \arg\max_f \Delta T\ (OA-MA, f)$，于是我们得到会计信息虚报程度的最优解集为：

$$\Pi^*(OA-MA) = \{f: \max\Delta T(OA-MA, f)\} \cap \{f: \Delta T(OA-MA, f) > 0\}$$

类似地，得到：

$$\begin{aligned}&\Pi^*(OA-MA)\\&=\left\{f: \frac{R_c^{'}(f)}{L_a^{'}(f, w, q)+L_c^{'}(f)} = \frac{P}{(1-P)(1-\delta)}\right\}\cap\\&\{f: \max\Delta T(OA-MA, f)\} \cap \{f: \Delta T(OA-MA, f) > 0\}\end{aligned}$$

四　审计师选聘权 OA – MA 配置、经济依赖和审计师独立性

当 $\Pi\ (OA-MA) \neq \varphi$ 时，审计师与报告提供者博弈形成的 Nash 均衡策略为（F, DN），审计师和审计师博弈形成的 Nash 均衡策略为（DN, DN）。但是，由于：

$$T(OA-MA, f) = \frac{1}{1-P}\left[\frac{P+k-1}{1-\delta}R_a(0) + L_a(f, w, q)P\right]$$

$$\frac{\partial\Delta T(OA-MA, f)}{\partial R_a(0)} = -\frac{P+k-1}{(1-P)(1-\delta)}$$

所以，当 $P+k>1$ 时，经济依赖越大，越有利于保持审计师独立性；当 $P+k<1$ 时，经济依赖越大，越会损害审计师的独立性。

如果 $\Pi\ (OA-MA) = \varphi$，审计师与报告提供者博弈形成的 Nash 均衡策略为（T, D），则一旦会计报告提供者要求审计师合谋，审计师会主动选择放弃。此时，审计师的经济依赖就不会形成对独立性的威胁。

五　审计师选聘权 OA – MA 配置、审计收费和审计师独立性

（一）审计师额外补偿为零时的审计收费

令 $\underline{T}\ (OA-MA, f)\ = 0$，得到：

$$R_a(0) = \frac{1-\delta}{P+k-1}L_a(f, w, q)$$

当审计市场的收费使得审计师的期望收益大于 $\frac{1-\delta}{P+k-1}L_a(f, w, q)$ 时，管理者就可以凭借市场审计收费出价找到合作的审计师。

（二）特定客户审计收费比重和审计师独立性

令 $\theta = \dfrac{R_a(0)}{TR_a(0)}$ 为特定客户的审计收费占审计师总审计收费的比例，将 $R_a(0) = \theta TR_a(0)$ 代入上式得到：

$$\frac{\partial \Delta T(OA-MA,f)}{\partial \theta} = -\frac{(P+k-1)TR_a(0)}{(1-P)(1-\delta)}$$

由此得到以下结论。

（1）当 $P+k>1$ 时，表明特定客户的审计收费占审计师总审计收费的比例越大，审计师独立性就越低。反之，则越高。

（2）当 $P+k<1$ 时，表明特定客户的审计收费占审计师总审计收费的比例越大，审计师独立性就越高。反之，则越低。

六　审计师选聘权 OA－MA 配置、低价承揽和审计师独立性

当审计市场存在低价承揽的情况时，现任审计师的审计收益要大于后任审计师的收益，即 $R_a{}^H(0) > R_a(0)$。所以，当现任审计师与报告提供者签订审计合约时，其合谋所需要的最低额外补偿如下。

由 $T^H(OA-MA,f) = \dfrac{1}{1-P}\left[\dfrac{P+k-1}{1-\delta}R_a{}^H(0) + L_a(f,w,q)P\right]$ 得到：

$$\frac{\partial \Delta T^H(OA-MA,f)}{\partial R_a{}^H(0)} = -\frac{P+k-1}{(1-P)(1-\delta)}$$

（1）当 $P+k>1$ 时，则：

$$\Delta T^H(OA-MA,f) =$$
$$\bar{T}(OA-MA,f) - \underline{T}^H(OA-MA,f) < \bar{T}(OA-MA,f) - \underline{T}(OA-MA,f) =$$
$$\Delta T^H(OA-MA,f)$$
$$\Delta T^H(OA-MA,f) < \Delta T(OA-MA,f)$$

而
$$\Pi^H(OA-MA) = \{f:\Delta T^H(OA-MA,f)>0\},$$
$$\Pi(OA-MA) = \{f:\Delta T(OA-MA,f)>0\}$$
$$\Pi(OA-MA) \supset \Pi^H(OA-MA)$$

由此，低价承揽将增强审计师独立性。

（2）当 $P+k<1$ 时，则：

$$\Delta T^H(OA-MA,f) = \bar{T}(OA-MA,f) - \underline{T}^H(OA-MA,f) > \bar{T}(OA-MA,f) - \underline{T}(OA-MA,f) =$$

$$\Delta T^{H}(OA-MA,f)\text{而}\Pi(OA-MA)\subset\Pi^{H}(OA-MA)$$

由此，低价承揽将降低审计师独立性。

七　审计师选聘权 OA－MA 配置、审计师任期和审计师独立性

当报告使用者成为审计委托人时，如果审计师采取独立审计策略，则显然，该审计师将获得未来剩余的审计合约；如果审计师选择合谋，则一旦合谋被发现，将被报告使用者中止剩余合约。如果未被发现，则其将继续执行意愿期限合约。由此得到：

$$U_a(OA-MA,F,D,DN_{-a},T_1,T_2)$$
$$=kU_a(O-A,F,D,DN_{-a},T_1,T_2)+(1-k)U_a(M-A,F,D,DN_{-a},T_1,T_2)$$
$$U_a(OA-MA,F,DN,DN_{-a},T_1,T_2)$$
$$=kU_a(O-A,F,DN,DN_{-a},T_1,T_2)+(1-k)U_a(M-A,F,DN,DN_{-a},T_1,T_2)$$

同理，由审计师之间的博弈收益矩阵得到的审计师合谋的边界条件为：

$$U_a(OA-MA,F,D,DN_{-a},T_1,T_2)=U_a(OA-MA,F,DN,DN_{-a},T_1,T_2)$$

$$\left[\frac{1-\delta^{T_2}}{1-\delta}R_a(0)+\underline{T}(OA-MA,f,T_1,T_2)\right](1-P)-L_a(f,w,q)P$$
$$=(1-k)\frac{1-\delta^{T_1}}{1-\delta}R_a(0)+k\frac{1-\delta^{T_2}}{1-\delta}R_a(0)$$

$$\left[\frac{1-\delta^{T_2}}{1-\delta}R_a(0)+\underline{T}(OA-MA,f,T_1,T_2)\right](1-P)-L_a(f,w,q)P$$
$$=(1-k)\frac{1-\delta^{T_1}}{1-\delta}R_a(0)+(k-1+P)\frac{1-\delta^{T_2}}{1-\delta}R_a(0)$$

管理者需要支付的最小额外报酬是：

$$\underline{T}(OA-MA,f,T_1,T_2)$$
$$=\frac{1}{(1-P)}\left[L_a(f,w,q)P+\frac{k+P-1-(k+P-1)\delta^{T_2}}{1-\delta}R_a(0)+(1-k)\frac{1-\delta^{T_1}}{1-\delta}R_a(0)\right]$$

$$\frac{\partial\Delta T(OA-MA,f,T_1,T_2)}{\partial T_1}=\frac{(1-k)\delta^{T_1-1}\ln\delta}{(1-P)(1-\delta)}R_a(0)<0$$

$$\frac{\partial\Delta T(OA-MA,f,T_1,T_2)}{\partial T_2}=\frac{(k+P-1)\delta^{T_2}\ln\delta}{(1-P)(1-\delta)}R_a(0)$$

由此得到以下结论。

（1）$\Delta T(OA-MA, f, T_1, T_2)$是$T_1$的减函数，这意味着审计师的剩余合约任期增加，$\Delta T(OA-MA, f, T_1, T_2)$会降低，这会导致审计师独立性增强，反之，则导致独立性降低。

（2）当$k+P<1$时，$\Delta T(OA-MA, f, T_1, T_2)$是$T_2$的增函数，这意味着审计师的意愿合约任期增加，$\Delta T(OA-MA, f, T_1, T_2)$会升高，这会导致审计师独立性降低，反之，则导致独立性增强。

（3）当$k+P>1$时，$\Delta T(OA-MA, f, T_1, T_2)$是$T_2$的减函数，这意味着审计师的意愿合约任期增加，$\Delta T(OA-MA, f, T_1, T_2)$会降低，这会导致审计师独立性增强，反之，则导致独立性降低。

以上结论的政策含义是：在报告提供者拥有审计师选择权情况下，对审计师任期实施最短任期限制，可以在一定程度上增强审计师独立性；对审计师任期实施最长任期限制，可以在一定程度上降低审计师独立性。

八　审计师选聘权 OA－MA 配置、法律责任、审计师财富、审计准则和审计师独立性

（一）在审计师财富不可观测且无差异情况下，审计师的无过失责任

如前所述，让审计师法律责任和审计师财富使得审计师采取独立策略，需要满足$\Pi\ (OA-MA)=\varphi$，由此得到的阻止审计师合谋的审计师法律责任和审计师财富解集分别为：

$$\Pi_D^L(OA-MA)=\Big\{L_a(f, w, q):L_a(f, w, q)\geqslant$$

$$\frac{1-P}{P}\Big[\bar{T}(OA-MA, f)-\frac{k+P-1}{(1-\delta)(1-P)}R_a(0)\Big]\Big\}$$

$$\Pi_D^w(OA-MA)=\Big\{w:L_a(f, w, q)\geqslant$$

$$\frac{1-P}{P}\Big[\bar{T}(OA-MA, f)-\frac{k+P-1}{(1-\delta)(1-P)}R_a(0)\Big]\Big\}$$

如果审计师的财富充分大，即$w\in\Pi_D^w\ (OA-MA)$时，则充裕的审计师财富将使法律责任能够得到充分的实施，所以，加大对审计师的法律责任，能有效增强审计师独立性。

如果$\Pi\ (OA-MA)\neq\varphi$，则审计师法律责任和审计师财富会使得审计师采取合谋策略，此时审计师法律责任和审计师财富解集分别为：

$$\Pi_{DN}^{L}(OA-MA)=\Pi_{DN}^{L}(M-A)\cup\Pi_{DN}^{L}(O-A)$$
$$\Pi_{DN}^{w}(OA-MA)=\Pi_{DN}^{w}(M-A)\cap\Pi_{DN}^{w}(O-A)$$

显然，以上解集之间的关系为：

$$\Pi_{D}^{L}(OA-MA)\cap\Pi_{DN}^{L}(OA-MA)=\varphi,\ \Pi_{D}^{L}(OA-MA)\cup\Pi_{DN}^{L}(OA-MA)=\Omega(L)$$
$$\Pi_{D}^{w}(OA-MA)\cap\Pi_{DN}^{w}(OA-MA)=\varphi,\ \Pi_{D}^{w}(OA-MA)\cup\Pi_{DN}^{w}(OA-MA)=\Omega(w)$$

如果审计师的财富充分小，即 $w\in\Pi_{DN}^{w}(OA-MA)$时，则法律责任由于受审计师财富的限制，不能得到充分的实施，所以，加大对审计师的法律责任，并不能增强审计师独立性。

（二）在审计师财富不可观测且有差异情况下，审计师的无过失责任

如果审计市场中存在财富分别是 $w_1<w_2<\cdots<w_n$的 n 类审计师，存在某个 i，$i\in\{1,2,\cdots,n\}$，使得 $w_i\in\Pi_{DN}^{w}(OA-MA)$，即 $w_i\notin\Pi_{D}^{w}(OA-MA)$，则 Π（$OA-MA$）$\neq\varphi$，该 i 类审计师就会采取合谋策略，于是该类审计师就很快占领 M－A 配置审计市场，但同时，该类审计师就会被 O－A 配置市场所淘汰。只有所有的 i，$i\in\{1,2,\cdots,n\}$，使得 $w_i\notin\Pi_{DN}^{w}(OA-MA)$，所有审计师才均会保持独立。

（三）在审计师财富不可观测且无差异情况下，审计师的有过失责任

同理，为简化起见，不失一般性，我们假定审计师发现报告提供者没有真实报告会计信息概率为 q，则审计师合谋所承担的期望法律责任变为：

$$qL_a(f,w)+(1-q)0=qL_a(f,w)$$

同理，审计师法律责任和审计师财富使得审计师采取独立策略，需要满足 $\Pi(OA-MA)=\varphi$，由此得到的阻止审计师合谋的审计师法律责任、会计准则和审计师财富解集分别为：

$$\Pi_{D}^{L}(OA-MA)=\left\{L_a(f,w):qL_a(f,w)\geqslant\frac{1-P}{P}\left[\bar{T}(OA-MA,f)-\frac{k+P-1}{(1-\delta)(1-P)}R_a(0)\right]\right\}$$
$$\Pi_{D}^{w}(OA-MA)=\left\{w:qL_a(f,w)\geqslant\frac{1-P}{P}\left[\bar{T}(OA-MA,f)-\frac{k+P-1}{(1-\delta)(1-P)}R_a(0)\right]\right\}$$
$$\Pi_{D}^{q}(OA-MA)=\left\{q:qL_a(f,w)\geqslant\frac{1-P}{P}\left[\bar{T}(OA-MA,f)-\frac{k+P-1}{(1-\delta)(1-P)}R_a(0)\right]\right\}$$

如果 Π（$OA-MA$）$\neq\varphi$，则审计师法律责任和审计师财富会使得审计师采取合谋策略，此时审计师法律责任、会计准则和审计师财富解集分别为：

$$\Pi^{L}_{DN}(OA-MA)=\Pi^{L}_{DN}(M-A)\cup\Pi^{L}_{DN}(O-A)$$

$$\Pi^{w}_{DN}(OA-MA)=\Pi^{w}_{DN}(M-A)\cap\Pi^{w}_{DN}(M-A)$$

$$\Pi^{q}_{DN}(OA-MA)=\Pi^{q}_{DN}(M-A)\cap\Pi^{q}_{DN}(O-A)$$

（四）在审计师财富不可观测且有差异情况下，审计师的过失责任

情况与前述相同。

九　审计师选聘权 OA－MA 配置、会计监管和审计师独立性

由 Π（$OA-MA$）$=\varphi$，得到的 P 的边界条件为：

$$\Pi^{P}(OA-MA)=\left\{P:P\geqslant\frac{R_c(f)+(1-k)R_a(0)}{R_c(0)+R_c(f)+R_a(0)+(1-\delta)[L_a(f,w,q)+L_c(f)]}\right\}$$

十　审计师选聘权 OA－MA 配置、非审计服务和审计师独立性

我们知道以下内容。①在审计服务市场中，审计师选聘权配置类型为 O－A、M－A，它们的比例分别为：k、$1-k$。②在非审计服务市场中，非审计服务审计师选聘权配置类型有两种：M－NA、O－NA。假定它们的比例分别为：s、$1-s$。因此，审计师在市场中遇到不同类型的概率如下（见表 3－1）。

表 3－1　审计师在市场中遇到不同类型的概率

配置类型	M－A /M－NA	M－A /M－OA	O－A /M－NA	O－A /O－NA
遇见概率	$(1-k)s$	$(1-k)(1-s)$	ks	$k(1-s)$

由此，得到以下结论。

（一）报告提供者为合谋所愿意支付的最大额外补偿

$$\begin{aligned}&\overline{T}(OA-MA/ONA-MNA,f)\\&=(1-k)s\overline{T}(M-A/M-NA,f)+(1-k)(1-s)\overline{T}(M-A/O-NA,f)\\&+ks\overline{T}(O-A/M-NA,f)+k(1-s)\overline{T}(O-A/O-NA,f)\end{aligned}$$

$$\overline{T}(OA-MA/ONA-MNA,f)=\overline{T}(OA-MA,f)+\frac{(s-P+sP)}{(1-\delta)(1-P)}(s-P)NA_c$$

（二）审计师合谋所需要的最低额外补偿

$$\underline{T}(OA-MA/ONA-MNA,f)$$
$$=(1-k)s\underline{T}(M-A/M-NA,f)+(1-k)(1-s)\underline{T}(M-A/O-NA,f)$$
$$+ks\underline{T}(O-A/M-NA,f)+k(1-s)\underline{T}(O-A/O-NA,f)$$

$$\underline{T}(OA-MA/ONA-MNA,f)=\underline{T}(OA-MA,f)-\frac{1}{(1-\delta)(1-P)}\Delta K\cdot NA_a$$

其中：

$$\Delta K=(1-k)sK(M-A/M-NA)-(1-k)(1-s)K(M-A/O-NA)$$
$$+ksK(O-A/M-NA)-k(1-s)K(O-A/O-NA)$$

由此得到：

$$\Delta T(OA-MA/ONA-MNA,f)=\bar{T}(OA-MA/ONA-MNA,f)-$$
$$\underline{T}(OA-MA/ONA-MNA,f)$$
$$=\Delta T(OA-MA,f)+\frac{1}{(1-\delta)(1-P)}\{(s-P+sP)NA_c-\Delta KNA_a\}$$

因此，我们得到以下结论。

（1）当$\frac{s-P+sP}{\Delta K}>\frac{NA_a}{NA_c}$时，$\Delta T(OA-MA/ONA-MNA,f)>\Delta T(OA-MA,f)$，这说明由现任审计师承担企业的非审计服务，会增强审计师独立性。

（2）当$\frac{s-P+sP}{\Delta K}<\frac{NA_a}{NA_c}$时，$\Delta T(OA-MA/ONA-MNA,f)<\Delta T(OA-MA,f)$，这说明由现任审计师承担企业的非审计服务，会导致审计师独立性的降低。

第六节 审计师选聘权配置、风险偏好、完全市场竞争和审计师独立性

一 风险追求和审计师独立性

按照展望理论（Prospect Theory）中 Kahneman，Tversky（1979）的实验及其结论，风险中性条件下的 $U_a(X,F,DN,DN_{-a})=U_a(X,F,D,D_{-a})$，在审计师处于风险追求状态下将转化为：

$$U_a(X, F, DN, DN_{-a}) > U_a(X, F, D, D_{-a})$$

由此，我们可以将以上效用函数经过数学处理为风险状态效用函数：

$$U_a^s(X, F, DN, DN_{-a}) = U_a(X, F, DN, DN_{-a}) + \lambda_s(\xi)$$
$$U_a^s(X, F, D, D_{-a}) = U_a(X, F, D, D_{-a})$$

ξ 表示对审计师风险态度的影响因素，其满足：

$$\lambda_r(\xi, r) > 0, \frac{\partial \lambda_r(\xi, r)}{\partial \xi} > 0$$

同理，在风险状态下的审计师合谋的均衡条件为：

$$U_a^s(X, F, DN, DN_{-a}) = U_a^s(X, F, D, D_{-a})$$
$$\Delta T^s(X, f) = \Delta T(X, f) + \frac{\lambda_s}{(1 - P)}$$
$$\frac{\partial \Delta T^s(X, f)}{\partial \xi} = \frac{\lambda_s^{'}(\xi)}{(1 - P)} > 0$$

因此，审计师处于风险追求状态时，会导致其合谋动机强化，以降低审计师的独立性。

二 风险回避和审计师独立性

按照展望理论，在风险中性条件下的审计师合谋边界条件为 $U_a(X, F, DN, DN_{-a}) = U_a(X, F, D, D_{-a})$，其在风险回避状态下将转化为：

$$U_a(X, F, DN, DN_{-a}) < U_a(X, F, D, D_{-a})$$

由此，我们可以将以上效用函数经过数学处理为风险状态效用函数：

$$U_a^h(X, F, DN, DN_{-a}) = U_a(X, F, DN, DN_{-a}) - \lambda_h(\xi)$$

其中：

$$\lambda_r(\xi, r) > 0, \frac{\partial \lambda_r(\xi, r)}{\partial \xi} > 0$$
$$U_a^h(X, F, D, D_{-a}) = U_a(X, F, D, D_{-a})$$

同理，风险状态下审计师合谋的均衡条件为：

$$U_a^{\ h}(X,\ F,\ DN,\ DN_{-a}) = U_a^{\ h}(X,\ F,\ D,\ D_{-a})$$

$$\underline{T}^h(X,\ f) = \underline{T}(X,\ f) + \frac{\lambda_h}{1-P}$$

$$\frac{\partial \Delta T^h(X,\ f)}{\partial \xi} = -\frac{\lambda_h'(\xi)}{1-P} > 0$$

因此，审计师处于风险追求状态时，会导致其合谋动机降低，以增强审计师的独立性。

三　审计师选聘权配置、风险偏好与审计师独立性

按照展望理论，博弈参与人在获得区域进行风险规避，在损失区域进行风险追求。由此，我们设 $\xi = \frac{R_a}{TR}$为影响审计师风险态度的审计收费因素，TR_0 为审计师收益的参照点。其中，TR 为审计师预期接受所有业务委托所获得的总收益（包括审计服务和非审计服务），R_a 为某项审计业务收益。按照展望理论，我们得到以下结论。①当 $\xi > 1 - \frac{TR_0}{TR}$，且 $TR > TR_0$ 时，即意味着该业务收入占总收入的比例足够大，获得该审计业务，将使得审计师处于获得区域（Gain），其风险态度为风险回避；失去该审计业务，将使得审计师处于失去区域（Loss），其风险态度为风险追求。②当不满足①时，即意味着该业务收入占总收入的比例比较小，不足以改变审计师的风险态度，其对审计师独立性的影响与其在原有风险状态下受到的影响相同。由此我们得到以下分析结果。

（一）审计师选聘权 M－A 配置、风险偏好与审计师独立性

当 $\xi > 1 - \frac{TR_0}{TR}$，且 $TR > TR_0$ 时，就采取独立审计策略的审计师而言，审计师由于可能失去该项审计业务而进入风险追求状态，这进而加速了审计师独立性的降低，且$\frac{\partial \Delta T^s(M-A,\ f)}{\partial \xi} = \frac{\lambda_s'(M-A,\ \xi)}{(1-P)} > 0$，所以，$\xi$ 越高，其对审计师独立性降低的加速作用就越大。否则，采取独立审计策略，将不会影响审计师的风险态度。

（二）审计师选聘权 O－A 配置、风险偏好与审计师独立性

当 $\xi > 1 - \frac{TR_0}{TR}$，且 $TR > TR_0$ 时，就采取独立审计策略的审计师而言，审计师由于可以获得该项审计业务收入而进入风险回避状态，由前面所述可知，它实质上加速了审计师独立性的增强，且 $\frac{\partial \Delta T^h(O-A, f)}{\partial \xi} = -\frac{\lambda_h^{'}(O-A, \xi)}{1-P} < 0$，则 ξ 越高，其对审计师独立性增强的加速作用就越大。否则，采取独立审计策略，将不会影响审计师的风险态度。

（三）审计师选聘权 OA－MA 配置、风险偏好与审计师独立性

当 $\xi > 1 - \frac{TR_0}{TR}$，且 $TR > TR_0$ 时，如果审计师所获得的 M－A 配置下的审计业务期望收益大于 O－A 配置下的审计业务期望收益，则将使得审计师失去该项审计业务而进入风险追求状态，它将导致审计师独立性降低，且 $\frac{\partial \Delta T^s(OA-MA, f)}{\partial \xi} = \frac{\lambda_s^{'}(OA-MA, \xi)}{(1-P)}$，则 ξ 越高，其对审计师独立性降低的加速作用就越大。反之，如果审计师所获得的 O－A 配置下的期望收益大于 M－A 配置下的期望收益，则将使得审计师失去该项审计业务而进入风险追求状态，它将加速审计师独立性的增强，且 $\frac{\partial \Delta T^h(OA-MA, f)}{\partial \xi} = -\frac{\lambda_h^{'}(OA-MA, \xi)}{(1-P)}$，则 ξ 越高，其对审计师独立性增强的加速作用就越大。

第七节　比较和讨论

本节内容是完全竞争下审计师选聘权 O－A 配置、M－A 配置对审计师独立性影响的比较（见表 3－2）。

表 3-2 完全竞争条件下审计师选聘权 O-A 配置、M-A 配置对审计师独立性影响的比较

指标		审计师选聘权 M-A 配置	审计师选聘权 O-A 配置	审计师选聘权 OA-MA 配置
独立性	比较	$\Delta T(M-A,f) = \frac{R_c(f)}{1-\delta} - \frac{P}{(1-P)}\left[\frac{1}{1-\delta}R_c(0)+L_c(f)\right] - \frac{P}{(1-P)}L_a(f,w,q)+\frac{R_a(0)}{(1-\delta)}$	$\Delta T(O-A,f) = \frac{R_c(f)}{1-\delta} - \frac{P}{(1-P)}\left[\frac{1}{1-\delta}R_c(0)+L_c(f)\right] - \frac{P}{(1-P)}L_a(f,w,q)-\frac{P}{(1-P)(1-\delta)}R_a(0)$	$\Delta T(OA-MA,f) = k\Delta T(O-A,f)+(1-k)\Delta T(M-A,f)$
	讨论	1. $\Delta T(O-A,f)=\Delta T(M-A,f)-\frac{1+P}{(1-\delta)(1-P)}R_a(0)$；2. $\Delta T(O-A,f)<\Delta T(M-A,f)$ [Mayhew(2004)实验的结论]		
合谋虚报程度	比较	$\Pi^*(M-A)=\left\{f:\frac{R_c'(f)}{L_a'(f,w,q)+L_c'(f)}=\frac{P}{(1-P)(1-\delta)}\right\}\cap\{f:\max\Delta T(M-A,f)\}\cap\{f:\Delta T(M-A,f)>0\}$	$\Pi^*(O-A)=\left\{f:\frac{R_c'(f)}{L_a'(f,w,q)+L_c'(f)}=\frac{P}{(1-P)(1-\delta)}\right\}\cap\{f:\max\Delta T(O-A,f)\}\cap\{f:\Delta T(O-A,f)>0\}$	$\Pi^*(O-A)=\left\{f:\frac{R_c'(f)}{L_a'(f,w,q)+L_c'(f)}=\frac{P}{(1-P)(1-\delta)}\right\}\cap\{f:\max\Delta T(OA-MA,f)\}\cap\{f:\Delta T(OA-MA,f)>0\}$
	讨论	在 O-A 配置下会计信息虚报程度与在 M-A 配置下会计信息虚报程度是相同的		
经济依赖	比较	$\frac{\partial\Delta T(M-A,f)}{\partial R_a(0)}=\frac{1}{(1-\delta)}>0$	$\frac{\partial\Delta T(O-A,f)}{\partial R_a(0)}=-\frac{P}{(1-P)(1-\delta)}$	$\frac{\partial\Delta T(OA-MA,f)}{\partial R_a(0)}=-\frac{P+k-1}{(1-P)(1-\delta)}$
	讨论	1. 在不同的 M-A、O-A 配置下，经济依赖对审计师独立性的影响作用是相反的 2. 在 OA-MA 配置下，这种对审计师独立性的影响取决于 M-A 配置和 O-A 配置之间的比例		
低价承揽	比较	$\frac{\partial\Delta T^H(M-A,f)}{\partial R_a{}^H(0)}=\frac{1}{(1-\delta)}$ [Cohen Report(1978)结论]	$\frac{\partial\Delta T^H(O-A,f)}{\partial R_a{}^H(0)}=-\frac{P}{(1-P)(1-\delta)}$ [Lee, Gu(1998)结论]	$\frac{\partial\Delta T^H(OA-MA,f)}{\partial R_a{}^H(0)}=-\frac{P+k-1}{(1-P)(1-\delta)}$
	讨论	1. 在不同的 M-A、O-A 配置下，低价承揽对审计师独立性的影响作用是相反的 2. 在 OA-MA 配置下，这种对审计师独立性的影响取决于 M-A 配置和 O-A 配置之间的比例		

续表

指标		审计师选聘权 M－A 配置	审计师选聘权 O－A 配置	审计师选聘权 OA－MA 配置
审计收费	比较	$\bar{R}_a(0)=\frac{P(1-\delta)}{1-P}L_a[f,w,q]$	$\bar{R}_a(0)<0$	$\bar{R}_a(0)=\frac{1-\delta}{P+k-1}L_a(f,w,q)$
	讨论	1. 在 M－A 配置下，管理者能凭借市场审计收费出价找到合作的审计师；在 O－A 配置下，管理者不能仅凭借市场审计收费出价找到合谋的审计师 2. 在 OA－MA 配置下，这种对审计师独立性的影响取决于 M－A 和 O－A 配置之间的比例		
客户收费占比	比较	$\frac{\partial\Delta T(M-A,f)}{\partial\theta}=\frac{TR_a(0)}{(1-\delta)}>0$	$\frac{\partial\Delta T(O-A,f)}{\partial\theta}=-\frac{TR_a(0)P}{(1-P)(1-\delta)}<0$	$\frac{\partial\Delta T(OA-MA,f)}{\partial\theta}=-\frac{(P+k-1)TR_a(0)}{(1-P)(1-\delta)}$
	讨论	1. 在不同的 M－A、O－A 配置下，特定客户审计收费占比对审计师独立性的影响作用是相反的 2. 在 OA－MA 配置下，这种对审计师独立性的影响取决于 M－A 配置和 O－A 配置之间的比例		
审计师任期	比较	$\frac{\partial\Delta T(M-A,f,T_1,T_2)}{\partial T_1}=\frac{\delta^{T_1}\ln\delta}{(1-P)(1-\delta)}R_a(0)<0$ $\frac{\partial T\Delta(M-A,f,T_1,T_2)}{\partial T_2}=\frac{-\delta^{T_2}\ln\delta}{(1-\delta)}R_a(0)>0$	$\frac{\partial\Delta T(O-A,f,T_1,T_2)}{\partial T_2}=\frac{P\delta^{T_2}\ln\delta}{(1-P)(1-\delta)}R_a(0)<0$	$\frac{\partial\Delta T(OA-MA,f,T_1,T_2)}{\partial T_1}=\frac{(1-k)\delta^{T_1-1}\ln\delta}{(1-P)(1-\delta)}$ $R_a(0)<0$ $\frac{\partial\Delta T(OA-MA,f,T_1,T_2)}{\partial T_2}=\frac{(k+P-1)\delta^{T_2}\ln\delta}{(1-P)(1-\delta)}$ $R_a(0)$
	讨论	1. 在不同的 M－A、O－A 配置下，T_1 对配置 M－A 的审计师独立性有影响作用，但对配置 O－A 的审计师独立性无影响作用 2. 在不同的 M－A、O－A 配置下，T_2 对审计师独立性的影响作用与 T_1 正好相反 3. 在 OA－MA 配置下，这种对审计师独立性的影响取决于 M－A 和 O－A 配置之间的比例		
法律责任	比较	$\Pi_D^L(M-A)=\left\{L_a(f,w):qL_a(f,w)\geqslant\right.$ $\left.\frac{(1-P)}{P}\bar{T}(M-A,f)+\frac{(1-P)}{(1-\delta)P}R_a(0)\right\}$	$\Pi_D^L(O-A)=\left\{L_a(f,w):qL_a(f,w)\geqslant\right.$ $\left.\frac{(1-P)}{P}\bar{T}(O-A,f)-\frac{1}{(1-\delta)}R_a(0)\right\}$	$\Pi_D^L(OA-MA)=\left\{L_a(f,w):qL_a(f,w)\geqslant\frac{1-P}{P}\right.$ $\left.\left[\bar{T}(OA-MA,f)-\frac{k+P-1}{(1-\delta)(1-P)}R_a(0)\right]\right\}$
	讨论	1. 在不同的 M－A、O－A、OA－MA 配置下，使得审计师保持独立性的法律责任大小的排列次序为：$\Pi_D^L(O-A)\supset\Pi_D^L(OA-MA)\supset\Pi_D^L(M-A)$ 2. 相对于 M－A 配置，审计师选聘权 O－A 配置能降低保持审计师独立性的最低法律责任		

续表

指标		审计师选聘权 M－A 配置	审计师选聘权 O－A 配置	审计师选聘权 OA－MA 配置
审计师财富	比较	$\Pi_D^w(M-A)=\left\{w:qL_a(f,w)\geqslant\frac{(1-P)}{P}\bar{T}(M-A,f)+\frac{(1-P)}{(1-\delta)P}R_a(0)\right\}$	$\Pi_D^w(O-A)=\left\{w:qL_a(f,w)\geqslant\frac{(1-P)}{P}\bar{T}(O-A,f)-\frac{1}{(1-\delta)}R_a(0)\right\}$	$\Pi_D^w(OA-MA)=\left\{w:qL_a(f,w)\geqslant\frac{1-P}{P}\left[\bar{T}(OA-MA,f)-\frac{k+P-1}{(1-\delta)(1-P)}R_a(0)\right]\right\}$
	讨论	1. 在不同的 M－A、O－A、OA－MA 配置下，使得审计师保持独立性的审计师财富的排列次序为：$\Pi_D^w(O-A)\supset\Pi_D^w(OA-MA)\supset\Pi_D^w(M-A)$ 2. 相对于 M－A 配置，审计师选聘权 O－A 配置能降低保持审计师独立性的最低审计师财富		
审计准则	比较	$\Pi_D^q(M-A)=\left\{q:qL_a(f,w)\geqslant\frac{(1-P)}{P}\bar{T}(M-A,f)+\frac{(1-P)}{(1-\delta)P}R_a(0)\right\}$	$\Pi_D^q(O-A)=\left\{q:qL_a(f,w)\geqslant\frac{(1-P)}{P}\bar{T}(O-A,f)-\frac{1}{(1-\delta)}R_a(0)\right\}$	$\Pi_D^q(OA-MA)=\left\{q:qL_a(f,w)\geqslant\frac{1-P}{P}\left[\bar{T}(OA-MA,f)-\frac{k+P-1}{(1-\delta)(1-P)}R_a(0)\right]\right\}$
	讨论	1. 在不同的 M－A、O－A、OA－MA 配置下，使得审计师保持独立性的审计准则的排列次序为：$\Pi_D^q(O-A)\supset\Pi_D^q(OA-MA)\supset\Pi_D^q(M-A)$ 2. 相对于 M－A 配置，审计师选聘权 O－A 配置能降低保持审计师独立性的最低审计准则		
会计监管	比较	$\Pi^P(M-A)=\left\{P:P\geqslant\frac{R_c(f)+R_a(0)}{R_c(0)+R_c(f)+R_a(0)+(1-\delta)[L_a(f,w,q)+L_c(f)]}\right\}$	$\Pi^P(O-A)=\left\{P:P\geqslant\frac{R_c(f)}{R_c(f)+R_c(0)+R_a(0)+(1-\delta)[L_a(f,w,q)+L_c(f)]}\right\}$	$\Pi^P(OA-MA)=\left\{P:P\geqslant\frac{R_c(f)+(1-k)R_a(0)}{R_c(0)+R_c(f)+R_a(0)+(1-\delta)[L_a(f,w,q)+L_c(f)]}\right\}$
	讨论	1. 在不同的 M－A、O－A、OA－MA 配置下，使得审计师保持独立性的会计监管频率的排列次序为：$\Pi_D^P(O-A)\supset\Pi_D^P(OA-MA)\supset\Pi_D^P(M-A)$ 2. 相对于 M－A 配置，审计师选聘权 O－A 配置能降低保持审计师独立性的最低监管频率		
非审计服务	比较	$\Delta T[M-A/N1,f]=\Delta T(M-A,f)+\frac{1}{(1-P)(1-\delta)}[NA_c+NA_a]$ $\Delta T(M-A/N2,f)=\Delta T(M-A,f)-\frac{1}{(1-P)(1-\delta)}(PNA_c-NA_a)$	$\Delta T(O-A/N1,f)=\Delta T(O-A,f)+\frac{1}{(1-P)(1-\delta)}NA_c$ $\Delta T(O-A/N2,f)=\Delta T(O-A,f)-\frac{P}{(1-P)(1-\delta)}(NA_c+NA_a)$	$\Delta T(OA-MA/N,f)=\bar{T}(OA-MA/N,f)-\bar{T}(OA-MA/N,f)$ $=\Delta T(OA-MA,f)+\frac{1}{(1-\delta)(1-P)}\{(s-P+sP)NA_c-\Delta KNA_a\}$

续表

指标		审计师选聘权 M－A 配置	审计师选聘权 O－A 配置	审计师选聘权 OA－MA 配置
非审计服务	讨论	1. 非审计服务是否影响审计师的独立性取决于非审计服务选聘权的配置状态，与审计师选聘权配置无关 （1）当非审计服务选聘权配置给报告提供者时，非审计服务将降低审计师的独立性 （2）当非审计服务选聘权配置给报告使用者时，非审计服务具有增强审计师独立性的作用 2. 在不同的 M－A、O－A 配置下，非审计服务对审计师独立性的影响程度是不同的 （1）当非审计服务选聘权配置给报告提供者时，在 M－A 配置下的非审计服务降低审计师独立性的作用要大于 O－A 配置下的降低作用 （2）当非审计服务选聘权配置给报告使用者时，在 M－A 配置下的非审计服务增强审计师独立性的作用要小于 O－A 配置下的增强作用 3. 在 OA－MA 配置下，这取决于两种非审计服务选聘权配置之间的比例		
风险偏好的影响	比较	$\frac{\partial \Delta T^s(M-A,f)}{\partial \xi}=\frac{\lambda_s'(M-A,\xi)}{1-P}>0$	$\frac{\partial \Delta T^h(O-A,f)}{\partial \xi}=-\frac{\lambda_h'(O-A,\xi)}{1-P}<0$	（1）当 M－A 配置下的审计业务期望收益大于 O－A 配置下的审计业务期望收益时，$\frac{\partial \Delta T^s(OA-MA,f)}{\partial \xi}=\frac{\lambda_s'(OA-MA,\xi)}{(1-P)}$ （2）当 O－A 配置下的期望收益大于配置 M－A 下的期望收益时， $\frac{\partial \Delta T^h(OA-MA,f)}{\partial \xi}=-\frac{\lambda_h'(OA-MA,\xi)}{(1-P)}$
	讨论	（1）在不同的 M－A、O－A 配置下，对审计师的风险态度影响是相反的，由此导致对审计师独立性不同方向的影响 （2）在 OA－MA 配置下，这种对审计师独立性的影响取决于 M－A 和 O－A 配置之间的比例		

第八节　本章的结论性评述

本章以完全竞争审计市场为条件，论述了在完整审计师选聘权配置情况下审计师的独立性问题。本章的论述为审计师选聘权与审计师独立性关系的直观逻辑判断和实验结论在理论上提供一个分析性证明。总的结论是，审计师独立性很大程度上取决于公司治理结构中的审计师选聘权配置结构和审计市场的竞争程度。

1. 在审计师选聘权 M－A 配置下，会计报告提供者显然会利用其掌握的选聘权来影响审计师的独立性，而这种影响在审计师之间的审计竞争博弈中继续得到发挥和被强化，于是，在审计师群体的竞争作用下，审计师陷入与会计报告提供者合谋的“囚徒困境”，于是，在“囚徒困境”的作用下，低价承揽、审计师任期、非审计服务、审计师声誉甚至法律责任等成为其以机会主义的态度来选聘独立审计师的工具和手段，其在审计师群体行为上表现为低价承揽、审计师任期、非审计服务、审计师的声誉甚至法律责任等产生导致独立性降低的问题。

2. 在审计师选聘权 O－A 配置下，会计报告使用者显然会利用其掌握的选聘权，选择符合自身利益的具有独立性的审计师。在这种审计师选聘权配置下，会计报告使用者在与代理人和审计师之间的委托代理博弈中占主导地位，这种主导地位会在审计师之间的审计竞争博弈中继续发挥作用并且其在竞争中得到进一步的强化。于是，由于审计市场竞争的作用，低价承揽、审计师任期、非审计服务以及审计师的声誉和法律责任等均会发挥类似公司治理的作用①，这成为委托者审时度势、相机决策、选聘独立审计师的工具和手段。在审计师群体行为上，低价承揽、审计师任期、非审计服务、审计师声誉以及法律责任等具有强化审计师独立性的作用。

3. 在现实社会中，以单一形式存在的状态比较少见，审计师选聘权往往可能以 O－A 和 M－A 混合配置的状态存在，即有一部分企业的审计师由会计报告提供者选聘，另一部分企业的审计师由会计报告使用者选聘。于是，情况就变得复杂起来，究竟低价承揽、审计师任期、非审计服务以

---

① Lee，Gu（1998）模型证明了在该审计师选聘权配置下，低价承揽实际上有利于强化审计师独立性，以发挥类似公司治理的作用。

及审计师声誉的高低和法律责任的增减等是否会导致群体审计师独立性的降低，逻辑判断是否需要具体情况具体分析，这需要看在审计市场中两种选聘权配置各自所占的比例、审计师的声誉分布状况、审计师竞争激烈程度、对审计师的监管等因素的综合作用情况。于是，在一个具有个体多样性和复杂性的审计师群体中，选自不同群体结构样本的统计的实证结果也自然会得出不同甚至相反的结论。至此，我们对前面审计师宏观行为研究中的争论做出了一个合理的解释。

第四章

审计师选聘权配置、垄断市场竞争和审计师独立性

第一节 引言

上一章论述了完全市场竞争条件下的审计师选聘权配置和审计师独立性问题。我们知道，关于完全竞争的审计市场是存在严格的假设条件的（见第三章），一旦其假设不存在，审计市场就会变为某种“不完全竞争”（Imperfect Competition）审计市场。一般认为，不完全竞争市场分为：垄断竞争市场（Monpolistic Competition）、寡头垄断竞争市场（Oligopoly）和完全垄断竞争市场。这三种竞争市场的基本特征见表4-1。

表4-1 三种竞争市场的基本特征

特征编号	垄断竞争市场	寡头垄断竞争市场	完全垄断竞争市场
1	各厂商提供的产品是有差别的	各厂商提供的产品是无差别的	仅提供单个产品，无替代品
2	存在大量的厂商	存在少数有限的厂商	存在一个厂商
3	厂商进入和退出市场比较容易	厂商进入市场比较困难	厂商不能进入市场

由表4-1可以看出，在审计市场上，垄断竞争审计市场和寡头垄断竞争审计市场与现实情况更为相似，而一个完全垄断的审计市场在现实中几乎是不存在的，本书对此不做分析，在后面的论述中，本书将对垄断竞争市场和寡头垄断竞争市场的情况进行分析。本章将在上一章讨论的基础上，对垄断竞争审计市场下的审计师选聘权配置和审计师独立性问题进行分析。

第二节　模型的建立

一　垄断竞争审计市场的基本特征和假设

按照垄断竞争的基本特征，我们对垄断竞争审计市场做出以下假设。

（1）存在无数个审计师。

（2）由于审计师审计服务的品质不具有直接可观测性，因此，公众往往以审计师声誉作为判断审计师审计服务品质差异的主要依据。本书假设审计师审计服务的产品差异为审计师声誉，且审计师声誉服从（0，r_m）的均匀分布。

（3）审计师退出市场时的收益被标准化为0。

（4）初始博弈策略：为便于考察审计师独立性的变化，审计师在博弈的初始阶段均采取独立策略。

（5）完全信息：博弈参与人对所有其他参与人的特征、策略空间以及支付函数具有准确的认识。

二　垄断市场竞争下的动态博弈过程及其 Nash 均衡

（一）动态博弈过程

我们采用博弈扩展式来描述独立审计的动态博弈过程及其均衡（如图4-1所示）。

根据展开式博弈树，我们可以得出独立审计的动态博弈过程。

第一步：自然人首先行动，自然人以一定的概率 k 选择 O-A 类型的审计师配置，以概率 $1-k$ 选择 M-A 类型的审计师配置。

第二步：在自然人行动后，由审计委托者（报告提供者或报告使用者）选择其审计师，其行为策略空间为 $S_p=(r_1, r_2)$，r_1 表示选择高声誉的审计师，r_2 表示选择低声誉的审计师。

第三步：在自然人、审计委托人行动后，报告提供者选择其会计报告行动策略，其行为策略空间为 $S_c=(T, F)$，F 表示操纵会计报告，T 表示真实报告会计信息。

第四步：在自然人、委托人和报告提供者行动后，审计师选择行动策略。审计师在受聘对企业会计报告进行审计，获知报告提供者的行动策略后，进入两个信息集 h_1 和 h_2，h_1 信息集表示报告提供者操纵会计报告，h_2 信息集表示报告提供者没有操纵会计报告。在信息集 h_1，审计师的策略空间 S_a（h_1）=（D，DN），D 表示审计师采取独立审计策略，DN 表示审计师采取合谋策略；在信息集 h_2，审计师的策略空间 S_a（h_2）=（D）。

第五步：在自然人、委托人、报告提供者和审计师都行动后，监管层（政府、协会、委托者等）实施检查。通过检查，存在两种结果，一种是以上行为被发现；另一种是以上行为未被发现。这里我们假设合谋被发现的概率为 P，合谋没有被发现的概率为 $1-P$。

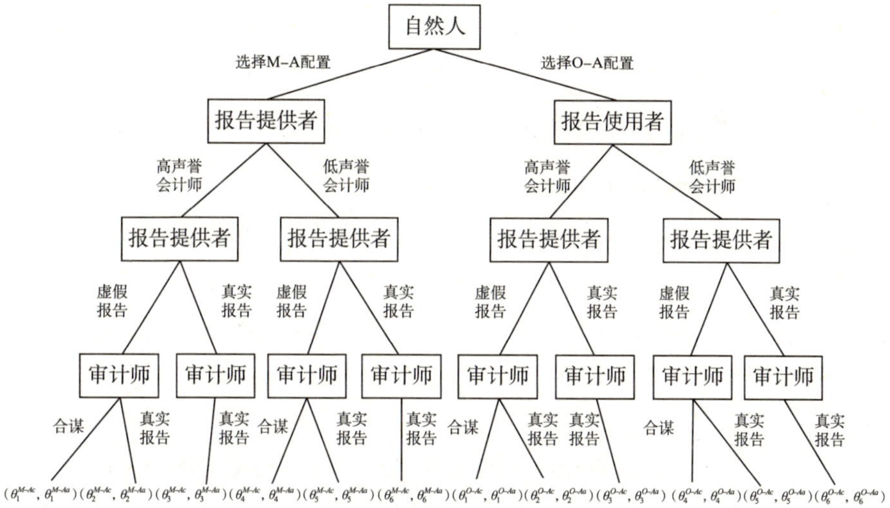

图 4－1　垄断市场竞争下的展开式博弈树

（二）博弈各方的收益函数

从以上博弈树得到博弈各方的收益矩阵如下。

（1）会计报告提供者操纵会计报告，且与审计师达成合谋合约时，报告提供者和审计师的收益矩阵为$(\theta_1^{Xc}(r), \theta_1^{Xa}(r))$，$X=M-A, O-A$。其中$\theta_1^{Xc}(r)=U_c(X, F, r, DN, S_{-a})$，它表示当报告提供者选择合谋策略，与报告提供者签约的审计师采取合谋策略时报告提供者的期望收益。$\theta_1^{Xa}(r)=U_a(X, F, r, DN, S_{-a})$，它表示当报告提供者选择合谋策略，与报告提供者签约的审计师采取合谋策略时审计师的期望收益。

（2）会计报告提供者操纵会计报告，但与审计师达不成合谋合约，审计师采取真实报告审计策略时，报告提供者和审计师的收益矩阵为

$(\theta_2^{Xc}(r), \theta_2^{Xa}(r))$，$X = M - A$，$O - A$。其中 $\theta_2^{Xc}(r) = U_c(X, F, r, DN, S_{-a})$，它表示当报告提供者选择合谋策略，与报告提供者签约的审计师采取独立审计策略时报告提供者的期望收益。$\theta_2^{Xa}(r) = U_a(X, F, r, D, S_{-a})$，它表示当报告提供者选择合谋策略，与报告提供者签约的审计师采取独立审计策略时审计师的期望收益。

（3）会计报告提供者和审计师均采取真实报告策略，报告提供者和审计师的收益矩阵为$(\theta_3^{Xc}(r), \theta_3^{Xa}(r))$，$X = M - A$，$O - A$。其中 $\theta_3^{Xc} = U_c(X, T, r, D, S_{-a})$，它表示当报告提供者选择真实报告策略，与报告提供者签约的审计师采取独立审计策略时报告提供者的期望收益。$\theta_3^{Xa}(r) = U_a(X, T, r, D, S_{-a})$，它表示当报告提供者选择真实报告策略，与报告提供者签约的审计师采取独立审计策略时审计师的期望收益。

（三）博弈的 Nash 均衡

我们知道，在审计师独立性的博弈中，不仅存在报告提供者和审计师之间的博弈，而且存在审计师之间的博弈，审计师的独立审计行为不仅受到报告提供者的影响，而且要受到其他审计师博弈行为的影响。因此，报告提供者和审计师之间最终形成（*F*，*DN*）的均衡策略，需要满足以下条件。

（1）报告提供者和审计师之间具有（*F*，*DN*）均衡策略的条件。

（2）在报告提供者采取合谋的策略情况下，与报告提供者签约的审计师采取的合谋策略同时也成为其与其他审计师博弈的均衡策略。

由博弈树容易看出，为实现条件（1），需要同时满足三个条件。第一，报告提供者首先应具有实施会计报告舞弊的动机，即满足 $\theta_1^{Xc}(r^*) \geqslant \theta_3^{Xc}(r^*)$。第二，被选聘的审计师的声誉还应当使选聘者的效用最大化，即 $\theta_1^{M-Ac}(r^*) \geqslant \theta_1^{M-Ac}(r)$或者 $\theta_1^{O-Ac}(r^*) \leqslant \theta_1^{O-Ac}(r)$。于是报告提供者和审计师会形成（F，DN）的均衡策略，这需要满足：$\theta_1^{Xc}(r^*) \geqslant \theta_3^{Xc}(r^*)$，$\theta_1^{Xa}(r^*) \geqslant \theta_2^{Xa}(r^*)$，$\theta_1^{M-Ac}(r^*) \geqslant \theta_1^{M-Ac}(r)$或者 $\theta_1^{O-Ac}(r^*) \leqslant \theta_1^{O-Ac}(r)$。第三，如果审计师与其不能形成合谋协议，则报告提供者也不能实现其采取 *F* 策略的行为。因此，报告提供者要使审计师选择 *DN* 策略，显然就应使其满足条件（2），即在报告提供者采取 *F* 策略情况下，其应使与报告提供者签约的审计师采取的 *DN* 策略实现 Nash 均衡，显然这需要满足以下条件：

$$U_a(X, F, r^*, DN, S_{-a}{}^*) \geqslant U_a(X, F, r^*, D, S_{-a}{}^*)$$

$$U_{-a}(X, F, r^*, DN, S_{-a}{}^*) \geqslant U_{-a}(X, F, r^*, DN, S_{-a})$$

综上所述，我们得到报告提供者与其审计师采取合谋的策略，即（F, r, DN）为博弈均衡策略，其条件是：

$$\begin{cases} U_c(X, F, r^*, DN, S_{-a}) \geqslant U_c(X, T, r^*, D, S_{-a}) \\ U_a(X, F, r^*, DN, S_{-a}{}^*) \geqslant U_a(X, F, r^*, D, S_{-a}) \\ U_{-a}(X, F, r^*, DN, S_{-a}{}^*) \geqslant U_{-a}(X, F, r^*, DN, S_{-a}) \\ U_c(M-A, F, r^*, DN, S_{-a}) \geqslant U_c(M-A, F, r, DN, S_{-a}) \\ or U_c(O-A, F, r^*, DN, S_{-a}) \leqslant U_c(O-A, F, r, DN, S_{-a}) \end{cases} \quad (4-2-1)$$

其中，r^*，$S_{-a}{}^*$为其他审计师所采取的均衡博弈策略。不仅报告提供者和审计师形成（F, DN）的均衡策略，而且在报告提供者选择F策略的条件下，审计师之间形成了（DN, DN）的均衡策略，于是最终形成了会计报告使用者和审计师（F, r^*, DN）的博弈均衡。

否则，会计报告使用者和审计师会形成（T, r^*, D）的博弈均衡。

三　报告提供者为审计合谋所愿意支付的最大额外补偿

假设在企业经营的某一个状态，由企业管理者的博弈策略知道，企业管理者存在两个策略选择，即真实报告会计信息和虚假报告会计信息，由以上博弈树知道，当企业管理者选择真实报告会计信息时，其效用函数为$U_c(X, r, T, D, S_{-a})$，当企业管理者选择虚假报告会计信息时，其效用函数为$U_c(X, r, F, DN, S_{-a})$。于是，企业管理者与所有者签订合约后的期望收益为：

$$U_c(X, r, T, D, S_{-a}) = \frac{(r+1)R_c(0)}{1-\delta}$$

$$U_c(X, r, F, DN, S_{-a}) = -L_c(f)P + \left[\frac{(r+1)R_c(f)}{1-\delta} - T(f, r)\right](1-P)$$

其中具体含义如下。

我们将代理人舞弊被发现后的收益标准化为0。

$R_c(0)$为会计报告提供者提供真实企业会计报告后所获得的现实以及由此可能带来的今后各期收益的平均收益。

$R_c(f)$为会计报告提供者提供虚假企业会计报告后所获得的现实以及由此可能带来的今后各期收益的平均收益。

δ 为贴现因子，f 为报告提供者作假的程度。

$L_c(f)$ 为报告提供者舞弊被发现后受到的损失。

$T(f, r)$ 为报告提供者购买审计师审计意见的额外付出。

P 为报告提供者和审计师实施合谋被发现的概率。

假设 $\bar{T}(X, f, r)$ 为管理者为形成审计合谋所愿意支付给审计师的最大额外补偿，此时，由 $U_c(X, F, r, DN, S_{-a}) = \max U_c(X, T, r, D, S_{-a})$，便可以得到报告提供者所愿意支付的最大额外补偿：

$$\bar{T}(X, f, r) = \frac{(1+r)R_c(f)}{1-\delta} - \frac{P}{(1-P)}\left[\frac{(1+r)}{1-\delta}R_c(0) + L_c(f)\right] \quad (4-2-2)$$

第三节 审计师选聘权 M－A 配置、垄断市场竞争和审计师独立性

一 审计师选聘权 M－A 配置下的博弈均衡

在选聘权配置 M－A 下①，我们首先假定报告提供者如果能实现采取合谋均衡策略，那么是有利可图的，即满足 $U_c(M-A, F, r, DN, S_{-a}) \geqslant U_c(M-A, T, r, D, S_{-a})$②，当审计服务由报告提供者选择时，报告提供者便可以利用该选择权影响审计师的独立性。考虑到博弈的初始状态为审计师均处于采取（D, D）审计策略状态，审计市场均处于不完全竞争状态，于是得到以下结论。

（1）当审计师均采取（D, D）审计策略时，审计师获得的收益均为 $\mu_a(r)$。此时，如果博弈中有一个审计师选择合谋策略，那么考虑到报告使用者在选聘审计师前均会与所有审计师进行沟通，于是继续采取 D 策略的审计师获得的收益为 0，采取 DN 策略的审计师获得的收益为 $n\mu_a^f(r)$。

（2）当审计师均采取（DN, DN）审计策略时，审计师获得的收益均为 $\mu_a^f(r)$。此时，如果博弈中有一个审计师选择 D 策略，那么由于存在大量采取 DN 策略的审计师，因此其将失去审计业务，其收益为 0；采取 DN 策略的审计师将继续维持收益 $\mu_a^f(r)$。

---

① 为简便起见，我们暂时不考虑审计师声誉的确定，先在假定审计师声誉已经确定的情况下进行讨论，然后再来讨论审计师声誉的确定。

② 这是讨论审计师独立性的基本前提，否则，审计师显然均会选择独立。

由以上分析得到 M－A 配置下的审计师博弈收益矩阵为：

		其他审计师 D	其他审计师 DN
审计师	D	$\mu_a(r),\ \mu_a(r)$	$0,\ n\mu_a{}^f(r)$①
	DN	$n\mu_a{}^f(r),\ 0$	$\mu_a{}^f(r),\ \mu_a{}^f(r)$

由以上博弈收益矩阵可以得到，在报告提供者企图采取合谋策略的条件下的审计师效用函数为：

$$U_a(X,\ F,\ r,\ D,\ D_{-a})=\mu_a(r),U_a(X,\ F,\ r,\ DN,\ DN_{-a})=\mu_a{}^f(r)$$

根据本章假设和垄断市场竞争条件下厂商的竞争理论，一旦审计师在审计市场执业，其期望收益将大于0。显然 $\mu_a(r)>0$，于是由收益矩阵就可以得到以下结论。

（1）当 $\mu_a{}^f(r)<0$ 时，审计师之间博弈的均衡策略为（D，D）。

（2）当 $\mu_a{}^f(r)>0$ 时，考虑到 $n\to\infty$，则审计师陷入“囚徒困境”。根据博弈论中重复博弈的 Nash 无名氏定理，由于审计市场中存在无数个声誉为 r 的审计师②，因此，其博弈均衡为（DN，DN）。

于是，我们将以上条件合并，得到以下结论。

（1）当 $\mu_a{}^f(r)<0$ 时，审计师存在一个纯策略均衡：（D，D）。此时，显然（4－2－1）式不成立，报告提供者只会采取不合谋策略。

（2）当 $\mu_a{}^f(r)>0$ 时，审计师存在一个纯策略均衡：（DN，DN）。此时，显然（4－2－1）式成立，报告提供者将采取合谋策略。

由此得到的审计师保持独立性的边界条件是：

$$\mu_a(r)=0\ \text{或者}\ U_a(M-A,\ F,\ r,\ DN,\ DN_{-a})=U_a(M-A,\ F,\ r,\ D,\ DN_{-a})=0 \tag{4-3-1}$$

二　审计师选聘权 M－A 配置下形成审计师合谋所需支付的最低补偿

当审计师采取独立审计均衡策略时，其与报告提供者签订审计合约时

---

① 这里考虑所有审计师首先均采取独立策略情形。

② 证明见附录。

的期望收益为审计师在完全竞争审计市场中的均衡收益，即 $U_a(M-A, F, r, D, D_{-a}) = \dfrac{rR_a(0) + R_a(0)}{1-\delta}$，$R_a(0)$ 为审计师在完全竞争审计市场中的均衡收益，δ 为折现率。

当审计师采取合谋均衡策略时，其在报告提供者签订审计合约时的期望收益由两部分组成，一部分为合谋未被发现时的期望收益，这部分期望收益由 $\dfrac{(r+1)\ R_a(0)}{1-\delta}$ 与报告提供者为其合谋所提供的额外补偿 $T(M-A, f, r)$ 构成；另一部分为合谋被发现后的期望收益。我们将审计师舞弊被发现后的收益标准化为0，于是，合谋被发现后的期望审计师损失由两部分组成，一个是合谋被发现后应承担的法律责任 $L_a(f, w, q)$；另一个是合谋被发现后导致的声誉期望损失，这里将合谋被发现后导致的声誉期望损失标准化为 $\dfrac{rR_a(0)}{1-\delta}$。因此，当审计师采取合谋均衡策略时，审计师在与报告提供者签订审计合约时的期望收益为：

$$
\begin{aligned}
&U_a(M-A, r, F, DN, DN_{-a})\\
&= -\left[L_a(f, w, q) + \frac{r}{(1-\delta)}R_a(0)\right]P + \left[\frac{(r+1)R_a(0)}{1-\delta} + T(f, r)\right](1-P)
\end{aligned}
$$

根据审计师形成合谋的边界条件，得到的审计师合谋的边界为：

$$
U_a(M-A, F, r, DN, DN_{-a}) = 0
$$

$$
-\left[L_a(f, w, q) + \frac{r}{(1-\delta)}R_a(0)\right]P + \left[\frac{(r+1)R_a(0)}{1-\delta} + T(M-A, w, f)\right](1-P) = 0
$$

管理者需要支付的最小额外报酬是：

$$
\underline{T}(M-A, r, f) = \frac{P}{(1-P)}\left[L_a(f, r, q) + \frac{rP-(1+r)(1-P)}{(1-\delta)P}R_a(0)\right] \tag{4-3-2}
$$

三　审计师选聘权 M－A 配置和审计师独立性

由 $\Delta T(M-A, r, f) = \overline{T}(M-A, r, f) - \underline{T}(M-A, r, f)$ 得到：

$$
\begin{aligned}
&\Delta T(M-A, r, f)\\
&= \frac{(r+1)R_c(f)}{1-\delta} - \frac{P}{(1-P)}\left[\frac{1+r}{1-\delta}R_c(0) + L_c(f)\right] -
\end{aligned}
$$

$$\frac{P}{(1-P)}\left[L_a(f,\ w,\ q)+\frac{rP+(1+r)(P-1)}{(1-\delta)P}R_a(0)\right]$$

$$=\Delta T(M-A,\ f)+\frac{rR_c(f)}{1-\delta}-\frac{rP}{(1-P)(1-\delta)}[R_c(0)+(2P-1)R_a(0)]$$

(4-3-3)

由此得到以下结论。

（1）如果$\exists r, f$使得ΔT（$M-A, r, f$）>0，则审计师采取合谋均衡策略。于是，审计师参与合谋的条件为：

$\Pi(M-A,\ r)=\{(r,f):\Delta T(M-A,\ r,f)>0\}\neq\varphi$，即它是非空集。

（2）如果$\forall r, f$使得$\Delta T(M-A,\ r,f)<0$，则审计师采取不合谋均衡策略。于是审计师参与合谋的条件为：

$\Pi(M-A,\ r)=\{(r,f):\Delta T(M-A,\ r,f)>0\}=\varphi$，即它是空集。

四　审计师选聘权 M-A 配置、声誉、会计信息虚报程度和审计师独立性

当Π（$M-A, r$）$\neq\varphi$时，审计师将形成与报告提供者的合谋。此时，报告提供者将选择审计师声誉和其作假程度，这使得合谋所获得的额外收益最大，即使得$(r,f)=[(r,f):\max\Delta T(M-A,\ r,f)]$。于是我们得到的被选聘的审计师声誉以及作假程度的最优解集为：

$$\Pi^*(M-A,\ r)=\{(r,f):\max\Delta T(M-A,\ r,f)\}\cap\{f:\Delta T(M-A,\ r,f)>0\}$$

为了便于求解，可将以上式子转化为下列等价式子：

$$\Pi^*(M-A,\ r)=\left\{(r,f):\frac{\partial\Delta T(M-A,\ r,f)}{\partial f}=0\right\}$$

$$\cap\{(r,f):\max\Delta T(M-A,\ r,f)\}\cap\{(r,f):\Delta T(M-A,\ r,f)>0\}$$

由于：

$$\Delta T(M-A,\ r,\ f)$$

$$=\frac{(r+1)R_c(f)}{1-\delta}-\frac{P}{(1-P)}\left[\frac{1+r}{1-\delta}R_c(0)+L_c(f)\right]-$$

$$\frac{P}{(1-P)}\left[L_a(f,\ w,\ q)+\frac{rP+(1+r)(P-1)}{(1-\delta)P}R_a(0)\right]$$

$$=\Delta T(M-A,\ f)+\frac{rR_c(f)}{1-\delta}-\frac{rP}{(1-P)(1-\delta)}[R_c(0)+(2P-1)R_a(0)]$$

(4-3-4)

（1）当$P>\frac{R_c(f)+R_c(0)+R_a(0)}{R_c(f)+2R_c(0)+2R_a(0)}$时，$r^*=0$。此时令$\frac{\partial\Delta T(M-A,r,f)}{\partial f}=0$，得到：

$$R_c^{'}(f)(1-P)-\delta R_a[r_L(f)]P-(1-\delta)[L_a^{'}(f,r,q)-L_c^{'}(f)]P=0$$

$$\Pi^*(M-A,r)=\left\{f:\frac{R_c^{'}(f)}{L_a^{'}(f,w,q)+L_c^{'}(f)}=\frac{P}{(1-P)(1-\delta)}\right\}$$

$$\cap\{f:\max\Delta T(M-A,r,f)\}\cap\{f:\Delta T(M-A,r,f)>0\}$$

（2）当$P<\frac{R_c(f)+R_c(0)+R_a(0)}{R_c(f)+2R_c(0)+2R_a(0)}$时，$r^*=r_m$。此时令$\frac{\partial\Delta T(M-A,r,f)}{\partial f}=0$，得到：

$$R_c^{'}(f)(1+r_m)(1-P)-\delta R_a[r_L(f)]P-(1-\delta)[L_a^{'}(f,r,q)-L_c^{'}(f)]P=0$$

$$\Pi^*(M-A,r)=\left\{f:\frac{(1+r_m)R_c^{'}(f)}{L_a^{'}(f,w,q)+L_c^{'}(f)}=\frac{P}{(1-P)(1-\delta)}\right\}$$

$$\cap\{f:\max\Delta T(M-A,r,f)\}\cap\{f:\Delta T(M-A,r,f)>0\}$$

此时，当审计师和报告提供者合谋的期望边际收益等于期望边际损失时，审计师和报告提供者合谋的共同额外期望收益达到最大，但是如果此时总的最大期望收益不能补偿总的预期损失，则审计合约完备。

五　审计师选聘权 M－A 配置、经济依赖和审计师独立性

当Π（$M-A$，r）$\neq\varphi$时，审计师与报告提供者博弈形成的 Nash 均衡策略为（F，DN），审计师和审计师博弈形成的 Nash 均衡策略为（DN，DN）。此时，由于：

$$\Delta T(M-A,r,f)$$

$$=\frac{(r+1)R_c(f)}{1-\delta}-\frac{P}{(1-P)}\left[\frac{1+r}{1-\delta}R_c(0)+L_c(f)\right]-$$

$$\frac{P}{(1-P)}\left[L_a(f,w,q)+\frac{rP+(1+r)(P-1)}{(1-\delta)P}R_a(0)\right]$$

$$=\Delta T(M-A,f)+\frac{rR_c(f)}{1-\delta}-\frac{rP}{(1-P)(1-\delta)}[R_c(0)+(2P-1)R_a(0)]$$

得到：

$$\frac{\partial\Delta T(M-A,r,f)}{\partial R_a(0)}=-\frac{rP+(1+r)(P-1)}{(1-\delta)(1-P)},\frac{\partial\Delta T(M-A,r,f)}{\partial R_a(0)\partial r}=-\frac{2P-1}{(1-\delta)(1-P)}$$

因此，得到如下结论。

（1）当 $r>\frac{1-P}{2P-1}$时，该经济依赖越大，在实际上越能够增强审计师独立性。当 $P<\frac{1}{2}$时，审计师声誉将减弱经济依赖的这种作用；当 $P>\frac{1}{2}$时，审计师声誉将强化经济依赖的这种作用。

（2）当 $r<\frac{1-P}{2P-1}$时，该经济依赖越大，其对审计师独立性的危害就越大。当 $P<\frac{1}{2}$时，审计师声誉将强化低价承揽的这种作用；当 $P>\frac{1}{2}$时，审计师声誉将减弱低价承揽的这种作用。

如果 $\Pi\ (M-A,\ r)=\varphi$，审计师与报告提供者博弈形成的 Nash 均衡策略为（T，D），则一旦会计报告提供者要求审计师合谋，审计师会主动选择放弃。此时，审计师的经济依赖就不会形成对独立性的威胁。

六　审计师选聘权 M－A 配置、审计收费和审计师独立性

（一）审计师额外补偿为零时的审计收费

令 $\underline{T}\ (M-A,\ r,\ f)=0$，得到：

$$\underline{T}(M-A,\ r,\ f)=\frac{P}{(1-P)}\left[L_a(f,\ w,\ q)+\frac{rP+(1+r)(P-1)}{(1-\delta)P}R_a(0)\right]$$

$$\bar{R}_a(0)=\frac{(1-\delta)P}{(1+r)(1-P)-rP}L_a[f,\ w,\ q]$$

该结论的含义如下。

（1）当 $r>\frac{1-P}{2P-1}$时，声誉的引入，可以使管理者不会仅凭借市场审计收费出价找到合作的审计师。

（2）当 $r<\frac{1-P}{2P-1}$时，引入声誉，管理者就能凭借市场审计收费出价找到合作的审计师。

（二）特定客户审计收费比重和审计师独立性

令 $\theta=\frac{(1+r)R_a(0)}{TR_a(0)}$为特定客户的审计收费占审计师总审计收费的比例，将 $R_a(0)=\frac{\theta TR_a(0)}{(1+r)}$代入上式得到：

$$\frac{\partial \Delta T(M-A,\ r,\ f)}{\partial \theta} = -\frac{rP+(1+r)(P-1)}{(1-\delta)(1-P)(1+r)}TR_a(0)$$

$$\frac{\partial \Delta T(M-A,\ r,\ f)}{\partial \theta \partial r} = -\frac{1}{(1-\delta)(1-P)(1+r)^2}TR_a(0)$$

因此，得到如下结论。

（1）当 $r > \frac{1-P}{2P-1}$ 时，特定客户的审计收费占审计师总审计收费的比例越高，在实际上越能够增强审计师独立性。审计师声誉的引入将强化特定客户的审计收费占审计师总审计收费的比例的这种作用。

（2）当 $r < \frac{1-P}{2P-1}$ 时，特定客户的审计收费占审计师总审计收费的比例越高，其对审计师独立性的危害就越大。但是，审计师声誉的引入将减弱特定客户的审计收费占审计师总审计收费的比例的这种作用。

七　审计师选聘权 M－A 配置、低价承揽和审计师独立性

当审计市场存在低价承揽的情况时，现任审计师的审计收益要大于后任审计师的收益，即 $R_a{}^H(0) > R_a(0)$。所以，当现任审计师与报告提供者签订审计合约时，其合谋所需要的最低额外补偿为：

$$\underline{T}^H(M-A,\ r,\ f) = \frac{P}{(1-P)}\left[L_a(f,\ w,\ q) + \frac{rP+(1+r)(P-1)}{(1-\delta)P}R_a{}^H(0)\right]$$

$$\frac{\partial \Delta T^H(M-A,\ r,\ f)}{\partial R_a{}^H(0)} = -\frac{rP+(1+r)(P-1)}{(1-\delta)(1-P)},\ \frac{\partial \Delta T^H(M-A,\ r,\ f)}{\partial r} = -\frac{2P-1}{(1-\delta)(1-P)}$$

由此得到如下结论。

（1）当 $r > \frac{1-P}{2P-1}$ 时，$\Delta T^H(M-A,\ f) < \Delta T(M-A,\ f)$，$\Pi^H(M-A) \subset \Pi(M-A)$。这说明低价承揽将不会导致审计师独立性的强度降低，反而会增强审计师的独立性。当 $P < \frac{1}{2}$ 时，审计师声誉将减弱低价承揽的这种作用；当 $P > \frac{1}{2}$ 时，审计师声誉将强化低价承揽的这种作用。

（2）当 $r < \frac{1-P}{2P-1}$ 时，$\Delta T^H(M-A,\ f) < \Delta T(M-A,\ f)$，$\Pi^H(M-A) \subset \Pi(M-A)$。这说明低价承揽将降低审计师的独立性。当 $P < \frac{1}{2}$ 时，审计师声

誉将强化低价承揽的这种作用；当 $P > \frac{1}{2}$ 时，审计师声誉将减弱低价承揽的这种作用。

八　审计师选聘权 M－A 配置、审计师任期与审计师独立性

关于审计师的任期，存在两种管理方式，一种是对审计师的最长任期进行限制；另一种是对审计师的最短任期进行限制。由于当报告提供者成为审计委托人时，一旦报告提供者存在与审计师合谋的动机和需求，审计师选择独立策略的期望收益是执行强制剩余期限合约，审计师选择合谋策略的收益是执行意愿期限合约，即使审计师合谋被发现，只要法律责任没有强制其退出审计市场，审计师也就仍可以获得与报告提供者的审计业务合约。由此得到：

$$U_a(M-A,\ F,\ r,\ D,\ DN_{-a},\ T_1,\ T_2) = \frac{(1+r)(1-\delta^{T_1})}{1-\delta}R_a(0)$$

$$U_a(M-A,\ F,\ r,\ DN,\ DN_{-a},\ T_1,\ T_2) =$$

$$\left[\frac{(1+r)(1-\delta^{T_2})}{1-\delta}R_a(0) + \underline{T}(f,\ T_1,\ T_2)\right](1-P) - \left[L_a(f,\ w,\ q) + \frac{r(1-\delta^{T_2})}{(1-\delta)}R_a(0)\right]P$$

其中，T_1 为审计师的强制剩余期限，T_2 为意愿合约期限。

于是，由审计师之间的博弈收益矩阵得到的审计师合谋边界条件为：

$$U_a(M-A,\ F,\ r,\ D,\ DN_{-a},\ T_1,\ T_2) = U_a(M-A,\ F,\ r,\ DN,\ DN_{-a},\ T_1,\ T_2)$$

$$\frac{1-\delta^{T_1}}{1-\delta}(r+1)R_a(0) = \left[\frac{1-\delta^{T_2}}{1-\delta}(r+1)R_a(0) + \underline{T}(A,\ f,\ r,\ T_1,\ T_2)\right]$$

$$(1-P) - \left[L_a(f,\ w,\ q) + r\frac{1-\delta^{T_2}}{1-\delta}R_a(0)\right]P$$

管理者需要支付的最小额外报酬是：

$$\underline{T}(M-A,\ r,\ f,\ T_1,\ T_2) =$$

$$\frac{1}{(1-P)}\left[L_a(f,\ w,\ q)P + \frac{[rP-(1+r)(P-1)](1-\delta^{T_2})}{1-\delta}R_a(0) + \frac{(1+r)(1-\delta^{T_1})}{1-\delta}R_a(0)\right]$$

$$\frac{\partial\Delta T(M-A,\ r,\ f,\ T_1,\ T_2)}{\partial T_1} = \frac{(1+r)\delta^{T_1}\ln\delta}{(1-P)(1-\delta)}R_a(0) < 0$$

$$\frac{\partial\Delta T(M-A,\ r,\ f,\ T_1,\ T_2)}{\partial T_2} = \frac{[rP+(1+r)(P-1)]\delta^{T_2}\ln\delta}{(1-P)}$$

由此得到以下结论。

(1) $\Delta T(M-A,\ r,\ f,\ T_1,\ T_2)$ 是 T_1 的减函数，意味着审计师的剩余合

约任期增加，$\Delta T(M-A, f, T_1, T_2)$将降低，导致审计师独立性增强，反之，则导致独立性降低。

（2）当$r>\frac{1-P}{2P-1}$时，$\Delta T(M-A, r, f, T_1, T_2)$是$T_2$的减函数，意味着审计师的意愿合约任期增加，$\Delta T(M-A, r, f, T_1, T_2)$将降低，导致审计师独立性增强。当$P<\frac{1}{2}$时，审计师声誉将减弱任期的这种作用；当$P>\frac{1}{2}$时，审计师声誉将强化任期的这种作用。

（3）当$r<\frac{1-P}{2P-1}$时，$\Delta T(M-A, r, f, T_1, T_2)$是$T_2$的增函数，意味着审计师的意愿合约任期增加，$\Delta T(M-A, r, f, T_1, T_2)$ 将增大，导致审计师独立性降低。当$P<\frac{1}{2}$时，审计师声誉将强化任期的这种作用；当$P>\frac{1}{2}$时，审计师声誉将减弱任期的这种作用。

九　审计师选聘权 M－A 配置、法律责任、审计师财富、审计准则和审计师独立性

（一）在审计师财富无差异情况下，审计师的无过失责任和审计师财富

我们知道，加大对审计师的法律责任，降低审计师合谋时获得的收益，进而增强审计师的独立性。但是，由于审计师的法律责任以其财富为限，因此，审计师所承担法律责任的大小，又取决于审计师财富的多少。

如前所述，审计师法律责任和审计师财富使得审计师采取独立策略，需要满足$\Pi(M-A, r)=\varphi$，由此得到的阻止审计师合谋的审计师法律责任和审计师财富解集分别为：

$$\Pi_D^L(M-A, r)=\left\{L_a[f, w, q]:L_a[f, w, q]\geqslant\frac{(1-P)}{P}\bar{T}(M-A, r, f)-\frac{rP+(1+r)(P-1)}{(1-\delta)P}R_a(0)\right\}$$

$$\Pi_D^w(M-A, r)=\left\{w:L_a[f, w, q]\geqslant\frac{(1-P)}{P}\bar{T}(M-A, r, f)-\frac{rP+(1+r)(P-1)}{(1-\delta)P}R_a(0)\right\}$$

显然，当$P<\frac{1}{2}$时，审计师声誉将产生可以替代法律责任的作用，以

降低必需的法律责任，同时也会降低必要的审计师财富；当 $P>\frac{1}{2}$时，情况则是相反的。

如果审计师的财富充分大，即 $w\in \Pi_D^w(M-A,\ r)$ 时，则充裕的审计师财富将使法律责任能够得到充分的实施，所以，加大对审计师的法律责任，能有效增强审计师独立性。

如果 $\Pi\ (M-A,\ r)\ \neq \varphi$，则审计师法律责任和审计师财富将使得审计师采取合谋策略，此时审计师法律责任和审计师财富解集分别为：

$$\Pi_{DN}^L(M-A,\ r)=\left\{L_a[f,\ w,\ q]:L_a[f,\ w,\ q]\leqslant \frac{(1-P)}{P}\right.$$

$$\left.\bar{T}(M-A,\ r,\ f)-\frac{rP+(1+r)(P-1)}{(1-\delta)P}R_a(0)\right\}$$

$$\Pi_{DN}^w(M-A,\ r)=\left\{w:L_a[f,\ w,\ q]\leqslant \frac{(1-P)}{P}\bar{T}(M-A,\ r,\ f)-\frac{rP+(1+r)(P-1)}{(1-\delta)P}R_a(0)\right\}$$

显然，以上解集之间的关系为：

$$\Pi_D^L(M-A,\ r)\cap \Pi_{DN}^L(M-A,\ r)=\varphi,\ \Pi_D^L(M-A,\ r)\cup \Pi_{DN}^L(M-A,\ r)=\Omega(L)$$

$$\Pi_D^w(M-A,\ r)\cap \Pi_{DN}^w(M-A,\ r)=\varphi,\ \Pi_D^w(M-A,\ r)\cup \Pi_{DN}^w(M-A,\ r)=\Omega(w)$$

如果审计师的财富充分小，即 $w\in \Pi_{DN}^w(M-A,\ r)$ 时，则法律责任由于受审计师财富的限制，不能够得到充分的实施，所以，加大对审计师的法律责任，并不能增强审计师独立性。

（二）在审计师财富有差异情况下，审计师的无过失责任

如果审计市场中存在财富分别是 $w_1<w_2<\cdots<w_n$的 n 类审计师，存在某个 i，$i\in\{1,\ 2,\ \cdots,\ n\}$，使得 $w_i\in \Pi_{DN}^w\ (M-A,\ r)$，即 $w_i\notin \Pi_D^w\ (M-A,\ r)$，则 $\Pi\ (M-A,\ r)\ \neq \varphi$，该 i 类审计师就会采取合谋策略，于是其他类别的审计师要么被市场所淘汰，要么调整其所拥有的财富（兼并、拆分），使得其财富趋于 w_i。

如果对于任意的 i，$i\in\{1,\ 2,\ \cdots,\ n\}$，$w_i\notin \Pi_{DN}^w\ (M-A,\ r)$，即 $w_i\in \Pi_D^w\ (M-A,\ r)$，则审计师就会采取独立策略。考虑到 $w_1<w_2<\cdots<w_n$，此时，只要满足 $w_1\notin \Pi_{DN}^w\ (M-A)$，审计师就会采取独立策略。

（三）在审计师财富无差异情况下，审计师的有过失责任

一般来说，有过失责任是指遵守审计准则的审计师获得责任免除，不

遵守审计准则的审计师承担全面的审计失败责任。在这种情况下，审计准则成为判别审计师是否承担审计失败法律责任的一个重要标准。而从审计技术上来看，审计准则的高低，实质上是确保审计师发现报告提供者是否真实报告会计信息的审计技术规程。换言之，审计准则高，审计师在审计时发现报告提供者舞弊的概率就高，反之，就比较低。于是，我们可以得到审计准则和审计师合谋应当承担法律责任之间的关系。

为简化起见，不失一般性，我们假定审计师发现报告提供者没有真实报告会计信息概率为 q，则审计师合谋所承担的期望法律责任变为：

$$qL_a(f, w) + (1-q)0 = qL_a(f, w)$$

同理，审计师法律责任和审计师财富使得审计师采取独立策略，需要满足 Π $(M-A, r) = \varphi$，由此得到的阻止审计师合谋的审计师法律责任、会计准则和审计师财富解集分别为：

$$\Pi_D^L(M-A, r) = \left\{L_a(f, w): qL_a(f, w) \geqslant \frac{(1-P)}{P}\bar{T}(M-A, r, f) - \frac{rP + (1+r)(P-1)}{(1-\delta)P}R_a(0)\right\}$$

$$\Pi_D^q(M-A, r) = \left\{q: qL_a(f, w) \geqslant \frac{(1-P)}{P}\bar{T}(M-A, r, f) - \frac{rP + (1+r)(P-1)}{(1-\delta)P}R_a(0)\right\}$$

$$\Pi_D^w(M-A, r) = \left\{w: qL_a(f, w) \geqslant \frac{(1-P)}{P}\bar{T}(M-A, r, f) - \frac{rP + (1+r)(P-1)}{(1-\delta)P}R_a(0)\right\}$$

显然，当 $P < \frac{1}{2}$ 时，审计师声誉将产生可以替代准则的作用，以降低必需的最低准则；当 $P > \frac{1}{2}$ 时，情况则是相反的。

如果 Π $(M-A, r)$ $\neq \varphi$，则审计师法律责任和审计师财富将使得审计师采取合谋策略，此时审计师法律责任、会计准则和审计师财富解集分别为：

$$\Pi_D^L(M-A, r) = \left\{L_a(f, w): qL_a(f, w) \leqslant \frac{(1-P)}{P}\bar{T}(M-A, r, f) - \frac{rP + (1+r)(P-1)}{(1-\delta)P}R_a(0)\right\}$$

$$\Pi_D^q(M-A, r) = \left\{q: qL_a(f, w) \leqslant \frac{(1-P)}{P}\bar{T}(M-A, r, f) - \frac{rP + (1+r)(P-1)}{(1-\delta)P}R_a(0)\right\}$$

$$\Pi_D^w(M-A, r) = \left\{w: qL_a(f, w) \leqslant \frac{(1-P)}{P}\bar{T}(M-A, r, f) - \frac{rP + (1+r)(P-1)}{(1-\delta)P}R_a(0)\right\}$$

（四）在审计师财富有差异情况下，审计师的过失责任

如果审计市场中存在财富分别是 $w_1 < w_2 < \cdots < w_n$ 的 n 类审计师，存在某个 i，$i \in \{1, 2, \cdots, n\}$，使得 $w_i \in \Pi_{DN}^w$ $(M-A, r)$，即 $w_i \notin \Pi_D^w$ $(M-A, r)$，

则 $\Pi\ (M-A,\ r)\ \neq\varphi$，该 i 类审计师就会采取合谋策略，于是其他类别的审计师要么被市场所淘汰，要么调整其所拥有的财富（兼并、拆分），使得其财富趋于 w_i。

如果对于任意的 i，$i\in\{1,\ 2,\ \cdots,\ n\}$，$w_i\notin\Pi_{DN}^{w}\ (M-A,\ r)$，即 $w_i\in\Pi_{D}^{w}\ (M-A,\ r)$，则审计师就会采取独立策略。考虑到 $w_1<w_2<\cdots<w_n$，此时，只要满足 $w_1\notin\Pi_{DN}^{w}\ (M-A,\ r)$，审计师就会采取独立策略。

十 审计师选聘权 M－A 配置、会计监管和审计师独立性

有效的会计监管是寻找审计师合谋被发现的概率 P，$F_A=\varphi$，即审计师采取独立审计策略。

由 $\Pi\ (M-A,\ r)=\varphi$，得到的 P 的边界条件为：

$$\Delta T(M-A,\ r,\ f)=\frac{(r+1)R_c(f)}{1-\delta}-\frac{P}{(1-P)}\left[\frac{1+r}{1-\delta}R_c(0)+L_c(f)\right]-$$

$$\frac{P}{(1-P)}\left[L_a(f,\ w,\ q)+\frac{rP+(1+r)(P-1)}{(1-\delta)P}R_a(0)\right]$$

$$=\Delta T(M-A,\ f)+\frac{rR_c(f)}{1-\delta}-\frac{rP+r(P-1)}{(1-P)(1-\delta)}[R_c(0)+R_a(0)]$$

$$P=\frac{(1+r)R_c(f)+(1+r)R_a(0)}{(1+2r)R_c(0)+R_c(f)+R_a(0)+(1-\delta)[L_a(f,\ w,\ q)+L_c(f)]}$$

由此，为得到有效的会计监管，要使得对审计师合谋被发现的概率满足以下解集：

$$\Pi^{P}(M-A,\ r)=\left\{P:P\geqslant\frac{(1+r)R_c(f)+(1+r)R_a(0)}{(1+2r)R_c(0)+R_c(f)+R_a(0)+(1-\delta)[L_a(f,\ w,\ q)+L_c(f)]}\right\}$$

十一 审计师选聘权 M－A 配置、非审计服务与审计师独立性

与前一章类似，在垄断市场竞争条件下，非审计服务审计师的选聘权配置，同样会对审计师的独立性产生类似于对审计师选聘权配置的影响。因此，我们将非审计服务审计师的选聘权分为以下基本配置。

（1）M－NA 配置：非审计服务审计师的选聘权被配置给报告提供者。

（2）O－NA 配置：非审计服务审计师的选聘权被配置给报告使用者。

（一）非审计服务选聘权 M－NA 配置与审计师独立性

在 M－NA 配置下，非审计服务审计师由报告提供者选聘，报告提供

者便可以利用该选择权影响审计师的独立性。如果审计师同意选择合谋，则审计师将获得非审计服务，同时报告提供者也将获得由现任审计师从事非审计业务的相应收益；如果审计师选择独立，则报告提供者将把非审计服务委托给其他非现任审计师，审计师将失去非审计服务，同时报告提供者也将失去由现任审计师从事非审计业务的相应收益。因此，得到：

$$U_c(X/M-NA,\ T,\ r,\ D,\ D_{-a},\ N)=U_c(X,\ T,\ r,\ D,\ D_{-a},\ N)$$

$$U_c(X/M-NA,\ F,\ r,\ D,\ D_{-a},\ Y)=U_c(X,\ F,\ r,\ D,\ D_{-a},\ Y)+U_{cN}(r_0)$$

由此得到，报告提供者为形成审计合谋所愿意支付给审计师的最大额外补偿为：

$$\bar{T}(X/M-NA,\ f,\ r)=\bar{T}(X,\ f,\ r)+\frac{(r+1)}{(1-P)(1-\delta)}NA_c$$

其中，$U_{cN}=\dfrac{(r+1)\ NA_c}{1-\delta}$，$NA_c$表示聘请审计师从事非审计服务与聘请非审计师从事非审计服务所获得的期望效用的差异，δ为折现率。

（二）非审计服务选聘权 O－NA 配置与审计师独立性

在 O－NA 配置下，非审计服务审计者由报告使用者选聘，由于其存在追求真实会计信息的动机，于是，其就会强化审计师的独立性。其所采取的策略和收益是，如果现任审计师选择独立，则报告使用者将把非审计服务委托给该现任审计师，现任审计师将获得非审计服务，同时报告提供者也将获得由现任审计师从事非审计业务的相应收益；如果审计师选择合谋，且合谋没有被发现，则报告使用者将把非审计服务委托给该现任审计师。但是一旦合谋被发现，审计师将失去非审计服务，同时报告提供者也将失去由现任审计师从事非审计业务的相应收益。因此，非审计服务对报告提供者的期望收益影响为：

$$U_c(X/O-NA,\ T,\ r,\ D,\ D_{-a},\ Y)=U_c(X,\ T,\ r,\ D,\ D_{-a},\ Y)+U_{cN}(r)$$

$$U_c(X/O-NA,\ F,\ r,\ D,\ D_{-a},\ N)=U_c(X,\ F,\ r,\ D,\ D_{-a},\ N)+(1-P)U_{cN}(r)$$

同理，得到报告提供者所愿意支付的最大额外补偿为：

$$\bar{T}(X/O-NA,\ f,\ r)=\bar{T}(O-A,\ f,\ r)-\frac{P(r+1)}{(1-P)(1-\delta)}NA_c$$

（三）两种选聘权 M－A/M－NA 配置与审计师独立性

当非审计服务审计师由报告提供者选聘时，报告提供者便可以利用该选择权影响审计师的独立性。考虑到博弈的初始状态为审计师均处于采取（D, D）审计策略状态，审计市场和非审计市场均处于不完全竞争状态，于是得到以下结论。

（1）当审计师均采取（D, D）审计策略时，审计师获得的收益均为 $\mu_a(r)+\mu_{aN}(r)$。此时，如果博弈中有一个审计师选择合谋策略，则由于他们可以同时获得审计和非审计服务，因此，其可以获得全部审计和非审计服务，于是继续采取 D 策略的审计师获得的收益为 0，采取 DN 策略的审计师获得的收益为 $n[\mu_a{}^f(r)+\mu_{aN}(r)]$。

（2）当审计师均采取（DN, DN）审计策略时，审计师获得的收益均为 $\mu_a{}^f(r)+\mu_{aN}(r)$。此时，如果博弈中有一个审计师选择 D 策略，则由于他们将同时失去审计和非审计服务，其收益为0；采取 DN 策略的审计师将继续维持收益 $\mu_a{}^f(r)+\mu_{aN}(r)$。以上关系可以用以下收益矩阵表示：

		其他审计师 D	其他审计师 DN
审计师	D	$\mu_a(r)+\mu_{aN}(r)$, $\mu_a(r)+\mu_{aN}(r)$	0, $n[\mu_a{}^f(r)+\mu_{aN}(r)]$
	DN	$n[\mu_a{}^f(r)+\mu_{aN}(r)]$, 0	$\mu_a{}^f(r)+\mu_{aN}(r)$, $\mu_a{}^f(r)+\mu_{aN}(r)$

其中，$\mu_{aN}(r)=\dfrac{(r+1)NA_a}{1-\delta}$，$NA_a$表示在垄断竞争非审计市场中实施独立审计所获得的现实以及由此可能带来的今后各期收益的平均收益，δ 为折现率。

由收益矩阵得到以下结论。

（1）当 $\mu_a{}^f(r)+\mu_{aN}(r)<0$ 时，审计师之间博弈的均衡策略为（D, D）。

（2）当 $\mu_a{}^f(r)+\mu_{aN}(r)>0$ 时，考虑到 $n\to\infty$，则审计师陷入“囚徒困境”。根据博弈论中重复博弈的 Nash 无名氏定理，由于审计市场中存在无数个声誉为 r 的审计师，因此，其博弈均衡为（DN, DN）。

由此得到的审计师保持独立性的边界条件是：

$$\mu_a{}^f(r)+\mu_{aN}(r)=0$$

同理，由边界条件得到的报告提供者所愿意支付的最大额外补偿为：

$$\overline{T}(M-A/M-NA,\ r,\ f)=\overline{T}(A,\ r,\ f)+\frac{(r+1)}{(1-P)(1-\delta)}NA_c$$

报告提供者为形成审计合谋所必须支付的最小额外报酬是：

$$\underline{T}(M-A/M-NA,\ r,\ f)=\underline{T}(A,\ r,\ f)-\frac{(r+1)}{(1-P)(1-\delta)}NA_a$$

$$\Delta T(M-A/M-NA,\ r,\ f)=\Delta T(M-A,\ r,\ f)+\frac{(r+1)}{(1-P)(1-\delta)}(NA_c+NA_a)$$

该结论显示，在非审计服务审计师由报告提供者选聘时，由现任审计师承担企业的非审计服务，将导致审计师独立性的降低。同时，声誉的引入，会强化非审计服务的这种降低作用。

（四）两种选聘权 M－A/O－A 配置与审计师独立性

当非审计服务审计师由报告使用者选聘时，由于其内在具有追求真实会计信息的动机，报告使用者便可以利用该选聘权选择独立的审计师。考虑到博弈的初始状态为审计师均处于采取（*D*, *D*）审计策略状态，审计市场和非审计市场均处于不完全竞争状态，于是得到以下结论。

（1）当审计师均采取（*D*, *D*）审计策略时，审计师获得的收益均为 $\mu_a(r)+\mu_{aN}(r)$。此时，如果博弈中有一个审计师选择 *DN* 策略，则由于他们之间的合谋不可从外部观察到，于是继续采取 *D* 策略的审计师获得的收益为 $\mu_{aN}(r)$，对于采取 *DN* 策略的审计师，一旦合谋被发现，审计师将失去非审计服务，因此采取 *DN* 策略的审计师获得的收益为 $n[\mu_a{}^f(r)+(1-P)\mu_{aN}(r)]$。

（2）当审计师均采取（*DN*, *DN*）审计策略时，审计师获得的收益均为 $\mu_a{}^f(r)+\mu_{aN}(r)$。此时，如果博弈中有一个审计师选择 *D* 策略，于是继续采取 *DN* 策略的审计师获得的收益为 $\mu_a{}^f(r)+\mu_{aN}(r)$；对于采取 *D* 策略的审计师，当其采取的策略由 *DN* 策略变为 *D* 策略时，报告使用者将改变审计委托关系，但是报告使用者并不会因此改变非审计服务的委托关系，即采取 *D* 策略的审计师获得的收益为 $\mu_{aN}(r)$。以上关系可以用以下收益矩阵表示：

		其他审计师 *D*	其他审计师 *DN*
审计师	*D*	$\mu_a(r)+\mu_{aN}(r)$, $\mu_a(r)+\mu_{aN}(r)$	$\mu_{aN}(r)$, $n[\mu_a{}^f(r)+(1-P)\mu_{aN}(r)]$
	DN	$n[\mu_a{}^f(r)+(1-P)\mu_{aN}(r)]$, $\mu_{aN}(r)$	$\mu_a{}^f(r)+\mu_{aN}(r)$, $\mu_a{}^f(r)+\mu_{aN}(r)$

由收益矩阵得到以下结论。

（1）当 $\mu_a^f(r)+\mu_{aN}(r)<0$ 时，审计师之间博弈的均衡策略为（D，D）。

（2）当 $\mu_a^f(r)+\mu_{aN}(r)>0$ 时，考虑到 $n\to\infty$，则审计师陷入“囚徒困境”。根据博弈论中重复博弈的 Nash 无名氏定理，由于审计市场中存在无数个声誉为 r 的审计师，因此，其博弈均衡为（DN，DN）。

由此得到的审计师保持独立性的边界条件是：

$$\mu_a^f(r)+\mu_{aN}(r)=0$$

同理，由边界条件得到的报告提供者所愿意支付的最大额外补偿为：

$$\overline{T}(M-A/O-NA,\ r,\ f)=\overline{T}(A,\ r,\ f)-\frac{(r+1)P}{(1-P)(1-\delta)}NA_c$$

报告提供者为形成审计合谋所必须支付的最小额外补偿是：

$$\underline{T}(M-A/O-NA,\ r,\ f)=\underline{T}(M-A,\ r,\ f)-\frac{(r+1)}{(1-P)(1-\delta)}NA_a$$

$$\Delta T(M-A/O-NA,\ r,\ f)=\Delta T(M-A,\ r,\ f)-\frac{(r+1)}{(1-P)(1-\delta)}(PNA_c-NA_a)$$

该结论显示，在非审计服务审计师由报告使用者选聘时，审计师独立性是否会降低，取决于 PNA_c-NA_a 的大小。当 $PNA_c-NA_a>0$ 时，由现任审计师承担企业的非审计服务，不仅不会导致审计师独立性的降低，而且会增强审计师的独立性。同时，声誉的引入，会强化非审计服务的这种增强作用。当 $PNA_c-NA_a<0$ 时，由现任审计师承担企业的非审计服务，将导致审计师独立性的降低。同时，声誉的引入，会强化非审计服务的这种降低作用。

第四节　审计师选聘权 O－A 配置、垄断市场竞争和审计师独立性

一　审计师选聘权 O－A 配置下的博弈均衡

在审计师选聘权 O－A 配置下，审计师之间采取各种博弈策略进行博弈的收益为：①当博弈各方的策略不同时，会计报告使用者会利用其拥有对审计师的选聘权，选聘符合其自身利益的具有独立性的审计师，一旦审计师被发现舞弊，则其就会被排除在选聘范围之外，由此采取独立策略的审计师的期望收益为 $\mu_a(r)$，采取不独立策略的期望收益是 $\mu_a^f(r)$；②当

各方都希望采取独立审计策略时，其策略符合会计报告使用者的利益，因此，采取一致独立审计策略审计师获取的收益均为$\mu_a(r)$；③当各方都采取不独立策略时，显然各方均可以获得采取不独立策略时的收益$\mu_a^f(r)$。

由以上分析得到的 O－A 配置下的审计师博弈收益矩阵为：

		其他审计师 D	其他审计师 DN
审计师	D	$\mu_a(r),\mu_a(r)$	$\mu_a(r),\mu_a^f(r)$
	DN	$\mu_a^f(r),\mu_a(r)$	$\mu_a^f(r),\mu_a^f(r)$

由以上博弈收益矩阵得到，在报告提供者企图采取合谋策略的条件下，其审计师的效用函数为：

$$U_a(X, F, r, D, D_{-a})=\mu_a(0),\ U_a(X, F, r, DN, DN_{-a})=\mu_a^f(0)$$

为方便起见，我们将垄断竞争市场条件下审计师退出市场时的收益标准化为0，根据完全竞争条件下厂商的竞争理论，一旦审计师在审计市场执业，其期望收益将大于0。显然$\mu_a^f(r)>0$，由收益矩阵得到以下结论。

（1）当$\mu_a(r)>\mu_a^f(r)$时，审计师存在的一个纯策略均衡为（D，D）。此时，显然（4－2－1）式不成立，报告提供者将不会采取合谋策略。

（2）当$\mu_a(r)<\mu_a^f(r)$时，审计师存在的一个纯策略均衡为（DN，DN）。此时，显然（4－2－1）式成立，报告提供者将采取合谋策略。

因此，审计师保持独立性的边界条件是：

$$\mu_a(r)=\mu_a^f(r)\text{或者 }U_a(B, F, r, DN, DN_{-a})=U_a(B, F, r, D, D_{-a}) \tag{4-4-1}$$

二　审计师选聘权 O－A 配置下形成审计师合谋所需支付的最低补偿

当审计师采取独立审计均衡策略时，其从报告提供者签订审计合约时的期望收益为审计师在完全竞争审计市场中的均衡收益。$U_a(O-A, T, r, D, D_{-a})=\dfrac{(r+1)R_a(0)}{1-\delta}$，$R_a(0)$为审计师在完全竞争审计市场中的均衡收益，$\delta$为折现率。

当审计师采取合谋均衡策略时，其从报告提供者签订审计合约时的期望收益由两部分组成，一部分为合谋未被发现时的期望收益，这部分期望收益由$\frac{(r+1)R_a(0)}{1-\delta}$与报告提供者为其合谋所提供的额外补偿构成；另一部分为合谋被发现后的期望收益。我们将审计师舞弊被发现，且不再与委托人继续签约的收益标准化为0，于是这部分收益由合谋被发现后应承担的法律责任$L_a(f, w, q)$和合谋被发现后导致的声誉期望损失构成。因此，当审计师采取合谋均衡策略时，审计师在与报告提供者签订审计合约时的期望收益为：

$$U_a(O-A, r, F, DN, DN_{-a})$$
$$= -\left[L_a(f, w, q) + \frac{r}{(1-\delta)}R_a(0)\right]P + \left[\frac{(r+1)R_a(0)}{1-\delta} + T(O-A, r, f)\right](1-P)$$

根据审计师形成合谋的边界条件，得到的审计师合谋的边界为：

$$U_a(O-A, F, r, DN, DN_{-a}) = U_a(O-A, T, r, D, D_{-a}) -$$
$$\left[L_a(f, w, q) + \frac{r}{(1-\delta)}R_a(0)\right]P + \left[\frac{(r+1)R_a(0)}{1-\delta} + T(B, r, f)\right](1-P) = \frac{(r+1)R_a(0)}{1-\delta}$$

报告提供者实现合谋需要支付审计师的最小额外报酬是：

$$\underline{T}(O-A, r, f) = \frac{P}{1-P}\left[L_a(f, w, q) + \frac{2r+1}{1-\delta}R_a(0)\right] \qquad (4-4-2)$$

三　审计师选聘权 O – A 配置和审计师独立性

由$\Delta T(O-A, r, f) = \overline{T}(O-A, r, f) - \underline{T}(O-A, r, f)$得到：

$$\Delta T(O-A, r, f) = \frac{(r+1)R_c(f)}{1-\delta} - \frac{P}{(1-P)}\left[\frac{1+r}{1-\delta}R_c(0) + L_c(f)\right] -$$
$$\frac{P}{(1-P)}\left[L_a(f, w, q) + \frac{2r+1}{(1-\delta)}R_a(0)\right]$$
$$= \Delta T(O-A, f) + \frac{rR_c(f)}{1-\delta} - \frac{rP}{(1-P)(1-\delta)}[R_c(0) + 2R_a(0)] \qquad (4-4-3)$$

类似地，得到以下结论。

（1）审计师不参与合谋的条件为：

$\Pi(O-A, r) = \{(r, f): \Delta T(O-A, f, r) > 0\} = \varphi$，即它是空集。

（2）审计师参与合谋的条件为：

$\Pi(O-A, r) = \{(r, f): \Delta T(O-A, f, r) > 0\} \neq \varphi$，即它是非空集。

四　审计师选聘权 O－A 配置、声誉、会计信息虚报程度和审计师独立性

当Π（$O-A$，r）$\neq \varphi$ 时，审计师将与报告提供者合谋。此时，与审计师选聘权配置 M－A 不同的是，报告使用者会选择使合谋所获得的额外收益最小的审计师声誉，即$r=\min\limits_{r}\Delta T$（$O-A$，$r$，$f$），而报告提供者会选择使合谋所获得的额外收益达到最大的作假程度，即$f=\arg\max\limits_{f}\Delta T$（$O-A$，$f$，$r$），于是，两者进行博弈得到的均衡解如下。

（1）当$P<\dfrac{R_c(f)}{R_c(f)+R_c(0)+2R_a(0)}$时，$r=0$。令$\dfrac{\partial\Delta T(O-A,\ r,\ f)}{\partial f}=0$，得到：

$$R_c'(f)(1-P)-\delta R_a[r_L(f)]P-(1-\delta)[L_a'(f,\ r,\ q)-L_c'(f)]P=0$$

$$\Pi^*(O-A,\ r)=\left\{f:\frac{R_c'(f)}{L_a'(f,\ w,\ q)+L_c'(f)}=\frac{P}{(1-P)(1-\delta)}\right\}\cap$$

$$\{f:\max\Delta T(O-A,\ r,\ f)\}\cap\{f:\Delta T(O-A,\ r,\ f)>0\}$$

因此，由于$r=0$，所以$\Delta T(O-A,\ r,\ f)=\Delta T(O-A,\ f)$，这说明声誉的引入，并不会改善审计师的独立性。

（2）当$P>\dfrac{R_c(f)}{R_c(f)+R_c(0)+2R_a(0)}$时，$r=r_m$。令$\dfrac{\partial\Delta T(O-A,\ r,\ f)}{\partial f}=0$，得到：

$$R_c'(f)(1+r_m)(1-P)-\delta R_a[r_L(f)]P-(1-\delta)[L_a'(f,\ r,\ q)-L_c'(f)]P=0$$

$$\Pi^*(O-A,\ r)=\left\{f:\frac{(1+r_m)R_c'(f)}{L_a'(f,\ w,\ q)+L_c'(f)}=\frac{P}{(1-P)(1-\delta)}\right\}\cap$$

$$\{f:\max\Delta T(O-A,\ r,\ f)\}\cap\{f:\Delta T(O-A,\ r,\ f)>0\}$$

此时，由于$\begin{cases}P>\dfrac{R_c(f)}{R_c(f)+R_c(0)+2R_a(0)}\\ r=0\end{cases}$，所以$\Delta T(O-A,\ r,\ f)<\Delta T(O-A,\ f)$，这说明声誉的引入，将改善审计师的独立性。

五　审计师选聘权 O－A 配置、经济依赖和审计师独立性

当Π（$O-A$，r）$\neq\varphi$ 时，审计师与报告提供者博弈形成的 Nash 均衡策略为（F，r，DN），审计师和审计师博弈形成的 Nash 均衡策略为（DN，

DN)。但是，由于：

$$\begin{aligned}&\Delta T(O-A,\ r,\ f)\\&=\frac{(R+1)R_c(f)}{1-\delta}-\frac{P}{(1-P)}\left[\frac{1+r}{1-\delta}R_c(0)+L_c(f)\right]-\frac{P}{(1-P)}\left[L_a(f,\ w,\ q)+\frac{2r+1}{(1-\delta)}R_a(0)\right]\end{aligned}$$

$$\frac{\partial\Delta T(O-A,\ r,\ f)}{\partial R_a(0)}=-\frac{2r+1}{(1-P)(1-\delta)}P<0,\ \frac{\partial\Delta T(O-A,\ r,\ f)}{\partial R_a(0)\partial r}=-\frac{2P}{(1-P)(1-\delta)}<0$$

ΔT $(O-A,\ r,\ f)$ 为 $R_a(0)$ 减函数，即审计收益越高，审计师的独立性越强。这说明审计师的经济依赖越大，越有利于增强审计师的独立性。审计师的声誉越高，越能够强化这种作用。

如果 Π $(O-A,\ r)=\varphi$，审计师与报告提供者博弈形成的 Nash 均衡策略为 $(T,\ r,\ D)$，则一旦会计报告提供者要求审计师合谋，审计师会主动选择放弃。此时，审计师的经济依赖就不会形成对独立性的威胁。

六 审计师选聘权 O－A 配置、审计收费和审计师独立性

（一）审计师合谋最低额外补偿为零情况下的审计收费

令 $\underline{T}$ $(O-A,\ f)=0$，得到：

$$\frac{P}{1-P}\left[L_a(f,\ w,\ q)+\frac{2r+1}{1-\delta}R_a(0)\right]=0$$

$$\bar{R}_a(0)<0$$

显然，以上等式不可能成立。报告提供者不可能凭借市场审计收费出价找到合谋的审计师。

（二）特定客户审计收费比重和审计师的独立性

令 $\theta=\dfrac{(1+r)R_a(0)}{TR_a(0)}$为特定客户的审计收费占审计师总审计收费的比例，

将 $R_a(0)=\dfrac{\theta TR_a(0)}{(1+r)}$代入上式得到：

$$\frac{\partial\Delta T(O-A,\ r,\ f)}{\partial\theta}=-\frac{(2r+1)P}{(1-P)(1-\delta)(1+r)}TR_a(0)<0$$

$$\frac{\partial\Delta T(O-A,\ r,\ f)}{\partial\theta\partial r}=-\frac{2}{(1-P)(1-\delta)(1+r)^2}TR_a(0)<0$$

因此，特定客户的审计收费占审计师总审计收费的比例越大，审计师的独立性越强。审计师的声誉越高，越能够强化这种作用。

七 审计师选聘权 O－A 配置、低价承揽和审计师独立性

当审计市场存在低价承揽的情况时，现任审计师的审计收益要大于后任审计师的收益，即 $R_a{}^H(0) > R_a(0)$。所以，当现任审计师与报告提供者签订审计合约时，其合谋所需要的最低额外补偿如下。

由 $\underline{T}^H(O-A, f) = \frac{P}{1-P}\left[L_a(f, w, q) + \frac{2r+1}{1-\delta}R_a{}^H(0)\right]$ 得到：

$$\frac{\partial \Delta T^H(O-A, r, f)}{\partial R_a{}^H(0)} = -\frac{2r+1}{(1-P)(1-\delta)}P < 0$$

$$\frac{\partial \Delta T^H(O-A, r, f)}{\partial R_a{}^H(0)\partial r} = -\frac{2}{(1-P)(1-\delta)}P < 0$$

由 $\Pi^H(O-A, r) = \{(r, f): \Delta T^H(O-A, r, f) > 0\}$，$\Pi(O-A, r) = \{(r, f): \Delta T(O-A, r, f) > 0\}$ 得到：

$$\Pi(O-A, r) \supset \Pi^H(O-A, r)$$

由此，低价承揽将增强审计师独立性，同时，声誉的引入将强化这种作用。

八 审计师选聘权 O－A 配置、审计师任期和审计师独立性

当报告使用者成为审计委托人时，如果审计师采取独立审计策略，则显然，该审计师将获得未来剩余的审计合约；如果审计师选择合谋，则一旦合谋被发现，其将被报告使用者中止剩余合约。如果未被发现，其将继续执行意愿期限合约。由此得到：

$$U_a(O-A, F, r, D, D_{-a}) = \frac{1-\delta^{T_2}}{1-\delta}(r+1)R_a(0)$$

$$U_a(O-A, F, r, DN, DN_{-a})$$
$$= \left[\frac{1-\delta^{T_2}}{1-\delta}(r+1)R_a(0) + \underline{T}(O-A, r, f, T_1, T_2)\right](1-P)$$
$$-\left[L_a(f, w, q) + r\frac{1-\delta^{T_2}}{1-\delta}R_a(0)\right]P$$

其中，T_2 为意愿合约期限。

于是，由审计师之间的博弈收益矩阵得到的审计师合谋的边界条件为：

$$U_a(O-A, F, r, D, DN_{-a}) = U_a(O-A, F, r, DN, DN_{-a})$$

$$\frac{1-\delta^{T_2}}{1-\delta}(r+1)R_a(0)$$

$$=\left[\frac{1-\delta^{T_2}}{1-\delta}(r+1)R_a(0)+\underline{T}(O-A, f, T_1, T_2)\right](1-P)$$

$$-\left[L_a(f, w, q)+r\frac{1-\delta^{T_2}}{1-\delta}R_a(0)\right]P$$

由此得到报告提供者为形成审计合谋所必须支付的最小额外报酬是：

$$\underline{T}(O-A, f, r, T_1, T_2)=\frac{P}{(1-P)}\left[L_a(f, w, q)+\frac{1-\delta^{T_2}}{1-\delta}(2r+1)R_a(0)\right]$$

$$=\underline{T}(O-A, f, T_1, T_2)+\frac{1-\delta^{T_2}}{1-\delta}2rR_a(0)$$

$$\frac{\partial\Delta T(O-A, f, r, T_1, T_2)}{\partial T_2}=\frac{(2r+1)P\delta^{T_2}\ln\delta}{(1-P)(1-\delta)}R_a(0)<0$$

$$\frac{\partial\Delta T(O-A, f, r, T_1, T_2)}{\partial T_2\partial r}=\frac{2P\delta^{T_2}\ln\delta}{(1-P)(1-\delta)}R_a(0)<0$$

以上结论的含义如下。

（1）由于 $\Delta T(O-A, r, f, T_1, T_2)$ 是 T_2 的减函数，这意味着审计师的意愿任期增加，审计师独立性增强。

（2）由于 $\Delta T(O-A, r, f, T_1, T_2)$ 是 r 的减函数，这意味着声誉的引入，将进一步强化这种作用。

以上结论的政策含义是：在报告使用者拥有审计师选择权情况下，对审计师任期实施最短任期限制，可以在一定程度上增强审计师独立性；对审计师任期实施最长任期限制，不仅不会增强审计师独立性，反而会导致审计师独立性的降低。

九　审计师选聘权 O－A 配置、法律责任、审计师财富、审计准则与审计师独立性

（一）在审计师财富无差异情况下，审计师的无过失责任

如前所述，审计师法律责任和审计师财富使得审计师采取独立策略，需要满足 Π（$O-A$, r）$=\varphi$，由此得到的阻止审计师合谋的审计师法律责任和审计师财富解集分别为：

$$\Pi_D^L(O-A, r)=\left\{L_a[f, w, q]:L_a[f, w, q]\geqslant\frac{(1-P)}{P}\bar{T}(O-A, f, r)-\frac{2r+1}{1-\delta}R_a(0)\right\}$$

$$\Pi_D^w(O-A, r)=\left\{w:L_a[f, w, q]\geqslant\frac{(1-P)}{P}\bar{T}(O-A, f, r)-\frac{2r+1}{1-\delta}R_a(0)\right\}$$

如果审计师的财富充分大，即 $w \in \Pi_D^w$（$O-A$）时，则充裕的审计师财富将使法律责任能够得到充分的实施，所以，加大对审计师的法律责任，能有效增强审计师独立性。同时，审计师声誉将产生可以替代法律责任的作用，以降低必需的法律责任，同时也会降低必要的审计师财富。

如果 Π（$O-A$）$\neq \varphi$，则审计师法律责任和审计师财富将使得审计师采取合谋策略，此时审计师法律责任和审计师财富解集分别为：

$$\Pi_{DN}^L(O-A,\ r) = \left\{ L_a[f,\ w,\ q] : L_a[f,\ w,\ q] \leqslant \frac{(1-P)}{P}\bar{T}(O-A,\ f,\ r) - \frac{2r+1}{1-\delta}R_a(0) \right\}$$

$$\Pi_{DN}^w(O-A,\ r) = \left\{ w : L_a[f,\ w,\ q] \leqslant \frac{(1-P_g)}{P_g}\bar{T}(O-A,\ f,\ r) - \frac{2r+1}{1-\delta}R_a(0) \right\}$$

显然，以上解集之间的关系为：

$$\Pi_D^L(O-A) \cap \Pi_{DN}^L(O-A) = \varphi,\ \Pi_D^L(O-A) \cup \Pi_{DN}^L(O-A) = \Omega(L)$$

$$\Pi_D^w(O-A) \cap \Pi_{DN}^w(O-A) = \varphi,\ \Pi_D^w(O-A) \cup \Pi_{DN}^w(O-A) = \Omega(w)$$

如果审计师的财富充分小，即 $w \in \Pi_{DN}^w$（$O-A$）时，则法律责任由于受审计师财富的限制，不能得到充分的实施，所以，加大对审计师的法律责任，并不能增强审计师独立性。

（二）在审计师财富有差异情况下，审计师的无过失责任

如果审计市场中存在财富分别是 $w_1 < w_2 < \cdots < w_n$ 的 n 类审计师，存在某个 i，$i \in \{1, 2, \cdots, n\}$，使得 $w_i \in \Pi_{DN}^w$（$O-A, r$），即 $w_i \notin \Pi_D^w$（$O-A, r$），则该 i 类审计师就会采取合谋策略，与 O－A 配置情况不同的是，该类审计师会被市场所淘汰。

如果存在某个 i，$i \in \{1, 2, \cdots, n\}$，$w_i \notin \Pi_{DN}^w$（$O-A$），即 $w_i \in \Pi_D^w$（$O-A$），则审计师就会采取独立策略，考虑到 $w_1 < w_2 < \cdots < w_n$，此时，只要满足 $w_1 \notin \Pi_{DN}^w$（$O-A$），审计师就会采取独立策略，于是该类审计师就很快占领审计市场，其他类别的审计师很快调整其所拥有的财富（兼并、拆分），使得其财富 $\geqslant w_i$。

（三）在审计师财富无差异情况下，审计师的有过失责任

同理，为简化起见，不失一般性，我们假定审计师发现报告提供者没有真实报告会计信息概率为 q，审计师合谋所承担的期望法律责任变为：

$$qL_a(f, w) + (1-q)0 = qL_a(f, w)$$

同理，审计师法律责任和审计师财富使得审计师采取独立策略，需要满足 Π $(O-A)=\varphi$，由此得到的阻止审计师合谋的审计师法律责任、会计准则和审计师财富解集分别为：

$$\Pi_D^L(O-A, r) = \left\{L_a(f, w): qL_a(f, w) \geqslant \frac{(1-P)}{P}\bar{T}(O-A, f, r) - \frac{2r+1}{1-\delta}R_a(0)\right\}$$

$$\Pi_D^q(O-A, r) = \left\{q: qL_a(f, w) \geqslant \frac{(1-P)}{P}\bar{T}(O-A, f, r) - \frac{2r+1}{1-\delta}R_a(0)\right\}$$

$$\Pi_D^w(O-A, r) = \left\{w: qL_a(f, w) \geqslant \frac{(1-P)}{P}\bar{T}(B, f, r) - \frac{2r+1}{1-\delta}R_a(0)\right\}$$

如果 Π $(O-A, r)$ $\neq\varphi$，则审计师法律责任和审计师财富将使得审计师采取合谋策略，此时审计师法律责任、会计准则和审计师财富解集分别为：

$$\Pi_{DN}^L(O-A, r) = \left\{L_a(f, w): qL_a(f, w) \leqslant \frac{(1-P)}{P}\bar{T}(O-A, f, r) - \frac{2r+1}{1-\delta}R_a(0)\right\}$$

$$\Pi_{DN}^q(O-A, r) = \left\{q: qL_a(f, w) \leqslant \frac{(1-P)}{P}\bar{T}(O-A, f, r) - \frac{2r+1}{1-\delta}R_a(0)\right\}$$

$$\Pi_{DN}^w(O-A, r) = \left\{w: qL_a(f, w) \leqslant \frac{(1-P)}{P}\bar{T}(O-A, f, r) - \frac{2r+1}{1-\delta}R_a(0)\right\}$$

（四）在审计师财富有差异情况下，审计师的过失责任

此时与完全竞争情况类似，这里不再一一赘述。

十　审计师选聘权 O-A 配置、会计监管和审计师独立性

由 Π $(O-A, r)=\varphi$，得到的 P 的边界条件为：

$$\Delta T(O-A, r, f)$$

$$= \frac{(r+1)R_c(f)}{1-\delta} - \frac{P}{(1-P)}\left[\frac{1+r}{1-\delta}R_c(0) + L_c(f)\right] - \frac{P}{(1-P)}\left[L_a(f, w, q) + \frac{2r+1}{(1-\delta)}R_a(0)\right]$$

$$= \Delta T(O-A, f) + \frac{rR_c(f)}{1-\delta} - \frac{rP}{(1-P)(1-\delta)}[R_c(0) + 2R_a(0)]$$

$$P = \frac{(1+r)R_c(f)}{(1+r)[R_c(f)+R_c(0)] + (1+2r)R_a(0) + (1-\delta)[L_a(f, w, q) + L_c(f)]}$$

由此，为得到有效的会计监管，要使得对审计师合谋被发现的概率满足以下解集：

$$\Pi^P(O-A, r) = \left\{P: P \geqslant \frac{(1+r)R_c(f)}{(1+r)[R_c(f)+R_c(0)] + (1+2r)R_a(0) + (1-\delta)[L_a(f, w, q) + L_c(f)]}\right\}$$

十一　审计师选聘权 O－A 配置、非审计服务与审计师独立性

（一）两种选聘权 O－A/M－NA 配置和审计师独立性

当非审计服务审计师由报告提供者选聘时，报告提供者便可以利用该选择权影响审计师的独立性。考虑到博弈的初始状态为审计师均处于采取（D, D）审计策略状态，审计市场和非审计市场均处于不完全竞争状态，于是得到以下结论。

（1）当审计师均采取（D, D）审计策略时，审计师获得的收益均为 $\mu_a(r)+\mu_{aN}(r)$。此时，如果博弈中有一个审计师选择合谋策略，则由于他们之间的合谋不可从外部观察到，于是继续采取 D 策略的审计师获得的收益为 $\mu_a(r)+\mu_{aN}(r)$，采取 DN 策略的审计师获得的收益为 $\mu_a^f(r)+\mu_{aN}(r)$。

（2）当审计师均采取（DN, DN）审计策略时，审计师获得的收益均为 $\mu_a^f(r)+\mu_{aN}(r)$。此时，如果博弈中有一个审计师选择 D 策略，则于是继续采取 DN 策略的审计师获得的收益为 $\mu_a^f(r)+\mu_{aN}(r)$；对于采取 D 策略的审计师，由于其采取的策略由 DN 策略变为 D 策略，作为惩罚，报告提供者将把非审计服务委托给其他非现任审计师，审计师将失去非审计服务，同时报告提供者也将失去由现任审计师从事非审计业务的相应收益，即采取 D 策略的审计师获得的收益为 μ_a（r）。以上关系可以用以下收益矩阵表示：

		其他审计师	
		D	DN
审计师	D	$\mu_a(r)+\mu_{aN}(r)$， $\mu_a(r)+\mu_{aN}(r)$	$\mu_a(r)+\mu_{aN}(r)$ $(\mu_a(r))$， $[\mu_a^f(r)+\mu_{aN}(r)]$
	DN	$[\mu_a^f(r)+\mu_{aN}(r)]$， $\mu_a(r)+\mu_{aN}(r)$ $(\mu_a(r))$	$\mu_a^f(r)+\mu_{aN}(r)$， $\mu_a^f(r)+\mu_{aN}(r)$

由收益矩阵得到以下结论。

（1）当 $\mu_a(r)\geqslant\mu_a^f(r)$ 时，审计师之间博弈的均衡策略为（D, D）。

（2）当 $\mu_a^f(r)\leqslant\mu_a(r)$ 时，审计师之间博弈的均衡策略为（DN, DN）。

由此得到的审计师保持独立性的边界条件是：

$$\mu_a(r)=\mu_a^f(r)$$

同理，由边界条件得到的报告提供者所愿意支付的最大额外补偿为：

$$\overline{T}(O-A/M-NA,\ r,\ f)=\overline{T}(O-A,\ r,\ f)+\frac{(r+1)}{(1-P)(1-\delta)}NA_c$$

报告提供者为形成审计合谋所必须支付的最小额外补偿是：

$$\underline{T}(O-A/M-NA,\ r,\ f)=\underline{T}(O-A,\ r,\ f)$$

$$\Delta T(O-A/M-NA,\ r,\ f)=\Delta T(O-A,\ r,\ f)+\frac{(r+1)}{(1-P)(1-\delta)}NA_c$$

该结论显示，在非审计服务审计师由报告提供者选聘时，由现任审计师承担企业的非审计服务，将导致审计师独立性的降低。同时，声誉的引入，会强化非审计服务的这种降低作用。

（二）两种选聘权 O－A/O－NA 配置和审计师独立性

当非审计服务审计师由报告使用者选聘时，由于其内在拥有追求真实会计信息的动机，报告使用者便可以利用该选聘权选择独立的审计师。考虑到博弈的初始状态为审计师均处于采取（*D*，*D*）审计策略状态，审计市场和非审计市场均处于不完全竞争状态，于是得到以下结论。

（1）当审计师均采取（*D*，*D*）审计策略时，审计师获得的收益均为 $\mu_a(r)+\mu_{aN}(r)$。此时，如果博弈中有一个审计师选择 *DN* 策略，则由于他们之间的合谋不可从外部观察到，于是继续采取 *D* 策略的审计师获得的收益为 $\mu_a(r)+\mu_{aN}(r)$，采取 *DN* 策略的审计师获得的收益为 $\mu_a^{f}(r)+(1-P)\mu_{aN}(r)$。

（2）当审计师均采取（*DN*，*DN*）审计策略时，审计师获得的收益均为 $\mu_a^{f}(r)+\mu_{aN}(r)$。此时，如果博弈中有一个审计师选择 *D* 策略，于是继续采取 *DN* 策略的审计师获得的收益为 $\mu_a^{f}(r)+\mu_{aN}(r)$；对于采取 *D* 策略的审计师，即使他采取的策略由 *DN* 策略变化为 *D* 策略，报告使用者并不会因此改变审计和非审计服务委托关系，即采取 *D* 策略的审计师获得的收益为 $\mu_a(r)+\mu_{aN}(r)$。以上关系可以用以下收益矩阵表示：

		其他审计师 *D*	其他审计师 *DN*
审计师	*D*	$\mu_a(r)+\mu_{aN}(r)$， $\mu_a(r)+\mu_{aN}(r)$	$\mu_a(r)+\mu_{aN}(r)$， $[\mu_a^{f}(r)+(1-P)\mu_{aN}(r)]$
	DN	$[\mu_a^{f}(r)+(1-P)\mu_{aN}(r)]$， $\mu_a(r)+\mu_{aN}(r)$	$\mu_a^{f}(r)+\mu_{aN}(r)$， $\mu_a^{f}(r)+\mu_{aN}(r)$

由收益矩阵得到以下结论。

（1）当$\mu_a(r) \geqslant \mu_a{}^f(r)$时，审计师之间博弈的均衡策略为（$D$，$D$）。

（2）当$\mu_a{}^f(r) - P\mu_{aN}(r) \leqslant \mu_a(r) \leqslant \mu_a{}^f(r)$时，则审计师陷入另一种“囚徒困境”。根据博弈论中重复博弈的 Nash 无名氏定理，由于审计市场中存在无数个声誉为 r 的审计师①，因此，其博弈均衡为（D，D）。

（3）当$\mu_a(r) \leqslant \mu_a{}^f(r) - P\mu_{aN}(r)$时，其博弈均衡为（$DN$，$DN$）。

由此得到的审计师保持独立性的边界条件是：

$$\mu_a(r) = \mu_a{}^f(r) - P\mu_{aN}(r)$$

同理，由边界条件得到的报告提供者所愿意支付的最大额外补偿为：

$$\bar{T}(O-A/O-NA,\ r,\ f) = \bar{T}(O-A,\ r,\ f) - \frac{(r+1)P}{(1-P)(1-\delta)}NA_c$$

报告提供者为形成审计合谋所必须支付的最小额外补偿是：

$$\underline{T}(O-A/O-NA,\ r,\ f) = \underline{T}(B,\ r,\ f) + \frac{(r+1)P}{(1-P)(1-\delta)}NA_a$$

$$\Delta T(O-A/O-NA,\ r,\ f) = \Delta T(O-A,\ r,\ f) - \frac{(r+1)P}{(1-P)(1-\delta)}(NA_c + NA_a)$$

该结论显示，在非审计服务审计师由报告使用者选聘时，由现任审计师承担企业的非审计服务，不仅不会导致审计师独立性的降低，反而会增强审计师的独立性。同时，声誉的引入，会强化非审计服务的这种增强作用。

第五节　审计师选聘权 OA－MA 配置、垄断市场竞争和审计师独立性

一　审计师选聘权 OA－MA 配置下形成审计师合谋所要支付的最低额外补偿

配置模式 OA－MA 实际上是一个混合配置模式，即 k 比例的会计报告使用者拥有审计选聘权，$1-k$ 比例的报告提供者拥有审计选聘权。于是，在审计市场中，审计师遇到 O－A 配置类型并进行博弈的概率是 $1-k$，遇到 O－A 类型并进行博弈的概率为 k，由前文知道，在审计师遇到 O－A 配

---

① 证明见附录。

置类型时，实现博弈均衡的报告提供者所愿意支付的最大补偿为 $\overline{T}$（$M-A, f, r$），审计师合谋的最小补偿为 $\underline{T}$（$M-A, f, r$）；在审计师遇到 O－A 类型时，实现博弈均衡的报告提供者所愿意支付的最大补偿为 $\overline{T}$（$O-A, f, r$），审计师合谋的最小补偿为 $\underline{T}$（$O-A, f, r$），于是，在混合配置状态下，报告提供者所愿意支付的期望最大补偿和审计师合谋的期望最小补偿分别为：

$$\overline{T}(OA-MA, f, r) = k\overline{T}(O-A, f, r) + (1-k)\overline{T}(M-A, f, r)$$

$$\underline{T}(OA-MA, f, r) = k\underline{T}(O-A, f, r) + (1-k)\underline{T}(M-A, f, r)$$

于是，得到：

$$\underline{T}(OA-MA, r, f) = \frac{1}{1-P}\left[\frac{(1+r)(k+P-1)+rP}{1-\delta}R_a(0) + L_a(OA-MA, f, w, q)P\right]$$

其中，$L_a(OA-MA, f, w, q) = kL_a(M-A, f, w, q) + (1+k)L_a(M-A, f, w, q)$。

二　审计师选聘权 OA－MA 配置和审计师独立性

设 $\overline{T}(OA-MA, r, f) = k\overline{T}(O-A, r, f) + (1-k)\overline{T}(M-A, r, f)$，得到：

$$\Delta T(OA-MA, r, f) = \overline{T}(OA-MA, r, f) - \underline{T}(OA-MA, r, f)$$

$$= \overline{T}(OA-MA, r, f) - \frac{P}{(1-P)}L_a(f, w, q) - \frac{(1+r)(k+P-1)+rP}{1-\delta}R_a(0)$$

$$\Delta T(OA-MA, r, f) = k\Delta T(O-A, r, f) + (1-k)\Delta T(M-A, r, f)$$

由此得到：

$$\Delta T(OA-MA, r, f) = \frac{(r+1)R_c(f)}{1-\delta} - \frac{P}{(1-P)}\left[\frac{1+r}{1-\delta}R_c(0) + L_c(f)\right]$$

$$-\frac{P}{(1-P)}\left[L_a(f, w, q) + (1-k)\frac{rP+(1+r)(P-1)}{(1-\delta)P}R_a(0) + k\frac{2r+1}{(1-\delta)}R_a(0)\right]$$

$$\frac{\partial\Delta T(OA-MA, r, f)}{\partial r} = \frac{rR_c(f)}{1-\delta} - \frac{rPR_c(0)}{(1-P)(1-\delta)} -$$

$$\frac{P}{(1-P)}\left[\frac{r(1-k)(2P-1)+2krP}{(1-\delta)P}\right]R_a(0)$$

类似地，得到以下结论。

（1）审计师不参与合谋的条件为：

$\Pi(OA-MA, r) = \{(r, f): \Delta T(OA-MA, r, f) > 0\} = \varphi$，即它是空集。

（2）审计师参与合谋的条件为：

$\Pi(OA-MA, r)=\{(r,f):\Delta T(OA-MA, r, f)>0\}\neq\varphi$，即它是非空集。

三　审计师选聘权 OA－MA 配置、声誉、会计信息虚报程度和审计师独立性

当 Π（$OA-MA, r$）$\neq\varphi$ 时，审计师将与报告提供者合谋，此时，由于审计师选聘权 OA－MA 配置是一个混合配置，所以需要分情况进行讨论。

（1）当 $P>\dfrac{R_c(f)+R_c(0)+R_a(0)}{R_c(f)+2R_c(0)+2R_a(0)}$，且审计师遇到审计师选聘权 M－A配置的企业时，被选聘的审计师为声誉 $r_{M-A}=0$ 的审计师；当审计师遇到审计师选聘权 O－A 配置的企业时，被选聘的审计师为声誉 $r_{O-A}=r_m$ 的审计师。于是，得到：

$$\Delta T(OA-MA, r_m, f)=k\Delta T(O-A, r_m, f)$$
$$\Delta T(OA-MA, 0, f)=(1-k)\Delta T(M-A, 0, f)$$

审计师选聘权 M－A 配置的企业审计业务全部被声誉 $r_{M-A}=0$ 的审计师所承揽；审计师选聘权 O－A 配置的企业审计业务全部被声誉 $r_{O-A}=r_m$ 的审计师所承揽。总体上看，由于 $r_{M-A}=0$，$r_{O-A}=r_m$，所以，

$$\Delta T(OA-MA, r, f)=k\Delta T(O-A, r_m, f)+(1-k)\Delta T(M-A, 0, f)>$$
$$k\Delta T(O-A, 0, f)+(1-k)\Delta T(M-A, 0, f)$$

这说明声誉的引入导致审计师独立性强度增大，使得审计师独立性增强。

（2）当 $\dfrac{R_c(f)}{R_c(f)+R_c(0)+2R_a(0)}<P<\dfrac{R_c(f)+R_c(0)+R_a(0)}{R_c(f)+2R_c(0)+2R_a(0)}$，且审计师遇到审计师选聘权为 M－A 的企业时，被选聘的审计师为声誉 $r_{M-A}=r_m$的审计师；当审计师遇到审计师选聘权为 O－A 的企业时，被选聘的审计师为声誉 $r_{O-A}=r_m$的审计师。于是，得到：

$$\Delta T(OA-MA, r, f)=k\Delta T(O-A, r_m, f)+(1-k)\Delta T(M-A, r_m, f)$$
$$=\frac{(r+1)R_c(f)}{1-\delta}-\frac{P}{(1-P)}\left[\frac{1+r}{1-\delta}R_c(0)+L_c(f)\right]$$
$$-\frac{P}{(1-P)}\left[L_a(f, w, q)+(1-k)\frac{rP+(1+r)(P-1)}{(1-\delta)P}R_a(0)+k\frac{2r+1}{(1-\delta)}R_a(0)\right]$$
$$=(1-k)\left[\Delta T(M-A, f)+\frac{r_mR_c(f)}{1-\delta}-\frac{r_m(2P-1)}{(1-P)(1-\delta)}[R_c(0)+R_a(0)]\right]$$
$$+k\left[\Delta T(O-A, f)+\frac{r_mR_c(f)}{1-\delta}-\frac{r_mP}{(1-P)(1-\delta)}[R_c(0)+2R_a(0)]\right]$$

当$\frac{R_c(f)}{R_c(0)+R_a(0)} > \frac{2P-1+k(1-P)}{1-P}$时，声誉的引入，使得审计师独立性增强。

当$\frac{R_c(f)}{R_c(0)+R_a(0)} < \frac{2P-1+k(1-P)}{1-P}$时，声誉的引入，将导致审计师独立性降低。

（3）当$P < \frac{R_c(f)}{R_c(f)+R_c(0)+2R_a(0)}$，且审计师遇到审计师选聘权为M－A配置时，被选聘的审计师为声誉$r_{M-A}=r_m$的审计师；当审计师遇到审计师选聘权为O－A配置时，被选聘的审计师为声誉$r_{O-A}=0$的审计师。于是，得到：

$$\Delta T(OA-MA,\ 0,\ f)=k\Delta T(O-A,\ 0,\ f)$$

$$\Delta T(OA-MA,\ r_m,\ f)=(1-k)\Delta T(M-A,\ r_m f)$$

审计师选聘权为M－A的企业的审计业务全部被声誉$r_{M-A}=r_m$的审计师所承揽；审计师选聘权为O－B的企业的审计业务全部被声誉$r_{O-A}=0$的审计师所承揽。总体上看，由于$r_{M-A}=r_m$，$r_{O-A}=0$，所以：

$$\Delta T(OA-MA,\ r,\ f)=k\Delta T(O-A,\ 0,\ f)+(1-k)\Delta T(M-A,\ r_m,\ f) < k\Delta T(O-A,\ 0,\ f)+(1-k)\Delta T(M-A,\ 0,\ f)$$

这说明声誉的引入将使审计师独立性得以降低。

四　审计师选聘权OA－MA配置、经济依赖和审计师独立性

当$\frac{\partial \Delta T(OA-MA,\ r,\ f)}{\partial R_a(0)} = \frac{(1+r)(k+P-1)+rP}{(1-P)(1-\delta)}$时，审计师与报告提供者博弈形成的Nash均衡策略为（F，DN），审计师和审计师博弈形成的Nash均衡策略为（DN，DN）。但是，由于：

$$\Delta T(OA-MA,\ r,\ f)=\frac{1}{1-P}\left[\frac{(1+r)(k+P-1)+rP}{1-\delta}R_a(0)+L_a(OA-MA,\ f,\ w,\ q)P\right]$$

$$=\Delta T(OA-MA,\ f)+\frac{r(k+2P-1)}{(1-P)(1-\delta)}R_a(0)$$

由此得到：

$$\frac{\partial \Delta T(OA-MA,\ r,\ f)}{\partial R_a(0)}=\frac{(1+r)(k+P-1)+rP}{(1-P)(1-\delta)}$$

$$\frac{\partial \Delta T(OA-MA,\ r,\ f)}{\partial R_a(0)\,\partial r}=\frac{(k+2P-1)}{(1-P)(1-\delta)}$$

我们得到以下结论。

(1) 当 $r > \frac{1-k-P}{(k+2P-1)}$时，经济依赖越大，审计师独立性就越低。当 $P > \frac{1-k}{2}$时，声誉的引入将强化经济依赖的这种影响作用；当 $P < \frac{1-k}{2}$时，声誉的引入将减弱这种影响作用。

(2) 当 $r < \frac{1-k-P}{(k+2P-1)}$时，经济依赖越大，审计师的独立性就越强。当 $P > \frac{1-k}{2}$时，声誉的引入将减弱经济依赖的这种影响；当 $P < \frac{1-k}{2}$时，声誉的引入将强化这种影响作用。

如果 $\Pi\ (OA-MA,\ r) = \varphi$，审计师与报告提供者博弈形成的 Nash 均衡策略为 $(T,\ D)$，则一旦会计报告提供者要求审计师合谋，审计师会主动选择放弃。此时，审计师的经济依赖就不会形成对独立性的威胁。

五　审计师选聘权 OA－MA 配置、审计收费和审计师独立性

（一）审计师额外报酬为零时的审计收费

令 $\underline{T}\ (OA-MA,\ f)\ =0$，得到：

$$R_a(0,\ r) = \frac{(1-\delta)PL_a(OA-MA,\ f,\ w,\ q)}{(1+r)(1-k-P)-rP}$$

当审计市场的收费使得审计师的期望收益大于$\frac{(1-\delta)PL_a(OA-MA,\ f,\ w,\ q)}{(1+r)(1-k-P)-rP}$时，管理者就可以凭借市场审计收费出价找到合作的审计师。

（二）特定客户审计收费比重和审计师独立性

令 $\theta = \frac{(1+r)R_a(0)}{TR_a(0)}$为特定客户的审计收费占审计师总审计收费的比例，将 $R_a(0) = \frac{\theta TR_a(0)}{(1+r)}$代入上式得到：

$$\frac{\partial \Delta T(OA-MA,\ f)}{\partial \theta} = \frac{rP-(P+k-1)}{(1-P)(1-\delta)(1+r)}TR_a(0)$$

$$\frac{\partial \Delta T(OA-MA,\ f)}{\partial \theta \partial r} = \frac{2P+k-1}{(1-P)(1-\delta)(1+r)^2}TR_a(0)$$

因此，得到以下结论。

（1）当 $r > \frac{P+k-1}{P}$ 时，特定客户的审计收费占审计师总审计收费的比例越大，其在实际上越能够增强审计师独立性。当 $P > \frac{1-k}{2}$ 时，审计师声誉的引入将更加强化特定客户的审计收费占审计师总审计收费比例的这种作用；当 $P < \frac{1-k}{2}$ 时，声誉的引入，将更加减弱特定客户的审计收费占审计师总审计收费比例的这种作用。

（2）当 $r < \frac{P+k-1}{P}$ 时，特定客户的审计收费占审计师总审计收费的比例越大，其对审计师独立性的危害就越大。当 $P > \frac{1-k}{2}$ 时，审计师声誉的引入将更加强化特定客户的审计收费占审计师总审计收费比例的这种作用；当 $P < \frac{1-k}{2}$ 时，声誉的引入，将更加减弱特定客户的审计收费占审计师总审计收费比例的这种作用。

六　审计师选聘权 OA－MA 配置、低价承揽和审计师独立性

当审计市场存在低价承揽的情况时，现任审计师的审计收益要大于后任审计师的收益，即 $R_a{}^H(0) > R_a(0)$。所以，当现任审计师与报告提供者签订审计合约时，其合谋所需要的最低额外补偿如下。

由 $\underline{T}^H(OA-MA, f, r) = \frac{1}{1-P}\left[\frac{(1+r)(k+P-1)+rP}{1-\delta}R_a{}^H(0) + L_a(OA-MA, f, w, q)P\right] = \underline{T}^H(OA-MA, f) + \frac{r(k+2P-1)}{(1-P)(1-\delta)}R_a{}^H(0)$ 得到：

$$\frac{\partial \Delta T^H(OA-MA, r, f)}{\partial R_a{}^H(0)} = \frac{(1+r)(k+P-1)+rP}{(1-P)(1-\delta)}$$

$$\frac{\partial \Delta T^H(OA-MA, r, f)}{\partial R_a{}^H(0)\partial r} = \frac{(k+2P-1)}{(1-P)(1-\delta)}$$

（1）当 $r > \frac{1-k-P}{(k+2P-1)}$ 时，$\Delta T^H(OA-MA, r, f) > \Delta T(OA-MA, r, f)$，$\Pi(OA-MA, r) \subset \Pi^H(OA-MA, r)$，由此，低价承揽将降低审计师独立性。当 $P > \frac{1-k}{2}$ 时，声誉的引入，将对低价承揽的这种作用起到同向的强化作用；

当 $P<\frac{1-k}{2}$ 时，声誉的引入，将对低价承揽的这种作用起到反向的减弱作用。

（2）当 $r<\frac{1-k-P}{(k+2P-1)}$ 时，$\Delta T^{H}(OA-MA,\ r,\ f)<\Delta T(OA-MA,\ r,\ f)$，$\Pi(OA-MA,\ r)\supset\Pi^{H}(OA-MA,\ r)$，由此，低价承揽将增强审计师独立性。当 $P>\frac{1-k}{2}$ 时，声誉的引入，将对低价承揽的这种作用起到同向的强化作用；当 $P<\frac{1-k}{2}$ 时，声誉的引入，将对低价承揽的这种作用起到反向的减弱作用。

七　审计师选聘权 OA－MA 配置、审计师任期和审计师独立性

当报告使用者成为审计委托人时，如果审计师采取独立审计策略，则显然，该审计师将获得未来剩余的审计合约；如果审计师选择合谋，则一旦合谋被发现，将被报告使用者中止剩余合约。如果未被发现，则其将继续执行意愿期限合约。由此得到：

$$U_a(OA-MA,\ F,\ D,\ D_{-a},\ T_1,\ T_2)$$
$$=kU_a(O-A,\ F,\ D,\ D_{-a},\ T_1,\ T_2)+(1-k)U_a(M-A,\ F,\ D,\ D_{-a},\ T_1,\ T_2)$$
$$U_a(OA-MA,\ F,\ DN,\ DN_{-a},\ T_1,\ T_2)$$
$$=kU_a(O-A,\ F,\ DN,\ DN_{-a},\ T_1,\ T_2)+(1-k)U_a(M-A,\ F,\ DN,\ DN_{-a},\ T_1,\ T_2)$$

同理，由审计师之间的博弈收益矩阵得到的审计师合谋的边界条件为：

$$U_a(OA-MA,\ F,\ r,\ D,\ DN_{-a},\ T_1,\ T_2)=U_a(OA-MA,\ F,\ r,\ DN,\ DN_{-a},\ T_1,\ T_2)$$

$$\left[\frac{1-\delta^{T_2}}{1-\delta}R_a(0)+\underline{T}(OA-MA,\ f,\ T_1,\ T_2)\right](1-P)-L_a(f,\ w,\ q)P$$

$$=(1-k)\frac{1-\delta^{T_1}}{1-\delta}R_a(0)+k\frac{1-\delta^{T_2}}{1-\delta}R_a(0)$$

$$\left[\frac{1-\delta^{T_2}}{1-\delta}R_a(0)+\underline{T}(OA-MA,\ f,\ T_1,\ T_2)\right](1-P)-L_a(f,\ w,\ q)P$$

$$=(1-k)\frac{1-\delta^{T_1}}{1-\delta}R_a(0)+(k-1+P)\frac{1-\delta^{T_2}}{1-\delta}R_a(0)$$

管理者需要支付的最小额外报酬是：

$$\underline{T}(OA-MA,\ r,\ f,\ T_1,\ T_2)=\frac{1}{(1-P)}\times$$

$$\left[L_a(f,\ w,\ q)P+\frac{[rP+(1+r)(k+P-1)](1-\delta^{T_2})}{1-\delta}R_a(0)+(1+r)(1-k)\frac{1-\delta^{T_1}}{1-\delta}R_a(0)\right]$$

$$=\underline{T}(OA-MA,\ f,\ T_1,\ T_2)+\frac{r(k+2P-1)(1-\delta^{T_2})}{1-\delta}R_a(0)+r(1-k)\frac{1-\delta^{T_1}}{1-\delta}R_a(0)$$

$$\frac{\partial\Delta T(OA-MA,\ r,\ f,\ T_1,\ T_2)}{\partial T_1}=\frac{(1+r)(1-k)\delta^{T_1}\ln\delta}{(1-P)(1-\delta)}R_a(0)<0$$

$$\frac{\partial\Delta T(OA-MA,\ r,\ f,\ T_1,\ T_2)}{\partial T_1\partial r}=\frac{(1-k)\delta^{T_1}\ln\delta}{(1-P)(1-\delta)}R_a(0)<0$$

$$\frac{\partial\Delta T(OA-MA,\ r,\ f,\ T_1,\ T_2)}{\partial T_2}=\frac{[rP+(1+r)(k+P-1)]\delta^{T_2}\ln\delta}{(1-P)(1-\delta)}R_a(0)$$

$$\frac{\partial\Delta T(OA-MA,\ r,\ f,\ T_1,\ T_2)}{\partial T_2\partial r}=\frac{(k+2P-1)\delta^{T_2}\ln\delta}{(1-P)(1-\delta)}R_a(0)$$

由此得到以下结论。

（1）ΔT（$OA-MA$，r，f，T_1，T_2）是 T_1 的减函数，意味着审计师的剩余合约任期增加，ΔT（$OA-MA$，r，f，T_1，T_2）将降低，导致审计师独立性增强，反之，则导致独立性降低。声誉的引入，进一步强化了 T_1 审计师独立性的增强作用。

（2）当 $r>\frac{1-k-P}{(k+2P-1)}$ 时，ΔT（$OA-MA$，r，f，T_1，T_2）是 T_2 的减函数，意味着审计师的意愿合约任期增加，ΔT（$OA-MA$，r，f，T_1，T_2）将降低，导致审计师独立性增强，反之，则导致独立性降低。同时，当 $k+2P>1$ 时，声誉的引入，进一步减弱了 T_2 的这种增强作用；当 $k+2P<1$ 时，声誉的引入，进一步强化了 T_2 的这种增强作用。

（3）当 $r<\frac{1-k-P}{(k+2P-1)}$ 时，ΔT（$OA-MA$，r，f，T_1，T_2）是 T_2 的增函数，意味着审计师的意愿合约任期增加，ΔT（$OA-MA$，r，f，T_1，T_2）将增大，导致审计师独立性降低，反之，则导致独立性增强。同时，当 $k+2P>1$ 时，声誉的引入，进一步强化了 T_2 的这种降低作用；当 $k+2P<1$ 时，声誉的引入，进一步减弱了 T_2 的这种降低作用。

八　审计师选聘权 OA－MA 配置、法律责任、审计师财富、审计准则和审计师独立性

（一）审计师的无过失责任

如前所述，审计师法律责任和审计师财富使得审计师采取独立策略，

需要满足 Π （$OA-MA$，r）$=\varphi$，由此得到的阻止所有配置（M－A，O－A）状态的审计师合谋的审计师法律责任和审计师财富解集分别为：

$$\Delta T(OA-MA,\ r,\ f)=k\Delta T(O-A,\ r,\ f)+(1-k)\Delta T(M-A,\ r,\ f)$$

（1）当 $P>\dfrac{R_c(f)+R_c(0)+R_a(0)}{R_c(f)+2R_c(0)+2R_a(0)}$时，$r_{M-A}=0$，$r_{O-A}=r_m$。

就声誉 $r=0$ 的审计师而言，此时：

$$\Pi_D^L(OA-MA,\ r)=\Pi_D^L(M-A,\ 0),\Pi_D^w(OA-MA,\ r)=\Pi_D^w(M-A,\ 0)$$

就声誉 $r=r_m$的审计师而言，此时：

$$\Pi_D^L(OA-MA,\ r)=\Pi_D^L(O-A,\ r_m),\Pi_D^w(OA-MA,\ r)=\Pi_D^w(O-A,\ r_m)$$

（2）当 $\dfrac{R_c(f)}{R_c(f)+R_c(0)+2R_a(0)}<P<\dfrac{R_c(f)+R_c(0)+R_a(0)}{R_c(f)+2R_c(0)+2R_a(0)}$时，$r_{M-A}=r_m$，$r_{O-A}=r_m$。

就声誉 $r=r_m$ 的审计师而言，此时：

$$\Pi_D^L(OA-MA,\ r)=$$

$$\left\{L_a(OA-MA,\ f,\ w,\ q):L_a(OA-MA,\ f,\ w,\ q)\geqslant\right.$$

$$\left.\frac{(1-P)}{P}\left[\bar{T}(OA-MA,\ r,\ f)-\frac{(1+r)(k+P-1)+rP}{(1-\delta)(1-P)}R_a(0)\right]\right\}$$

$$\Pi_D^w(OA-MA,\ r)=\left\{w:L_a(OA-MA,\ f,\ w,\ q)\geqslant\right.$$

$$\left.\frac{(1-P)}{P}\left[\bar{T}(OA-MA,\ r,\ f)-\frac{(1+r)(k+P-1)+rP}{(1-\delta)(1-P)}R_a(0)\right]\right\}$$

显然，当 $k+2P>1$ 时，审计师声誉将产生可以替代法律责任的作用，以降低必需的法律责任，同时也会降低必要的审计师财富；当 $k+2P<1$ 时，情况则是相反的。

（3）当 $P<\dfrac{R_c(f)}{R_c(f)+R_c(0)+2R_a(0)}$时，$r_{M-A}=r_m$，$r_{O-A}=0$。

就声誉 $r=0$ 的审计师而言，此时：

$$\Pi_D^L(OA-MA,\ r)=\Pi_D^L(O-A,\ 0),\ \Pi_D^w(OA-MA,\ r)=\Pi_D^w(O-A,\ 0)$$

就声誉 $r=r_m$的审计师而言，此时：

$$\Pi_D^L(OA-MA,\ r)=\Pi_D^L(M-A,\ r_m),\ \Pi_D^w(OA-MA,\ r)=\Pi_D^w(M-A,\ r_m)$$

如果审计师的财富充分大，即 $w \in \Pi_D^w(OA-MA, r)$ 时，则充裕的审计师财富将使法律责任能够得到充分的实施，所以，加大对审计师的法律责任，能有效增强审计师独立性。

如果 $\Pi(OA-MA, r) \neq \varphi$，则审计师法律责任和审计师财富将使得审计师采取合谋策略，此时审计师法律责任和审计师财富解集分别如下。

（1）当 $P > \dfrac{R_c(f)+R_c(0)+R_a(0)}{R_c(f)+2R_c(0)+2R_a(0)}$ 时，$r_{M-A}=0$，$r_{O-A}=r_m$。

就声誉 $r=0$ 的审计师而言，此时：

$$\Pi_{DN}^L(OA-MA, r)=\Pi_{DN}^L(M-A, 0), \Pi_{DN}^w(OA-MA, r)=\Pi_{DN}^w(M-A, 0)$$

就声誉 $r=0$ 的审计师而言，此时：

$$\Pi_{DN}^L(OA-MA, r)=\Pi_{DN}^L(O-A, r_m), \Pi_{DN}^w(OA-MA, r)=\Pi_{DN}^w(O-A, r_m)$$

（2）当 $\dfrac{R_c(f)}{R_c(f)+R_c(0)+2R_a(0)} < P < \dfrac{R_c(f)+R_c(0)+R_a(0)}{R_c(f)+2R_c(0)+2R_a(0)}$ 时，$r_{M-A}=r_m$，$r_{O-A}=r_m$。

就声誉 $r=r_m$ 的审计师而言，此时：

$$\Pi_{DN}^L(OA-MA, r)$$

$$=\left\{L_a(OA-MA, f, w, q): L_a(OA-MA, f, w, q) \leqslant \frac{(1-P)}{P}\left[\bar{T}(OA-MA, r, f)-\frac{(1+r)(k+P-1)+rP}{(1-\delta)(1-P)}R_a(0)\right]\right\}$$

$$\Pi_{DN}^w(OA-MA, r)=\left\{w: L_a(OA-MA, f, w, q) \leqslant \frac{(1-P)}{P}\left[\bar{T}(OA-MA, r, f)-\frac{(1+r)(k+P-1)+rP}{(1-\delta)(1-P)}R_a(0)\right]\right\}$$

（3）当 $P < \dfrac{R_c(f)}{R_c(f)+R_c(0)+2R_a(0)}$ 时，$r_{M-A}=r_m$，$r_{O-A}=0$。

就声誉 $r=r_m$ 的审计师而言，此时：

$$\Pi_{DN}^w(OA-MA, r)=\Pi_{DN}^w(M-A, r_m) \cup \Pi_{DN}^w(O-A, 0),$$
$$\Pi_{DN}^L(OA-MA, r)=\Pi_{DN}^L(M-A, r_m) \cup \Pi_{DN}^L(O-A, 0)$$

如果审计师的财富充分小，即 $w \in \Pi_{DN}^w$（$OA-MA, r$）时，则法律责任由于受审计师财富的限制，不能得到充分的实施，所以，加大对审计师的法律责任，并不能增强审计师独立性。

如果审计市场中存在财富分别是 $w_1 < w_2 < \cdots < w_n$ 的 n 类审计师，存在某个 i，$i \in \{1, 2, \cdots, n\}$，使得 $w_i \in \Pi_{DN}^{w}$（$OA - MA$, r），即 $w_i \notin \Pi_{D}^{w}$（$OA - MA$, r），则 Π（$OA - MA$, r）$\neq \varphi$，该 i 类审计师就会采取合谋策略，于是该类审计师就很快占领 M－A 配置审计市场，但同时，该类审计师就会被 O－A 配置市场所淘汰。只有所有的 i，$i \in \{1, 2, \cdots, n\}$，使得 $w_i \notin \Pi_{DN}^{w}$（$OA - MA$, r），则所有审计师才均会保持独立。

（二）审计师的有过失责任

（1）当 $P > \dfrac{R_c(f) + R_c(0) + R_a(0)}{R_c(f) + 2R_c(0) + 2R_a(0)}$ 时，$r_{M-A} = 0$，$r_{O-A} = r_m$。

就声誉 $r = 0$ 的审计师而言，此时：

$$\Pi_D^L(OA - MA,\ r) = \Pi_D^L(M - A,\ 0)$$
$$\Pi_D^w(OA - MA,\ r) = \Pi_D^w(M - A,\ 0)$$
$$\Pi_D^q(OA - MA,\ r) = \Pi_D^q(M - A,\ 0)$$

就声誉 $r = r_m$ 的审计师而言，此时：

$$\Pi_D^L(OA - MA,\ r) = \Pi_D^L(O - A,\ r_m)$$
$$\Pi_D^w(OA - MA,\ r) = \Pi_D^w(O - A,\ r_m)$$
$$\Pi_D^q(OA - MA,\ r) = \Pi_D^q(O - A,\ r_m)$$

（2）当 $\dfrac{R_c(f)}{R_c(f) + R_c(0) + 2R_a(0)} < P < \dfrac{R_c(f) + R_c(0) + R_a(0)}{R_c(f) + 2R_c(0) + 2R_a(0)}$ 时，$r_{M-A} = r_m$，$r_{O-A} = r_m$。

就声誉 $r = 0$ 和 $r = r_m$ 的审计师而言，此时：

$$\Pi_D^L(OA - MA,\ r) = \Big\{L_a(C,\ f,\ w) : qL_a(OA - MA,\ f,\ w) \geqslant$$
$$\frac{(1-P)}{P}\Big[\bar{T}(OA - MA,\ r,\ f) - \frac{(1+r)(k+P-1) + rP}{(1-\delta)(1-P)}R_a(0)\Big]\Big\}$$

$$\Pi_D^w(OA - MA,\ r) = \Big\{w : qL_a(OA - MA,\ f,\ w) \geqslant$$
$$\frac{(1-P)}{P}\Big[\bar{T}(OA - MA,\ r,\ f) - \frac{(1+r)(k+P-1) + rP}{(1-\delta)(1-P)}R_a(0)\Big]\Big\}$$

$$\Pi_D^q(OA - MA,\ r) = \Big\{q : qL_a(OA - MA,\ f,\ w) \geqslant$$
$$\frac{(1-P)}{P}\Big[\bar{T}(OA - MA,\ r,\ f) - \frac{(1+r)(k+P-1) + rP}{(1-\delta)(1-P)}R_a(0)\Big]\Big\}$$

(3) 当 $P<\dfrac{R_c(f)}{R_c(f)+R_c(0)+2R_a(0)}$时，$r_{M-A}=0$，$r_{O-A}=r_m$。

就声誉 $r=0$ 的审计师而言，此时：

$$\Pi_D^L(OA-MA,\ r)=\Pi_D^L(O-A,\ 0)$$
$$\Pi_D^w(OA-MA,\ r)=\Pi_D^w(O-A,\ 0)$$
$$\Pi_D^q(OA-MA,\ r)=\Pi_D^q(O-A,\ 0)$$

就声誉 $r=r_m$的审计师而言，此时：

$$\Pi_D^L(OA-MA,\ r)=\Pi_D^L(M-A,\ r_m)$$
$$\Pi_D^w(OA-MA,\ r)=\Pi_D^w(M-A,\ r_m)$$
$$\Pi_D^q(OA-MA,\ r)=\Pi_D^q(M-A,\ r_m)$$

如果 Π $(OA-MA,\ r)\neq\varphi$，则审计师法律责任和审计师财富将使得审计师采取合谋策略，此时审计师法律责任、会计准则和审计师财富解集分别如下。

(1) 当 $P>\dfrac{R_c(f)+R_c(0)+R_a(0)}{R_c(f)+2R_c(0)+2R_a(0)}$时，$r_{M-A}=0$，$r_{O-A}=r_m$。

就声誉 $r=0$ 的审计师而言，此时：

$$\Pi_{DN}^L(OA-MA,\ r)=\Pi_{DN}^L(M-A,\ 0)$$
$$\Pi_{DN}^w(OA-MA,\ r)=\Pi_{DN}^w(M-A,\ 0)$$
$$\Pi_{DN}^q(OA-MA,\ r)=\Pi_{DN}^q(M-A,\ 0)$$

就声誉 $r=r_m$的审计师而言，此时：

$$\Pi_{DN}^L(OA-MA,\ r)=\Pi_{DN}^L(O-A,\ r_m)$$
$$\Pi_{DN}^w(OA-MA,\ r)=\Pi_{DN}^w(O-A,\ r_m)$$
$$\Pi_{DN}^q(OA-MA,\ r)=\Pi_{DN}^q(O-A,\ r_m)$$

(2) 当 $\dfrac{R_c(f)}{R_c(f)+R_c(0)+2R_a(0)}<P<\dfrac{R_c(f)+R_c(0)+R_a(0)}{R_c(f)+2R_c(0)+2R_a(0)}$时，$r_{M-A}=r_m$，$r_{O-A}=r_m$。

就声誉 $r=r_m$ 的审计师而言，此时：

$$\Pi_{DN}^L(OA-MA,\ r)=\Big\{L_a(OA-MA,\ f,\ w):qL_a(OA-MA,\ f,\ w)\leqslant$$
$$\frac{(1-P)}{P}\Big[\bar{T}(OA-MA,\ r,\ f)-\frac{(1+r)(k+P-1)+rP}{(1-\delta)(1-P)}R_a(0)\Big]\Big\}$$

$$\Pi_{DN}^{w}(OA-MA,\ r)=\Big\{w:qL_a(OA-MA,\ f,\ w)\leqslant$$

$$\frac{(1-P)}{P}\Big[\overline{T}(OA-MA,\ r,\ f)-\frac{(1+r)(k+P-1)+rP}{(1-\delta)(1-P)}R_a(0)\Big]\Big\}$$

$$\Pi_{DN}^{q}(OA-MA,\ r)=\Big\{q:qL_a(OA-MA,\ f,\ w)\leqslant$$

$$\frac{(1-P)}{P}\Big[\overline{T}(OA-MA,\ r,\ f)-\frac{(1+r)(k+P-1)+rP}{(1-\delta)(1-P)}R_a(0)\Big]\Big\}$$

(3) 当 $P<\dfrac{R_c(f)}{R_c(f)+R_c(0)+2R_a(0)}$时，$r_{M-A}=r_m$，$r_{O-A}=0$。

就声誉 $r=0$ 的审计师而言，此时：

$$\Pi_{DN}^{L}(OA-MA,\ r)=\Pi_{DN}^{L}(O-A,\ 0)$$
$$\Pi_{DN}^{w}(OA-MA,\ r)=\Pi_{DN}^{w}(O-A,\ 0)$$
$$\Pi_{DN}^{q}(OA-MA,\ r)=\Pi_{DN}^{q}(O-A,\ 0)$$

就声誉 $r=r_m$的审计师而言，此时：

$$\Pi_{DN}^{L}(OA-MA,\ r)=\Pi_{DN}^{L}(M-A,\ r_m)$$
$$\Pi_{DN}^{w}(OA-MA,\ r)=\Pi_{DN}^{w}(M-A,\ r_m)$$
$$\Pi_{DN}^{q}(OA-MA,\ r)=\Pi_{DN}^{q}(M-A,\ r_m)$$

显然，以上解集之间的关系为：

$$\Pi_{D}^{L}(OA-MA)\cap\Pi_{DN}^{L}(OA-MA)=\varphi,\ \Pi_{D}^{L}(OA-MA)\cup\Pi_{DN}^{L}(OA-MA)=\Omega(L)$$
$$\Pi_{D}^{w}(OA-MA)\cap\Pi_{DN}^{w}(OA-MA)=\varphi,\ \Pi_{D}^{w}(OA-MA)\cup\Pi_{DN}^{w}(OA-MA)=\Omega(w)$$

九　审计师选聘权 OA－MA 配置、会计监管和审计师独立性

由 Π $(OA-MA,\ r)=\varphi$，得到的 P 的边界条件为：

(1) 当 $P>\dfrac{R_c(f)+R_c(0)+R_a(0)}{R_c(f)+2R_c(0)+2R_a(0)}$时，$r_{M-A}=0$，$r_{O-A}=r_m$。

就声誉 $r=0$ 的审计师而言，此时 $\Pi_{D}^{P}(OA-MA,\ r)=\Pi_{D}^{P}(M-A,\ 0)$。

就声誉 $r=r_m$的审计师而言，此时 $\Pi_{D}^{P}(OA-MA,\ r)=\Pi_{D}^{P}(O-A,\ r_m)$。

(2) 当 $\dfrac{R_c(f)}{R_c(f)+R_c(0)+2R_a(0)}<P<\dfrac{R_c(f)+R_c(0)+R_a(0)}{R_c(f)+2R_c(0)+2R_a(0)}$时，$r_{M-A}=r_m$，$r_{O-A}=r_m$。

就声誉 $r=r_m$ 的审计师而言，此时：

$$\Delta T(OA-MA,\ r,\ f)=\frac{(r+1)R_c(f)}{1-\delta}-\frac{P}{(1-P)}\left[\frac{1+r}{1-\delta}R_c(0)+L_c(f)\right]$$

$$-\frac{P}{(1-P)}\left[L_a(f,\ w,\ q)+(1-k)\frac{rP+(1+r)(P-1)}{(1-\delta)P}R_a(0)+k\frac{2r+1}{(1-\delta)}R_a(0)\right]$$

$$\Delta T(OA-MA,\ r,\ f)=\frac{(r+1)R_c(f)}{1-\delta}-\frac{P}{(1-P)}\left[\frac{1+r}{1-\delta}R_c(0)+L_c(f)\right]$$

$$-\frac{P}{(1-P)}\left[L_a(f,\ w,\ q)+\frac{2rP+P-(1-k)(1+r)}{(1-\delta)P}R_a(0)\right]$$

$$P=\frac{(r_m+1)R_c(f)+(1-k)(1+r_m)R_a(0)}{(r_m+1)R_c(f)+(r_m+1)R_c(0)+(2r_m+1)R_a(0)+(1-\delta)[L_c(f)+L_a(f,\ w,\ q)]}$$

$$\Pi^P(OA-MA,\ r)=$$

$$\left\{P:P\geqslant\frac{(r_m+1)R_c(f)+(1-k)(1+r_m)R_a(0)}{(r_m+1)R_c(f)+(r_m+1)R_c(0)+(2r_m+1)R_a(0)+(1-\delta)[L_c(f)+L_a(f,\ w,\ q)]}\right\}$$

（3）当 $P<\dfrac{R_c(f)}{R_c(f)+R_c(0)+2R_a(0)}$ 时，$r_{M-A}=r_m$，$r_{O-A}=0$。

就声誉 $r=0$ 的审计师而言，此时 $\Pi_D^P(OA-MA,\ r)=\Pi_D^P(O-A,\ 0)$。

就声誉 $r=r_m$ 的审计师而言，此时 $\Pi_D^P(OA-MA,\ r)=\Pi_D^P(M-A,\ r_m)$。

十　审计师选聘权 OA－MA 配置、非审计服务和审计师独立性

由前文知道以下内容。①在审计服务市场中，审计师选聘权配置类型为 O－A、M－A，它们的比例分别为：k、$1-k$。②在非审计服务市场中，非审计服务审计师选聘权配置类型有两种：M－A、O－A。它们的比例分别为：s、$1-s$。因此，审计师在市场中遇到不同类型的概率如下（见表 4－2）。

表 4－2　审计师在市场中遇到不同类型的概率

类型	M－A /M－NA	M－A /M－OA	O－A /M－NA	O－A /O－NA
遇见概率	$(1-k)s$	$(1-k)(1-s)$	ks	$k(1-s)$

由此，得到以下结论。

（1）报告提供者为合谋所愿意支付的最大额外补偿为：

$$\bar{T}(OA-MA/ONA-MNA,\ r,\ f)=$$

$$(1-k)s\overline{T}(M-A/M-NA,\ r,\ f)+(1-k)(1-s)\overline{T}(M-A/O-NA,\ r,\ f)$$
$$+ks\overline{T}(O-A/M-NA,\ r,\ f)+k(1-s)\overline{T}(O-A/O-NA,\ r,\ f)$$
$$\overline{T}(OA-MA/ONA-MNA,\ r,\ f)=\overline{T}(OA-MA,\ r,\ f)+\frac{(s-P+sP)(1+r)}{(1-\delta)(1-P)}(s-P)NA_c$$

（2）审计师合谋所需要的最低额外补偿为：

$$\underline{T}(OA-MA/ONA-MNA,\ r,\ f)=$$
$$(1-k)s\underline{T}(M-A/M-NA,\ r,\ f)+(1-k)(1-s)\underline{T}(M-A/O-NA,\ r,\ f)$$
$$+ks\underline{T}(O-A/M-NA,\ r,\ f)+k(1-s)\underline{T}(O-A/O-NA,\ r,\ f)$$
$$\underline{T}(OA-MA/ONA-MNA,\ r,\ f)=\underline{T}(OA-MA,\ r,\ f)-\frac{(1+r)}{(1-\delta)(1-P)}\times\Delta K\times NA_a$$

其中：

$$\Delta K=(1-k)sK(M-A/M-NA)-(1-k)(1-s)K(M-A/O-NA)$$
$$+ksK(O-A/M-NA)-k(1-s)K(O-A/O-NA)$$

得到：

$$\Delta T(OA-MA/ONA-MNA,\ r,\ f)=$$
$$\overline{T}(OA-MA/ONA-MNA,\ r,\ f)-\underline{T}(OA-MA/ONA-MNA,\ r,\ f)$$
$$=\Delta T(OA-MA,\ r,\ f)+\frac{(1+r)}{(1-\delta)(1-P)}\{(s-P+sP)NA_c-\Delta KNA_a\}$$
$$\frac{\partial[\Delta T(OA-MA/ONA-MNA,\ r,\ f)-\Delta T(OA-MA,\ r,\ f)]}{\partial r}=$$
$$\frac{1}{(1-\delta)(1-P)}\{(s-P+sP)NA_c-\Delta KNA_a\}$$

①当$\frac{s-P+sP}{\Delta K}>\frac{NA_a}{NA_c}$时，$\Delta T(OA-MA/ONA-MNA,\ r,\ f)>\Delta T(OA-MA,\ r,\ f)$。

这说明由现任审计师承担企业的非审计服务，将增强审计师独立性。此时，声誉的引入会强化非审计服务的这种增强作用。

②当$\frac{s-P+sP}{\Delta K}<\frac{NA_a}{NA_c}$时，$\Delta T(OA-MA/ONA-MNA,\ r,\ f)<\Delta T(OA-MA,\ r,\ f)$。

这说明由现任审计师承担企业的非审计服务，将导致审计师独立性的降低。此时，声誉的引入会强化非审计服务的这种降低作用。

第六节　审计师选聘权配置、风险偏好、垄断市场竞争和审计师独立性

一　风险追求和审计师独立性

按照展望理论，风险中性条件下的 $U_a(X, F, r, DN, DN_{-a}) = U_a(X, F, r, D, DN_{-a})$，在审计师处于风险追求状态下将转化为：

$$U_a(X, F, r, DN, DN_{-a}) > U_a(X, F, r, D, DN_{-a})$$

其中，X = M - A，O - A，OA - MA。

由此，我们可以将以上效用函数经过数学处理为风险状态效用函数：

$$U_a^s(X, F, r, D, DN_{-a}) = U_a(X, F, r, D, DN_{-a})$$

$$U_a^s(X, F, r, DN, DN_{-a}) = U_a(X, F, r, DN, DN_{-a}) + \lambda_s(X, \xi, r)$$

其中，ξ 表示对审计师风险态度的影响因素，并满足：

$$\lambda_s(\xi, r) > 0, \frac{\partial \lambda_s(\xi, r)}{\partial \xi} > 0, \frac{\partial \lambda_s(\xi, r)}{\partial r} < 0$$

此时，审计师声誉越高，审计师越趋于进行风险回避。

同理，在风险状态下的审计师合谋的均衡条件为：

$$U_a^s(X, F, r, DN, DN_{-a}) = U_a^s(X, F, r, D, DN_{-a})$$

$$\Delta T^s(X, r, f) = \Delta T(X, r, f) + \frac{\lambda_r(X, \xi, r)}{(1-P)}$$

$$\frac{\partial \Delta T^s(X, r, f)}{\partial \xi} = \frac{1}{(1-P)} \frac{\partial \lambda_s(X, \xi, r)}{\partial \xi} > 0, \frac{\partial \Delta T^s(X, r, f)}{\partial r} = \frac{1}{(1-P)} \frac{\partial \lambda_s(X, \xi, r)}{\partial r} < 0$$

因此，审计师处于风险追求状态时，会导致其合谋动机强化，以降低审计师的独立性。

二　风险回避和审计师独立性

按照展望理论，在风险中性条件下的审计师合谋边界条件为 $U_a(X, F, r, DN, DN_{-a}) = U_a(X, F, r, D, DN_{-a})$，其在风险回避状态下将转化为：

$$U_a(X, F, r, DN, DN_{-a}) < U_a(X, F, r, D, DN_{-a})$$

由此，我们可以将以上效用函数经过数学处理为风险状态效用函数：

$$U_a^{\ h}(X, F, r, DN, DN_{-a}) = U_a(X, F, r, DN, DN_{-a}) - \lambda_h(\xi, r)$$

其中：

$$\lambda_h(\xi, r) > 0, \frac{\partial\lambda_h(X, \xi, r)}{\partial\xi} > 0, \frac{\partial\lambda_h(X, \xi, r)}{\partial r} > 0$$

同理，在风险状态下的审计师合谋的均衡条件为：

$$U_a^{\ h}(X, F, r, DN, DN_{-a}) = U_a^{\ h}(X, F, r, D, DN_{-a})$$

$$\Delta T^h(X, r, f) = \Delta T(X, f) - \frac{\lambda_h(X, \xi, r)}{1 - P}$$

$$\frac{\partial\Delta T^h(X, r, f)}{\partial\xi} = -\frac{1}{1 - P}\frac{\partial\lambda_h(X, \xi, r)}{\partial\xi} < 0$$

$$\frac{\partial\Delta T^h(X, r, f)}{\partial r} = -\frac{1}{1 - P}\frac{\partial\lambda_h(X, \xi, r)}{\partial r} < 0$$

因此，审计师处于风险追求状态时，会导致其合谋动机降低，以增强审计师的独立性。

三　审计师选聘权配置、风险偏好、垄断市场竞争与审计师独立性

类似地，按照展望理论，我们得到以下结论。

（1）在审计师选聘权 M－A 配置下，当 $\xi > 1 - \frac{TR_0}{TR}$，且 $TR > TR_0$ 时，就采取独立审计策略的审计师而言，审计师由于可能失去该项审计业务而进入风险追求状态，进而加速了审计师独立性的降低，且 $\frac{\partial\Delta T^s(M - A, f, r)}{\partial\xi} = \frac{\lambda_s'(M - A, \xi, r)}{(1 - P)} > 0$，所以，$\xi$ 越高，其对审计师独立性降低的加速作用就越大。否则，采取独立审计策略，将不会影响审计师的风险态度。与完全市场竞争条件下的情况不同的是，声誉的引入，将在一定程度上降低审计师的风险追求程度。

（2）在审计师选聘权 O－M 配置下，当 $\xi \geqslant 1 - \frac{TR_0}{TR}$，且 $TR > TR_0$ 时，就采取独立审计策略的审计师而言，审计师由于可以获得该项审计业务收

入而进入风险回避状态，由前面所述可知，它实质上加速了审计师独立性的增强。且$\frac{\partial \Delta T^{h}(O-A, f, r)}{\partial \xi} = -\frac{\lambda_{h}^{'}(O-A, \xi, r)}{1-P} < 0$，则$\xi$越高，其对审计师独立性增强的加速作用就越大。否则，采取独立审计策略，将不会影响审计师的风险态度。与完全市场竞争条件下的情况不同的是，声誉的引入，将在一定程度上强化审计师的风险回避的程度。

（3）在审计师选聘权 OA－MA 配置下，当$\xi > 1 - \frac{TR_0}{TR}$，且$TR > TR_0$时，如果审计师所获得的 M－A 配置下的审计业务期望收益大于 O－A 配置下的审计业务期望收益，则将使得审计师失去该项审计业务而进入风险追求状态，它将导致审计师独立性降低，且$\frac{\partial \Delta T^{s}(OA-MA, f, r)}{\partial \xi} = \frac{\lambda_{s}^{'}(OA-MA, \xi, r)}{(1-P)}$，则$\xi$越高，其对审计师独立性降低的加速作用就越大。反之，如果审计师所获得的 O－A 配置下的期望收益大于 M－A 配置下的期望，则将使得审计师失去该项审计业务而进入风险追求状态，它将使审计师独立性增强，且$\frac{\partial \Delta T^{h}(OA-MA, f, r)}{\partial \xi} = -\frac{\lambda_{h}^{'}(OA-MA, \xi, r)}{(1-P)}$，则$\xi$越高，其对审计师独立性增强的加速作用就越大。与完全市场竞争条件下不同的是，声誉的引入，将在一定程度上强化审计师的风险回避的程度。

（4）非审计服务业务对审计师独立性的影响问题，也可以采取以上方法进行类似的分析，这里不再赘述。

第七节 比较和讨论

一 审计师选聘权 M－A 配置下垄断竞争、完全竞争对审计师独立性影响的比较

审计师选聘权 M－A 配置下垄断竞争、完全竞争对审计师独立性影响的比较见表 4－3。

表 4-3　审计师选聘权 M-A 配置下垄断竞争、完全竞争对审计师独立性影响的比较

指标		垄断竞争条件下审计师选聘权 M-A 配置	完全竞争条件下审计师选聘权 M-A 配置	垄断竞争条件下审计师选聘权 OA-MA 配置
独立性强度	比较	$\Delta T(M-A,r,f)=\frac{(r+1)R_c(f)}{1-\delta}-\frac{P}{(1-P)}\left[\frac{1+r}{1-\delta}R_c(0)+L_c(f)\right]-\frac{P}{(1-P)}\left[L_a(f,w,q)+\frac{rP+(1+r)(P-1)}{(1-\delta)P}R_a(0)\right]$ (1)当 $P>\frac{R_c(f)+R_c(0)+R_a(0)}{R_c(f)+2R_c(0)+2R_a(0)}$ 时，$r^*=0$， $\Pi^*(M-A,r)=\left\{f:\frac{R_c'(f)}{L_a'(f,w,q)+L_c'(f)}=\frac{P}{(1-P)(1-\delta)}\right\}$ $\cap\{f:\max\Delta T(M-A,f)\}\cap\{f:\Delta T(M-A,f)>0\}$ (2)当 $P<\frac{R_c(f)+R_c(0)+R_a(0)}{R_c(f)+2R_c(0)+2R_a(0)}$ 时，$r^*=r_m$， $\Pi^*(M-A,r)=\left\{f:\frac{(1+r_m)R_c'(f)}{L_a'(f,w,q)+L_c'(f)}=\frac{P}{(1-P)(1-\delta)}\right\}$ $\cap\{f:\max\Delta T(M-A,f)\}\cap\{f:\Delta T(M-A,f)>0\}$	$\Delta T(M-A,f)=\frac{R_c(f)}{1-\delta}-\frac{P}{(1-P)}\left[\frac{1}{1-\delta}R_c(0)+L_c(f)\right]-\frac{P}{(1-P)}L_a(f,w,q)+\frac{R_a(0)}{(1-\delta)}$ $\Pi^*(M-A)=$ $\left\{f:\frac{R_c'(f)}{L_a'(f,w,q)+L_c'(f)}=\frac{P}{(1-P)(1-\delta)}\right\}$ $\cap\{f:\max\Delta T(M-A,f)\}\cap\{f:\Delta T(M-A,f)>0\}$	$\Delta T(OA-MA,f)=k\Delta T(O-A,f)+(1-k)\Delta T(M-A,f)$ (1)当 $P>\frac{R_c(f)+R_c(0)+R_a(0)}{R_c(f)+2R_c(0)+2R_a(0)}$（条件 1）时， $\Delta T(OA-MA,r_m,f)=k\Delta T(O-A,r_m,f)$ 或者 $\Delta T(OA-MA,0,f)=(1-k)\Delta T(M-A,0,f)$ (2)当 $\frac{R_c(f)}{R_c(f)+R_c(0)+2R_a(0)}<P<\frac{R_c(f)+R_c(0)+R_a(0)}{R_c(f)+2R_c(0)+2R_a(0)}$（条件 2）时， $\Delta T(OA-MA,r_m,f)=k\Delta T(O-A,r_m,f)+(1-k)\Delta T(M-A,r_m,f)$ (3)当 $P<\frac{R_c(f)}{R_c(f)+R_c(0)+2R_a(0)}$（条件 3）时， $\Delta T(OA-MA,0,f)=k\Delta T(O-A,0,f)$ 或者 $\Delta T(OA-MA,r_m,f)=(1-k)\Delta T(M-A,r_m,f)$
	讨论	1. 在 M-A 配置条件下，审计师声誉的引入会降低审计师独立性 2. 在 OA-MA 配置下，这种对审计师独立性的影响取决于 M-A、O-A 两种配置的比例		

续表

指标		垄断竞争条件下审计师选聘权 M－A 配置	完全竞争条件下审计师选聘权 M－A 配置	垄断竞争条件下审计师选聘权 OA－MA 配置
经济依赖	比较	$\frac{\partial \Delta T(M-A, r, f)}{\partial R_a(0)} = -\frac{(2r+1)P-(1+r)}{(1-\delta)(1-P)}$	$\frac{\partial \Delta T(M-A, f)}{\partial R_a(0)} = \frac{1}{(1-\delta)} > 0$	$\frac{\partial \Delta T(OA-MA, r, f)}{\partial R_a(0)} = \frac{(1+r)(k+P-1)+rP}{(1-P)(1-\delta)}$
	讨论	1. 当 $P < \frac{1}{2}$ 时，审计师声誉的引入将减弱经济依赖导致的审计师独立性降低作用 2. 当 $P > \frac{1}{2}$ 时，审计师声誉的引入将强化经济依赖导致的审计师独立性降低作用 3. 在 OA－MA 配置下，这种对审计师独立性的影响取决于 M－A、O－A 两种配置的比例		
低价承揽	比较	$\frac{\partial \Delta T^H(M-A, r, f)}{\partial {R_a}^H(0)} = -\frac{rP+(1+r)(P-1)}{(1-\delta)(1-P)}$	$\frac{\partial \Delta T^H(M-A, f)}{\partial {R_a}^H(0)} = \frac{1}{(1-\delta)}$	$\frac{\partial \Delta T^H(OA-MA, r, f)}{\partial {R_a}^H(0)} = \frac{(1+r)(k+P-1)+rP}{(1-P)(1-\delta)}$
	讨论	1. 当 $P < \frac{1}{2}$ 时，审计师声誉的引入将减弱低价承揽导致的审计师独立性降低作用 2. 当 $P > \frac{1}{2}$ 时，审计师声誉的引入将会强化低价承揽导致的审计师独立性降低作用 3. 在 OA－MA 配置下，这种对独立性的影响取决于 M－A、O－A 两种配置的比例		
审计收费	比较	$\bar{R}_a(0) = \frac{(1-\delta)P}{(1+r)(P-1)-rP} L_a[f, w, q]$	$\bar{R}_a(0) = \frac{P(1-\delta)}{1-P} L_a[f, w, q]$	$\bar{R}_a(0, r) = \frac{(1-\delta)PL_a(OA-MA, f, w, q)}{(1+r)(1-k-P)-rP}$
	讨论	1. 当 $P < \frac{1}{2}$ 时，审计师声誉的引入将减弱审计收费导致的审计师独立性降低作用 2. 当 $P > \frac{1}{2}$ 时，审计师声誉的引入将强化审计收费导致的审计师独立性降低作用 3. 在 OA－MA 配置下，这种对独立性的影响取决于 M－A、O－A 两种配置的比例		
审计收费占比	比较	$\frac{\partial \Delta T(M-A, r, f)}{\partial \theta} = -\frac{rP+(1+r)(P-1)}{(1-\delta)(1-P)(1+r)}$ $TR_a(0)$	$\frac{\partial \Delta T(M-A, f)}{\partial \theta} = \frac{TR_a(0)}{(1-\delta)} > 0$	—

续表

指标		垄断竞争条件下审计师选聘权 M－A 配置	完全竞争条件下审计师选聘权 M－A 配置	垄断竞争条件下审计师选聘权 OA－MA 配置
审计收费占比	讨论	1. 当 $P<\frac{1}{2}$时，审计师声誉的引入将减弱审计收费比例导致的审计师独立性降低作用 2. 当 $P>\frac{1}{2}$时，审计师声誉的引入将强化审计收费比例导致的审计师独立性降低作用 3. 在 OA－MA 配置下，这种对独立性的影响取决于 M－A、O－A 两种配置的比例		
审计师任期	比较	$\frac{\partial\Delta T(M-A,r,f,T_1,T_2)}{\partial T_1}=\frac{(1+r)\delta^{T_1}\ln\delta}{(1-P)(1-\delta)}\cdot R_a(0)<0$ $\frac{\partial\Delta T(M-A,r,f,T_1,T_2)}{\partial T_2}=\frac{[rP-(1+r)(P-1)]\delta^{T_2}\ln\delta}{(1-P)}$	$\frac{\partial\Delta T(M-A,f,T_1,T_2)}{\partial T_1}=\frac{\delta^{T_1}\ln\delta}{(1-P)(1-\delta)}R_a(0)<0$ $\frac{\partial T\Delta(M-A,f,T_1,T_2)}{\partial T_2}=\frac{-\delta^{T_2}\ln\delta}{(1-\delta)}R_a(0)>0$	$\frac{\partial\Delta T(OA-MA,f,r,T_1,T_2)}{\partial T_1}=\frac{(1+r)(1-k)\delta^{T_1}\ln\delta}{(1-P)(1-\delta)}R_a(0)<0$ $\frac{\partial\Delta T(OA-MA,f,r,T_1,T_2)}{\partial T_2}=\frac{[rP+(1+r)(k+P-1)]\delta^{T_2}\ln\delta}{(1-P)(1-\delta)}R_a(0)$
	讨论	1. 审计师声誉的引入，将加速审计师的 T_1 任期与审计师独立性正向相关作用 2. 当 $P<\frac{1}{2}$时，审计师声誉的引入将减弱 T_2 任期与审计师独立性正向相关作用 3. 当 $P>\frac{1}{2}$时，审计师声誉的引入将强化 T_2 任期与审计师独立性反向相关作用 4. 在 OA－MA 配置下，这种对独立性的影响取决于 M－A、O－A 两种配置的比例		
法律责任	比较	$\Pi_D^L(M-A,r)=\left\{\begin{matrix}L_a(f,w):qL_a(f,w)\geqslant\\\frac{(1-P)}{P}\bar{T}(M-A,f)-\frac{rP+(1+r)(P-1)}{(1-\delta)P}R_a(0)\end{matrix}\right\}$	$\Pi_D^L(M-A)=\left\{\begin{matrix}L_a(f,w):qL_a(f,w)\geqslant\\\frac{(1-P)}{P}\bar{T}(M-A,f)+\frac{(1-P)}{(1-\delta)P}R_a(0)\end{matrix}\right\}$	(1)在条件 1 下， $\Pi_D^L(OA-MA,r)=\Pi_D^L(M-A,0)$或者 $\Pi_D^L(OA-MA,r)=\Pi_D^L(O-A,r_m)$ (2)在条件 2 下，

续表

指标		垄断竞争条件下审计师选聘权 M－A 配置	完全竞争条件下审计师选聘权 M－A 配置	垄断竞争条件下审计师选聘权 OA－MA 配置
法律责任	比较			$\Pi_D^L(OA-MA,r)=\left\{\begin{array}{l}L_a(OA-MA,f,w):qL_a(OA-MA,f,w)\geqslant\\ \frac{(1-P)}{P}\left[\bar{T}(OA-MA,r,f)-\right.\\ \left.\frac{(1+r)(k+P-1)+rP}{(1-\delta)(1-P)}R_a(0)\right]\end{array}\right\}$ (3)在条件 3 下， $\Pi_D^L(OA-MA,r)=\Pi_D^L(O-A,0)$或者 $\Pi_D^L(OA-MA,r)=\Pi_D^L(M-A,r_m)$
	讨论	1. 当 $P<\frac{1}{2}$时，审计师声誉的引入将降低保持审计师独立性的最低法律责任 2. 当 $P>\frac{1}{2}$时，审计师声誉的引入将增大保持审计师独立性的最低法律责任 3. 在 OA－MA 配置下，这种对独立性的影响取决于 M－A、O－A 两种配置的比例		
审计师财富	比较	$\Pi_D^w(M-A,r)=\left\{\begin{array}{l}w:qL_a(f,w)\geqslant\\ \frac{(1-P)}{P}\bar{T}(f)-\frac{rP+(1+r)(P-1)}{(1-\delta)P}R_a(0)\end{array}\right\}$	$\Pi_D^w(M-A)=\left\{\begin{array}{l}w:qL_a(f,w)\geqslant\\ \frac{(1-P)}{P}\bar{T}(M-A,f)+\frac{(1-P)}{(1-\delta)P}R_a(0)\end{array}\right\}$	(1)在条件 1 下， $\Pi_D^w(OA-MA,r)=\Pi_D^w(M-A,0)$或者 $\Pi_D^w(OA-MA,r)=\Pi_D^w(O-A,r_m)$ (2)在条件 2 下，$\Pi_D^w(OA-MA,r)=\left\{\begin{array}{l}w:qL_a(OA-MA,f,w)\geqslant\\ \frac{(1-P)}{P}\left[\bar{T}(OA-MA,r,f)-\right.\\ \left.\frac{(1+r)(k+P-1)+rP}{(1-\delta)(1-P)}R_a(0)\right]\end{array}\right\}$ (3)在条件 3 下，$\Pi_D^w(OA-MA,r)=\Pi_D^w(O-A,0)$或者 $\Pi_D^w(OA-MA,r)=\Pi_D^w(M-A,r_m)$

续表

指标		垄断竞争条件下审计师选聘权 M－A 配置	完全竞争条件下审计师选聘权 M－A 配置	垄断竞争条件下审计师选聘权 OA－MA 配置
审计师财富	讨论	1. 当 $P<\frac{1}{2}$ 时，审计师声誉的引入将降低保持审计师独立性的最低审计师财富 2. 当 $P>\frac{1}{2}$ 时，审计师声誉的引入将增大保持审计师独立性的最低审计师财富 3. 在 OA－MA 配置下，这种对独立性的影响取决于 M－A、O－A 两种配置的比例		
审计准则	比较	$\Pi_D^q(M-A, r) = \left\{ q: qL_a(f, w) \geqslant \frac{(1-P)}{P}\bar{T}(M-A, f) - \frac{rP+(1+r)(P-1)}{(1-\delta)P}R_a(0) \right\}$	$\Pi_D^q(M-A) = \left\{ q: qL_a(f, w) \geqslant \frac{(1-P)}{P}\bar{T}(M-A, f) + \frac{(1-P)}{(1-\delta)P}R_a(0) \right\}$	(1)在条件1下， $\Pi_D^q(OA-MA, r) = \Pi_D^q(M-A, 0)$ 或者 $\Pi_D^q(OA-MA, r) = \Pi_D^q(O-A, r_m)$ (2)在条件2下， $\Pi_D^q(OA-MA, r) = \left\{ q: qL_a(OA-MA, f, w) \geqslant \frac{(1-P)}{P} \left[\bar{T}(OA-MA, r, f) - \frac{(1+r)(k+P-1)+rP}{(1-\delta)(1-P)}R_a(0) \right] \right\}$ (3)在条件3下， $\Pi_D^q(OA-MA, r) = \Pi_D^q(O-A, 0)$ 或者 $\Pi_D^q(OA-MA, r) = \Pi_D^q(M-A, r_m)$
	讨论	1. 当 $P<\frac{1}{2}$ 时，审计师声誉的引入将降低保持审计师独立性的最低审计准则 2. 当 $P>\frac{1}{2}$ 时，审计师声誉的引入将增大保持审计师独立性的最低审计准则 3. 在 OA－MA 配置下，这种对独立性的影响需决于 M－A、O－A 两种配置的比例		

续表

<table>
<tr><th colspan="2">指标</th><th>垄断竞争条件下审计师选聘权 M－A 配置</th><th>完全竞争条件下审计师选聘权 M－A 配置</th><th>垄断竞争条件下审计师选聘权 OA－MA 配置</th></tr>
<tr><td rowspan="2">会计监管</td><td>比较</td><td>$\Pi^P(M-A, r)=\left\{P: P \geqslant \frac{(1+r)R_c(f)+(1+r)R_a(0)}{(1+2r)R_c(0)+R_c(f)+R_a(0)+(1-\delta)[L_a(f, w, q)+L_c(f)]}\right\}$</td><td>$\Pi^P(M-A)=\left\{P: P \geqslant \frac{R_c(f)+R_a(0)}{R_c(0)+R_c(f)+R_a(0)+(1-\delta)[L_a(f, w, q)+L_c(f)]}\right\}$</td><td>(1)在条件 1 下，
$\Pi_D^P(OA-MA, r)=\Pi_D^P(M-A, 0)$或者$\Pi_D^P(OA-MA, r)=\Pi_D^P(O-A, r_m)$
(2)在条件 2 下，
$\Pi^P(OA-MA, r)=\left\{P: P \geqslant \frac{(r_m+1)R_c(f)+(1-k)(1+r_m)R_a(0)}{(r_m+1)R_c(f)+(r_m+1)R_c(0)+(2r_m+1)R_a(0)+(1-\delta)[L_c(f)+L_a(f, w, q)]}\right\}$
(3)在条件 3 下，
$\Pi_D^P(OA-MA, r)=\Pi_D^P(O-A, 0)$或者$\Pi_D^P(OA-MA, r)=\Pi_D^P(M-A, r_m)$</td></tr>
<tr><td>讨论</td><td colspan="3">1. 当$P<\frac{1}{2}$时，审计师声誉的引入将降低保持审计师独立性的最低监管频率
2. 当$P>\frac{1}{2}$时，审计师声誉的引入将增大保持审计师独立性的最低监管频率
3. 在 OA－MA 配置下，这种对独立性的影响取决于 M－A、O－A 两种配置的比例</td></tr>
<tr><td rowspan="2">非审计服务</td><td>比较</td><td>$\Delta T(M-A/M-NA, r, f)=\Delta T(M-A, r, f)+\frac{(r+1)}{(1-P)(1-\delta)}(NA_c+NA_a)$
$\Delta T(M-A/O-NA, r, f)=\Delta T(M-A, r, f)-\frac{(r+1)}{(1-P)(1-\delta)}(PNA_c-NA_a)$</td><td>$\Delta T(M-A/M-NA, f)=\Delta T(M-A, f)+\frac{1}{(1-P)(1-\delta)}(NA_c+NA_a)$
$\Delta T(M-A/O-NA, f)=\Delta T(M-A, f)-\frac{1}{(1-P)(1-\delta)}(PNA_c-NA_a)$</td><td>$\Delta T(OA-MA/ONA-MAN, r, f)=\Delta T(OA-MA, r, f)+\frac{(1+r)}{(1-\delta)(1-P)}\{(s-P+sP)NA_c-\Delta KNA_a\}$</td></tr>
<tr><td>讨论</td><td colspan="3">非审计服务是否影响审计师的独立性取决于非审计服务选聘权的配置状态，与审计师审计选聘权配置无关。但是声誉的引入将对非审计服务的这种作用起到同向的强化作用</td></tr>
</table>

二　审计师选聘权 O－A 配置下垄断竞争、完全竞争对审计师独立性影响的比较

审计师选聘权 O－A 配置下垄断竞争、完全竞争对审计师独立性影响的比较见表 4－4。

表 4－4　审计师选聘权 O－A 配置下垄断竞争、完全竞争对审计师独立性影响的比较

指标		垄断竞争市场下审计师选聘权 O－A 配置	完全竞争市场下审计师选聘权 O－A 配置	垄断竞争市场下审计师选聘权 OA－MA 配置
独立性强度	比较	$\Delta T(O-A, r, f)=\frac{(r+1)R_c(f)}{1-\delta}-\frac{P}{(1-P)}\left[\frac{1+r}{1-\delta}R_c(0)+L_c(f)\right]-\frac{P}{(1-P)}\left[L_a(f, w, q)+\frac{2r+1}{(1-\delta)}R_a(0)\right]$ (1) 当 $P<\frac{R_c(f)}{R_c(f)+R_c(0)+2R_a(0)}$ 时，$r=0$。 $\Pi^*(O-A, r)=\left\{f:\frac{R_c'(f)}{L_a'(f, w, q)+L_c'(f)}=\frac{P}{(1-P)(1-\delta)}\right\}\cap\{f:\max\Delta T(O-A, r, f)\}\cap\{f:\Delta T(O-A, r, f)>0\}$ (2) 当 $P>\frac{R_c(f)}{R_c(f)+R_c(0)+2R_a(0)}$ 时，$r=r_m$。 $\Pi^*(O-A, r)=\left\{f:\frac{(1+r_m)R_c'(f)}{L_a'(f, w, q)+L_c'(f)}=\frac{P}{(1-P)(1-\delta)}\right\}\cap\{f:\max\Delta T(O-A, r, f)\}\cap\{f:\Delta T(O-A, r, f)>0\}$	$\Delta T(O-A, f)=\frac{R_c(f)}{1-\delta}-\frac{P}{(1-P)}\left[\frac{1}{1-\delta}R_c(0)+L_c(f)\right]-\frac{P}{(1-P)}L_a(f, w, q)-\frac{P}{(1-P)(1-\delta)}R_a(0)$ $\Pi^*(O-A)=\left\{f:\frac{R_c'(f)}{L_a'(f, w, q)+L_c'(f)}=\frac{P}{(1-P)(1-\delta)}\right\}\cap\{f:\max\Delta T(O-A, f)\}\cap\{f:\Delta T(O-A, f)>0\}$	$\Delta T(OA-MA, f)=k\Delta T(O-A, f)+(1-k)\Delta T(M-A, f)$ (1) 当 $P>\frac{R_c(f)+R_c(0)+R_a(0)}{R_c(f)+2R_c(0)+2R_a(0)}$（条件 1）时， $\Delta T(OA-MA, r_m, f)=k\Delta T(O-A, r_m, f)$ 或者 $\Delta T(OA-MA, 0, f)=(1-k)\Delta T(M-A, 0, f)$ (2) 当 $\frac{R_c(f)}{R_c(f)+R_c(0)+2R_a(0)}<P<\frac{R_c(f)+R_c(0)+R_a(0)}{R_c(f)+2R_c(0)+2R_a(0)}$（条件 2）时， $\Delta T(OA-MA, r_m, f)=k\Delta T(O-A, r_m, f)+(1-k)\Delta T(M-A, r_m, f)$ (3) 当 $P<\frac{R_c(f)}{R_c(f)+R_c(0)+2R_a(0)}$（条件 3）时， $\Delta T(OA-MA, 0, f)=k\Delta T(O-A, 0, f)$ 或者 $\Delta T(OA-MA, r_m, f)=(1-k)\Delta T(M-A, r_m, f)$
	讨论	1. 在 O－A 配置条件下，审计师声誉的引入，导致审计师独立性的增强 2. 在 OA－MA 配置下，这种对独立性的影响取决于 k 的比例		

续表

指标		垄断竞争市场下审计师选聘权 O - A 配置	完全竞争市场下审计师选聘权 O - A 配置	垄断竞争市场下审计师选聘权 OA - MA 配置
经济依赖	比较	$\frac{\partial \Delta T(O-A, r, f)}{\partial R_a(0)} = -\frac{(2r+1)P}{(1-P)(1-\delta)}$	$\frac{\partial \Delta T(O-A, f)}{\partial R_a(0)} = -\frac{P}{(1-P)(1-\delta)}$	$\frac{\partial \Delta T(OA-MA, r, f)}{\partial R_a(0)} = \frac{(1+r)(k+P-1)+rP}{(1-P)(1-\delta)}$
	讨论	1. 在 O - A 配置条件下，审计师声誉的引入将强化经济依赖增强审计师独立性的作用 2. 在 OA - MA 配置下，这种对独立性的影响取决于 M - A、O - A 两种配置的比例		
低价承揽	比较	$\frac{\partial \Delta T^H(O-A, r, f)}{\partial R_a{}^H(0)} = -\frac{2r+1}{(1-P)(1-\delta)}P < 0$ ［改进了 Cohen Report（1978）结论］	$\frac{\partial \Delta T^H(O-A, f)}{\partial R_a{}^H(0)} = -\frac{P}{(1-P)(1-\delta)}$	$\frac{\partial \Delta T^H(OA-MA, r, f)}{\partial R_a{}^H(0)} = \frac{(1+r)(k+P-1)+rP}{(1-P)(1-\delta)}$
	讨论	1. 在 O - A 配置条件下，审计师声誉的引入将强化低价承揽增强审计师独立性的作用 2. 在混合配置状态下，这种对独立性的影响取决于 M - A、O - A 两种配置的混合比例		
审计收费	比较	$\bar{R}_a(0) < 0$	$\bar{R}_a(0) < 0$	$\bar{R}_a(0, r) = \frac{(1-\delta)PL_a(OA-MA, f, w, q)}{(1+r)(1-k-P)-rP}$
	讨论	1. 在 O - A 配置条件下，审计师声誉的引入将强化审计收费增强审计师独立性的作用 2. 在混合配置状态下，这种对独立性的影响取决于 M - A、O - A 两种配置的混合比例		
审计收费比例	比较	$\frac{\partial \Delta T(O-A, r, f)}{\partial \theta} = -\frac{(2r+1)P}{(1-P)(1-\delta)(1+r)}$ $TR_a(0) < 0$	$\frac{\partial \Delta T(O-A, f)}{\partial \theta} = -\frac{TR_a(0)P}{(1-P)(1-\delta)} < 0$	—
	讨论	1. 在 O - A 配置条件下，审计师声誉的引入将强化审计收费占比增强审计师独立性的作用 2. 在混合配置状态下，这种对独立性的影响取决于 M - A、O - A 两种配置的混合比例		

续表

指标		垄断竞争市场下审计师选聘权 O－A 配置	完全竞争市场下审计师选聘权 O－A 配置	垄断竞争市场下审计师选聘权 OA－MA 配置
审计师任期	比较	$\frac{\partial \Delta T(O-A,f,r,T_1,T_2)}{\partial T_1}=0$ $\frac{\partial \Delta T(O-A,f,r,T_1,T_2)}{\partial T_2}=\frac{(2r+1)P\delta^{T_2}\ln\delta}{(1-P)(1-\delta)}$ $R_a(0)<0$	$\frac{\partial \Delta T(O-A,f,T_1,T_2)}{\partial T_1}=0$ $\frac{\partial \Delta T(O-A,f,T_1,T_2)}{\partial T_2}=\frac{P\delta^{T_2}\ln\delta}{(1-P)(1-\delta)}R_a(0)<0$	$\frac{\partial \Delta T(OA-MA,f,r,T_1,T_2)}{\partial T_1}=$ $\frac{(1+r)(1-k)\delta^{T_1}\ln\delta}{(1-P)(1-\delta)}R_a(0)<0$ $\frac{\partial \Delta T(OA-MA,f,r,T_1,T_2)}{\partial T_2}=$ $\frac{[rP+(1+r)(k+P-1)]\delta^{T_2}\ln\delta}{(1-P)(1-\delta)}R_a(0)$
	讨论	1. 在 O－A 配置条件下，审计师声誉的引入不会对 T_1 任期与审计师独立性关系发生影响 2. 在 O－A 配置条件下，审计师声誉的引入将增强 T_2 任期与审计师独立性之间的相关关系 3. 在混合配置状态下，这种对独立性的影响取决于 M－A、O－A 两种配置的混合比例		
法律责任	比较	$\Pi_D^L(O-A,r)=$ $\left\{L_a(f,w):qL_a(f,w)\geqslant \frac{(1-P)}{P}\bar{T}(O-A,f,r)-\frac{2r+1}{1-\delta}R_a(0)\right\}$	$\Pi_D^L(O-A)=$ $\left\{L_a(f,w):qL_a(f,w)\geqslant \frac{(1-P)}{P}\bar{T}(O-A,f)-\frac{1}{(1-\delta)}R_a(0)\right\}$	(1)在条件 1 下，$\Pi_D^L(OA-MA,r)=\Pi_D^L(M-A,0)$或者 $\Pi_D^L(OA-MA,r)=\Pi_D^L(O-A,r_m)$ (2)在条件 2 下， $\Pi_D^L(OA-MA,r)=$ $\left\{L_a(OA-MA,f,w):qL_a(OA-MA,f,w)\geqslant \frac{(1-P)}{P}\left[\bar{T}(OA-MA,r,f)-\frac{(1+r)(k+P-1)+rP}{(1-\delta)(1-P)}R_a(0)\right]\right\}$ (3)在条件 3 下，$\Pi_D^L(OA-MA,r)=\Pi_D^L(O-A,0)$或者 $\Pi_D^L(OA-MA,r)=\Pi_D^L(M-A,r_m)$
	讨论	在 O－A 配置条件下，审计师声誉的引入将能降低保持审计师独立性的最低法律责任		

续表

指标		垄断竞争市场下审计师选聘权 O－A 配置	完全竞争市场下审计师选聘权 O－A 配置	垄断竞争市场下审计师选聘权 OA－MA 配置
审计师财富	比较	$\Pi_D^w(O-A, r)=\left\{w: qL_a(f, w)\geqslant \frac{(1-P)}{P}\overline{T}(O-A, f, r)-\frac{2r+1}{1-\delta}R_a(0)\right\}$	$\Pi_D^w(O-A)=\left\{w: qL_a(f, w)\geqslant \frac{(1-P)}{P}\overline{T}(O-A, f)-\frac{1}{(1-\delta)}R_a(0)\right\}$	(1)在条件 1 下， $\Pi_D^w(OA-MA, r)=\Pi_D^w(M-A, 0)$ 或者 $\Pi_D^w(OA-MA, r)=\Pi_D^w(O-A, r_m)$ (2)在条件 2 下， $\Pi_D^w(OA-MA, r)=\left\{w: qL_a(OA-MA, f, w)\geqslant \frac{(1-P)}{P}\left[\overline{T}(OA-MA, r, f)-\frac{(1+r)(k+P-1)+rP}{(1-\delta)(1-P)}R_a(0)\right]\right\}$ (3)在条件 3 下， $\Pi_D^w(OA-MA, r)=\Pi_D^w(O-A, 0)$ 或者 $\Pi_D^w(OA-MA, r)=\Pi_D^w(M-A, r_m)$
	讨论	在 O－A 配置条件下，审计师声誉的引入将能降低保持审计师独立性的最低审计师财富		
审计准则	比较	$\Pi_D^q(O-A, r)=\left\{q: qL_a(f, w)\geqslant \frac{(1-P)}{P}\overline{T}(O-A, f, r)-\frac{2r+1}{1-\delta}R_a(0)\right\}$	$\Pi_D^q(O-A)=\left\{q: qL_a(f, w)\geqslant \frac{(1-P)}{P}\overline{T}(O-A, f)-\frac{1}{(1-\delta)}R_a(0)\right\}$	(1)在条件 1 下，$\Pi_D^q(OA-MA, r)=\Pi_D^q(M-A, 0)$或者 $\Pi_D^q(OA-MA, r)=\Pi_D^q(O-A, r_m)$ (2)在条件 2 下， $\Pi_D^q(OA-MA, r)=\left\{q: qL_a(OA-MA, f, w)\geqslant \frac{(1-P)}{P}\left[\overline{T}(OA-MA, r, f)-\frac{(1+r)(k+P-1)+rP}{(1-\delta)(1-P)}R_a(0)\right]\right\}$

续表

指标		垄断竞争市场下审计师选聘权 O－A 配置	完全竞争市场下审计师选聘权 O－A 配置	垄断竞争市场下审计师选聘权 OA－MA 配置
审计准则	比较			(3)在条件3下，$\Pi_D^q(OA-MA, r)=\Pi_D^q(O-A, 0)$或者$\Pi_D^q(OA-MA, r)=\Pi_D^q(M-A, r_m)$
	讨论	在 O－A 配置条件下，审计师声誉的引入将能降低保持审计师独立性的最低审计准则		
会计监管	比较	$\Pi^P(O-A, r)=\left\{P: P\geqslant\frac{(1+r)R_c(f)}{(1+r)[R_c(f)+R_c(0)]+(1+2r)R_a(0)+(1-\delta)[L_a(f, w, q)+L_c(f)]}\right\}$	$\Pi^P(O-A)=\left\{P: P\geqslant\frac{R_c(f)}{R_c(f)+R_c(0)+R_a(0)+(1-\delta)[L_a(f, w, q)+L_c(f)]}\right\}$	(1)在条件1下，$\Pi_D^P(OA-MA, r)=\Pi_D^P(M-A, 0)$或者$\Pi_D^P(OA-MA, r)=\Pi_D^P(O-A, r_m)$ (2)在条件2下， $\Pi^P(OA-MA, r)=\left\{P: P\geqslant\frac{(r_m+1)R_c(f)+(1-k)(1+r_m)R_a(0)}{(r_m+1)R_c(f)+(r_m+1)R_c(0)+(2r_m+1)R_a(0)+(1-\delta)[L_c(f)+L_a(f, w, q)]}\right\}$ (3)在条件3下，$\Pi_D^P(OA-MA, r)=\Pi_D^P(O-A, 0)$或者$\Pi_D^P(OA-MA, r)=\Pi_D^P(M-A, r_m)$
	讨论	在 O－A 配置条件下，审计师声誉的引入将能降低保持审计师独立性的最低会计监管频率		
非审计服务	比较	$\Delta T(O-A/M-NA, r, f)=\Delta T(O-A, r, f)+\frac{(r+1)}{(1-P)(1-\delta)}NA_c$ $\Delta T(O-A/O-NA, r, f)=\Delta T(O-A, r, f)-\frac{(r+1)P}{(1-P)(1-\delta)}(NA_c+NA_a)$	$\Delta T(O-A/M-NA, f)=\Delta T(O-A, f)+\frac{1}{(1-P)(1-\delta)}NA_c$ $\Delta T(O-A/O-NA, f)$ $=\Delta T(O-A, f)-\frac{P}{(1-P)(1-\delta)}(NA_c+NA_a)$	$\Delta T(OA-MA/ONA-MNA, r, f)=\Delta T(OA-MA, r, f)+\frac{(1+r)}{(1-\delta)(1-P)}\{(s-P+sP)NA_c-\Delta KNA_a\}$
	讨论	非审计服务是否影响审计师的独立性取决于非审计服务选聘权的配置状态，与审计师选聘权配置无关。但是声誉的引入将对非审计服务的这种作用起到同向的强化作用		

三　垄断竞争下审计师选聘权 O－A 配置、M－A 配置对审计师独立性影响的比较

垄断竞争下审计师选聘权 O－A 配置、M－A 配置对审计师独立性影响的比较见表 4－5。

表 4－5　垄断竞争下审计师选聘权 O－A 配置、M－A 配置对审计师独立性影响的比较

指标		审计师选聘权 M－A 配置	审计师选聘权 O－A 配置	审计师选聘权 OA－MA 配置
独立性强度	比较	$\Delta T(M-A,r,f)=\frac{(r+1)R_c(f)}{1-\delta}-\frac{P}{(1-P)}\left[\frac{1+r}{1-\delta}R_c(0)+L_c(f)\right]-\frac{P}{(1-P)}\left[L_a(f,w,q)+\frac{rP+(1+r)(P-1)}{(1-\delta)P}R_a(0)\right]$ （1）当 $P>\frac{R_c(f)+R_c(0)+R_a(0)}{R_c(f)+2R_c(0)+2R_a(0)}$ 时，$r^*=0$， $\Pi^*(M-A,r)=$ $\left\{f:\frac{R_c'(f)}{L_a'(f,w,q)+L_c'(f)}=\frac{P}{(1-P)(1-\delta)}\right\}$ $\cap\{f:\max\Delta T(M-A,f)\}\cap\{f:\Delta T(M-A,f)>0\}$ （2）当 $P<\frac{R_c(f)+R_c(0)+R_a(0)}{R_c(f)+2R_c(0)+2R_a(0)}$ 时， $r^*=r_m$， $\Pi^*(M-A,r)=$ $\left\{f:\frac{(1+r_m)R_c'(f)}{L_a'(f,w,q)+L_c'(f)}=\frac{P}{(1-P)(1-\delta)}\right\}$ $\cap\{f:\max\Delta T(M-A,f)\}\cap\{f:\Delta T(M-A,f)>0\}$	$\Delta T(O-A,r,f)$ $=\frac{(r+1)R_c(f)}{1-\delta}-\frac{P}{(1-P)}\left[\frac{1+r}{1-\delta}R_c(0)+L_c(f)\right]$ $-\frac{P}{(1-P)}\left[L_a(f,w,q)+\frac{2r+1}{(1-\delta)}R_a(0)\right]$ （1）当 $P<\frac{R_c(f)}{R_c(f)+R_c(0)+2R_a(0)}$ 时，$r=0$。 $\Pi^*(O-A,r)=$ $\left\{f:\frac{R_c'(f)}{L_a'(f,w,q)+L_c'(f)}=\frac{P}{(1-P)(1-\delta)}\right\}$ $\cap\{f:\max\Delta T(O-A,r,f)\}\cap\{f:\Delta T(O-A,r,f)>0\}$ （2）当 $P>\frac{R_c(f)}{R_c(f)+R_c(0)+2R_a(0)}$ 时，$r=r_m$。 $\Pi^*(O-A,r)=$ $\left\{f:\frac{(1+r_m)R_c'(f)}{L_a'(f,w,q)+L_c'(f)}=\frac{P}{(1-P)(1-\delta)}\right\}$ $\cap\{f:\max\Delta T(O-A,r,f)\}\cap\{f:\Delta T(O-A,r,f)>0\}$	$\Delta T(OA-MA,f)=k\Delta T(O-A,f)+(1-k)\Delta T(M-A,f)$ （1）当 $P>\frac{R_c(f)+R_c(0)+R_a(0)}{R_c(f)+2R_c(0)+2R_a(0)}$（条件 1）时， $\Delta T(OA-MA,r_m,f)=k\Delta T(O-A,r_m,f)$ 或者 $\Delta T(OA-MA,0,f)=(1-k)\Delta T(M-A,0,f)$ （2）当 $\frac{R_c(f)}{R_c(f)+R_c(0)+2R_a(0)}<P<\frac{R_c(f)+R_c(0)+R_a(0)}{R_c(f)+2R_c(0)+2R_a(0)}$（条件 2）时， $\Delta T(OA-MA,r_m,f)=k\Delta T(O-A,r_m,f)+(1-k)\Delta T(M-A,r_m,f)$ （3）当 $P<\frac{R_c(f)}{R_c(f)+R_c(0)+2R_a(0)}$（条件 3）时，$\Delta T(OA-MA,0,f)=k\Delta T(O-A,0,f)$ 或者 $\Delta T(OA-MA,r_m,f)=(1-k)\Delta T(M-A,r_m,f)$
	讨论	1. 审计师选聘权 M－A 配置下的审计师独立性要低于审计师选聘权 O－A 配置下的审计师独立性，审计师独立性声誉的引入将加剧审计师选聘权对审计师独立性的这种影响		

续表

指标		审计师选聘权 M－A 配置	审计师选聘权 O－A 配置	审计师选聘权 OA－MA 配置
独立性强度	讨论	2. 在 OA－MA 配置下，这种对审计师独立性的影响取决于 M－A 配置和 O－A 配置的比例 3. 当满足条件 1 时，如果 $R_c''(f) > L_a''(f, w, q) + L''_c(f)$，则在 M－A 配置下的会计信息虚报程度比 O－A 配置下的虚报程度小；反之，则较大 4. 当满足条件 2 时，两种配置下的会计信息虚报程度相同 5. 当满足条件 3 时，如果 $R_c''(f) > L_a''(f, w, q) + L_c''(f)$，则在 O－A 配置下的会计信息虚报程度比 M－A 配置下的虚报程度小；反之，则较大 6. $R_c''(f)$，$L_a''(f, w, q) + L_c''(f)$之间的关系取决于法律责任制度的设计		
经济依赖	比较	$\frac{\partial \Delta T(M-A, r, f)}{\partial R_a(0)} = -\frac{rP + (1+r)(P-1)}{(1-\delta)(1-P)}$	$\frac{\partial \Delta T(O-A, r, f)}{\partial R_a(0)} = -\frac{(2r+1)P}{(1-P)(1-\delta)}$	$\frac{\partial \Delta T(OA-MA, r, f)}{\partial R_a(0)} = \frac{(1+r)(k+P-1)+rP}{(1-P)(1-\delta)}$
	讨论	1. 当 $r > \frac{1-P}{2P-1}$时，在不同的 M－A、O－A 配置下，经济依赖对审计师独立性的影响作用相同，均能增强审计师的独立性，只是增强的程度不同，声誉越高，其程度差异越大 2. 当 $r < \frac{1-P}{2P-1}$时，在不同的 M－A、O－A 配置下，经济依赖对审计师独立性的影响作用相反：在 M－A 配置下，经济依赖将降低审计师独立性；在 O－A 配置下，经济依赖将增强审计师独立性。声誉越高，其程度差异越大 3. 在 OA－MA 配置下，这种对审计师独立性的影响取决于 M－A 配置和 O－A 配置的比例		
低价承揽	比较	$\frac{\partial \Delta T^H(M-A, r, f)}{\partial R_a{}^H(0)} = -\frac{rP + (1+r)(P-1)}{(1-\delta)(1-P)}$	$\frac{\partial \Delta T^H(O-A, r, f)}{\partial R_a{}^H(0)} = -\frac{2r+1}{(1-P)(1-\delta)}P < 0$ ［丰富了 Lee, Gu（1998）的研究］	$\frac{\partial \Delta T^H(OA-MA, r, f)}{\partial R_a{}^H(0)} = \frac{(1+r)(k+P-1)+rP}{(1-P)(1-\delta)}$
	讨论	1. 当 $r > \frac{1-P}{2P-1}$时，在不同的 M－A、O－A 配置下，低价承揽对审计师独立性的影响作用相同，均能增强审计师的独立性，只是增强的程度不同，声誉越高，其程度差异越大 2. 当 $r < \frac{1-P}{2P-1}$时，在不同的 M－A、O－A 配置下，低价承揽对审计师独立性的影响作用相反：在 M－A 配置下，低价承揽将降低审计师独立性；在 O－A 配置下，低价承揽将增强审计师独立性。声誉越高，其程度差异越大 3. 在 OA－MA 配置下，这种对审计师独立性的影响取决于 M－A 配置和 O－A 配置的比例		

续表

指标		审计师选聘权 M－A 配置	审计师选聘权 O－A 配置	审计师选聘权 OA－MA 配置
审计收费	比较	$\bar{R}_a(0)=\frac{(1-\delta)P}{(1+r)(P-1)-rP}L_a[f, w, q]$	$\bar{R}_a(0)<0$	$\bar{R}_a(0, r)=\frac{(1-\delta)PL_a(OA-MA, f, w, q)}{(1+r)(1-k-P)-rP}$
	讨论	1. 当 $r>\frac{1-P}{2P-1}$ 时，在不同的 M－A、O－A 配置下，审计收费对审计师独立性的影响作用相同，即管理者不能仅凭借市场审计收费出价找到合谋的审计师 2. 当 $r<\frac{1-P}{2P-1}$ 时，在不同的 M－A、O－A 配置下，审计收费对审计师独立性的影响作用相反：在 M－A 配置下，管理者仅凭借市场审计收费出价找到合谋的审计师；在 O－A 配置下，管理者不能仅凭借市场审计收费出价找到合谋的审计师 3. 在 OA－MA 配置下，这种对审计师独立性的影响取决于 M－A 配置和 O－A 配置的比例		
审计收费比例	比较	$\frac{\partial\Delta T(M-A, r, f)}{\partial\theta}=-\frac{rP+(1+r)(P-1)}{(1-\delta)(1-P)(1+r)}$ $TR_a(0)$	$\frac{\partial\Delta T(O-A, r, f)}{\partial\theta}=-\frac{(2r+1)P}{(1-P)(1-\delta)(1+r)}TR_a$ $(0)<0$	$\frac{\partial\Delta T^r(OA-MA, r, f)}{\partial\xi}=$ $\left[\frac{k}{(1-P)}+(1-k)\right]\frac{\partial\lambda_r(\xi, r)}{\partial\xi}$ 或者 $\frac{\partial\Delta T^h(OA-MA, r, f)}{\partial\xi}=$ $-\left[\frac{k}{(1-P)}+(1-k)\right]\frac{\partial\lambda_h(\xi, r)}{\partial\xi}$
	讨论	1. 当 $r>\frac{1-P}{2P-1}$ 时，在不同的 M－A、O－A 配置下，审计收费比例对审计师独立性的影响作用相同，均能增强审计师的独立性，只是增强的程度不同，声誉越高，其程度差异越大 2. 当 $r<\frac{1-P}{2P-1}$ 时，在不同的 M－A、O－A 配置下，审计收费比例对审计师独立性的影响作用相反：在 M－A 配置下，审计收费比例将降低审计师独立性；在 O－A 配置下，审计收费比例将增强审计师独立性。声誉越高，其程度差异越大 3. 在 OA－MA 配置下，这种对审计师独立性的影响取决于 M－A 配置和 O－A 配置的比例		

续表

指标		审计师选聘权 M－A 配置	审计师选聘权 O－A 配置	审计师选聘权 OA－MA 配置
审计师任期	比较	$\frac{\partial \Delta T(M-A, r, f, T_1, T_2)}{\partial T_1}=\frac{(1+r)\delta^{T_1}\ln\delta}{(1-P)(1-\delta)}R_a(0)<0$ $\frac{\partial \Delta T(M-A, r, f, T_1, T_2)}{\partial T_2}=\frac{[rP-(1+r)(P-1)]\delta^{T_2}\ln\delta}{(1-P)}$	$\frac{\partial \Delta T(O-A, f, r, T_1, T_2)}{\partial T_1}=0$ $\frac{\partial \Delta T(O-A, f, r, T_1, T_2)}{\partial T_2}=\frac{(2r+1)P\delta^{T_2}\ln\delta}{(1-P)(1-\delta)}R_a(0)<0$	$\frac{\partial \Delta T(OA-MA, f, r, T_1, T_2)}{\partial T_1}=\frac{(1+r)(1-k)\delta^{T_1}\ln\delta}{(1-P)(1-\delta)}R_a(0)<0$ $\frac{\partial \Delta T(OA-MA, f, r, T_1, T_2)}{\partial T_2}=\frac{[rP+(1+r)(k+P-1)]\delta^{T_2}\ln\delta}{(1-P)(1-\delta)}R_a(0)$
	讨论	1. 在 M－A 配置下，审计师的 T_1 任期增加将导致审计师独立性增强；在 O－A 配置下，审计师的 T_1 任期对审计师独立性无影响 2. 当 $r>\frac{1-P}{2P-1}$时，在不同的 M－A、O－A 配置下，T_2 任期对审计师独立性的影响作用相同，均能增强审计师的独立性，只是增强的程度不同，声誉越高，其程度差异越大 3. 当 $r<\frac{1-P}{2P-1}$时，在不同的 M－A、O－A 选聘权配置下，T_2 任期对审计师独立性的影响作用相反：在 M－A 配置下，T_2 任期将降低审计师独立性；在 O－A 配置下，T_2 任期将增强审计师独立性。声誉越高，其程度差异越大 4. 在 OA－MA 配置下，这种对审计师独立性的影响取决于 M－A 配置和 O－A 配置的比例		
法律责任	比较	$\Pi_D^L(M-A, r)=\left\{L_a(f, w):qL_a(f, w)\geqslant\frac{(1-P)}{P}\bar{T}(M-A, f)-\frac{rP+(1+r)(P-1)}{(1-\delta)P}R_a(0)\right\}$	$\Pi_D^L(O-A, r)=\left\{L_a(f, w):qL_a(f, w)\geqslant\frac{(1-P)}{P}\bar{T}(O-A, f, r)-\frac{2r+1}{1-\delta}R_a(0)\right\}$	(1) 在条件 1 下，$\Pi_D^L(OA-MA, r)=\Pi_D^L(M-A, 0)$或者 $\Pi_D^L(OA-MA, r)=\Pi_D^L(O-A, r_m)$ (2) 在条件 2 下， $\Pi_D^L(OA-MA, r)=\left\{L_a(OA-MA, f, w):qL_a(OA-MA, f, w)\geqslant\frac{(1-P)}{P}\left[\bar{T}(OA-MA, r, f)-\frac{(1+r)(k+P-1)+rP}{(1-\delta)(1-P)}R_a(0)\right]\right\}$

续表

指标		审计师选聘权 M－A 配置	审计师选聘权 O－A 配置	审计师选聘权 OA－MA 配置
法律责任	比较			（3）在条件 3 下，$\Pi_D^L(OA-MA, r)=\Pi_D^L(O-A, 0)$或者 $\Pi_D^L(OA-MA, r)=\Pi_D^L(M-A, r_m)$
	讨论	1. 在 M－A、O－A、OA－MA 配置下，使得审计师保持独立性的法律责任大小的排列次序为：$\Pi_D^L(O-A, r)\supset\Pi_D^L(OA-MA, r)\supset\Pi_D^L(M-A, r)$ 2. 相对于 M－A 配置，审计师选聘权 O－A 配置能降低保持审计师独立性的最低法律责任		
审计师财富	比较	$\Pi_D^w(M-A, r)=$ $\left\{\begin{array}{l} w: qL_a(f, w)\geqslant \\ \frac{(1-P)}{P}\bar{T}(f)-\frac{rP+(1+r)(P-1)}{(1-\delta)P}R_a(0)\end{array}\right\}$	$\Pi_D^w(O-A, r)=$ $\left\{\begin{array}{l} w: qL_a(f, w)\geqslant \\ \frac{(1-P)}{P}\bar{T}(O-A, f, r)-\frac{2r+1}{1-\delta}R_a(0)\end{array}\right\}$	（1）在条件 1 下， $\Pi_D^w(OA-MA, r)=\Pi_D^w(M-A, 0)$或者 $\Pi_D^w(OA-MA, r)=\Pi_D^w(O-A, r_m)$ （2）在条件 2 下， $\Pi_D^w(OA-MA, r)=$ $\left\{\begin{array}{l} w: qL_a(OA-MA, f, w)\geqslant \\ \frac{(1-P)}{P}\left[\bar{T}(OA-MA, r, f)-\frac{(1+r)(k+P-1)+rP}{(1-\delta)(1-P)}R_a(0)\right]\end{array}\right\}$ （3）在条件 3 下，$\Pi_D^w(OA-MA, r)=\Pi_D^w(O-A, 0)$或者 $\Pi_D^w(OA-MA, r)=\Pi_D^w(M-A, r_m)$
	讨论	1. 在 M－A、O－A、OA－MA 配置下，使得审计师保持独立性的审计师财富的排列次序为：$\Pi_D^w(O-A, r)\supset\Pi_D^w(OA-MA, r)\supset\Pi_D^w(M-A, r)$ 2. 相对于 M－A 配置，审计师选聘权 O－A 配置能降低保持审计师独立性的最低审计师财富		
审计准则	比较	$\Pi_D^q(M-A, r)=$ $\left\{\begin{array}{l} q: qL_a(f, w)\geqslant\frac{(1-P)}{P}\bar{T}(M-A, f)- \\ \frac{rP+(1+r)(P-1)}{(1-\delta)P}R_a(0)\end{array}\right\}$	$\Pi_D^q(O-A, r)=$ $\left\{\begin{array}{l} q: qL_a(f, w)\geqslant \\ \frac{(1-P)}{P}\bar{T}(O-A, f, r)-\frac{2r+1}{1-\delta}R_a(0)\end{array}\right\}$	（1）在条件 1 下， $\Pi_D^q(OA-MA, r)=\Pi_D^q(M-A, 0)$或者 $\Pi_D^q(OA-MA, r)=\Pi_D^q(O-A, r_m)$

续表

指标		审计师选聘权 M－A 配置	审计师选聘权 O－A 配置	审计师选聘权 OA－MA 配置
审计准则	比较			（2）在条件 2 下， $\Pi_D^q(OA-MA,\ r)=$ $\left\{q: qL_a(OA-MA,\ f,\ w)\geqslant \frac{(1-P)}{P}\left[\bar{T}(OA-MA,\ r,\ f)-\frac{(1+r)(k+P-1)+rP}{(1-\delta)(1-P)}R_a(0)\right]\right\}$ （3）在条件 3 下，$\Pi_D^q(OA-MA,\ r)=\Pi_D^q(O-A,\ 0)$或者 $\Pi_D^q(OA-MA,\ r)=\Pi_D^q(M-A,\ r_m)$
	讨论	1. 在 M－A、O－A、OA－MA 配置下，使得审计师保持独立性的审计准则的排列次序为：$\Pi_D^q(O-A,\ r)\supset\Pi_D^q(OA-MA,\ r)\supset\Pi_D^q(M-A,\ r)$ 2. 相对于 M－A 配置，审计师选聘权 O－A 配置能降低保持审计师独立性的最低审计准则		
会计监管	比较	$\Pi^P(M-A,\ r)=$ $\left\{P: P\geqslant \frac{(1+r)R_c(f)+(1+r)R_a(0)}{(1+2r)R_c(0)+R_c(f)+R_a(0)+(1-\delta)[L_a(f,\ w,\ q)+L_c(f)]}\right\}$	$\Pi^P(O-A,\ r)=$ $\left\{P: P\geqslant \frac{(1+r)R_c(f)}{(1+r)[R_c(f)+R_c(0)]+(1+2r)R_a(0)+(1-\delta)[L_a(f,\ w,\ q)+L_c(f)]}\right\}$	（1）在条件 1 下， $\Pi_D^P(OA-MA,\ r)=\Pi_D^P(M-A,\ 0)$或者 $\Pi_D^P(OA-MA,\ r)=\Pi_D^P(O-A,\ r_m)$ （2）在条件 2 下， $\Pi^P(OA-MA,\ r)=$ $\left\{P: P\geqslant \frac{(r_m+1)R_c(f)+(1-k)(1+r_m)R_a(0)}{(r_m+1)R_c(f)+(r_m+1)R_c(0)+(2r_m+1)R_a(0)+(1-\delta)[L_c(f)+L_a(f,\ w,\ q)]}\right\}$ （3）在条件 3 下， $\Pi_D^P(OA-MA,\ r)=\Pi_D^P(O-A,\ 0)$或者 $\Pi_D^P(OA-MA,\ r)=\Pi_D^P(M-A,\ r_m)$
	讨论	1. 在 M－A、O－A、OA－MA 配置下，使得审计师保持独立性的会计监管频率的排列次序为：$\Pi_D^P(O-A,\ r)\supset\Pi_D^P(OA-MA,\ r)\supset\Pi_D^P(M-A,\ r)$ 2. 相对于 M－A 配置，审计师选聘权 O－A 配置能降低保持审计师独立性的最低监管频率		

续表

<table>
<tr><th colspan="2">指标</th><th>审计师选聘权 M－A 配置</th><th>审计师选聘权 O－A 配置</th><th>审计师选聘权 OA－MA 配置</th></tr>
<tr><td rowspan="2">非审计服务</td><td>比较</td><td>$\Delta T(M-A/M-NA,\ r,\ f)=\Delta T(M-A,\ r,\ f)+\frac{(r+1)}{(1-P)(1-\delta)}(NA_c+NA_a)$
$\Delta T(M-A/O-NA,\ r,\ f)=\Delta T(M-A,\ r,\ f)-\frac{(r+1)}{(1-P)(1-\delta)}(PNA_c-NA_a)$</td><td>$\Delta T(O-A/M-NA,\ r,\ f)=\Delta T(O-A,\ r,\ f)+\frac{(r+1)}{(1-P)(1-\delta)}NA_c$
$\Delta T(O-A/O-NA,\ r,\ f)=\Delta T(O-A,\ r,\ f)-\frac{(r+1)P}{(1-P)(1-\delta)}(NA_c+NA_a)$</td><td>$\Delta T(OA-MA/ONA-MNA,\ r,\ f)=\Delta T(OA-MA,\ r,\ f)+\frac{(1+r)}{(1-\delta)(1-P)}\{(s-P+sP)NA_c-\Delta KNA_a\}$</td></tr>
<tr><td>讨论</td><td colspan="3">1. 非审计服务是否影响审计师的独立性取决于非审计服务选聘权的配置状态，与审计师审计选聘权配置无关
（1）当非审计服务选聘权配置给报告提供者时，非审计服务将降低审计师的独立性
（2）当非审计服务选聘权配置给报告使用者时，非审计服务具有增强审计师独立性的作用
（3）声誉的引入使得以上作用得到强化
2. 在不同的 M－A、O－A 配置下，非审计服务对审计师独立性的影响程度是不同的
（1）当非审计服务选聘权配置给报告提供者时，在 M－A 配置下的非审计服务降低审计师的独立性的作用要大于在 O－A 配置下的降低作用
（2）当非审计服务选聘权配置给报告使用者时，在 M－A 配置下的非审计服务增强审计师的独立性的作用要小于 O－A 配置下的增强作用。
（3）声誉的引入使得以上作用差异得到强化
3. 在 OA－MA 配置下，这种对审计师独立性的影响取决于 M－A 配置和 O－A 配置的比例</td></tr>
</table>

第八节　本章的结论性评述

本章以垄断竞争审计市场为条件，论述了在完整审计师选聘权配置情况下审计师的独立性问题。本章的论述是在上一章的基础上，引入审计师声誉，以形成一个垄断竞争审计市场，为审计师选聘权与审计师独立性关系的直观逻辑判断和实验结论在理论上提供一个分析性证明。总的结论是，与上一章不同的是，在引入审计师声誉以后，原来我们在上一章所得到的结论发生了改变，其原因在于审计师声誉在审计师独立性中产生了一种与其他各种相关因素协同的作用，在不同的情况下，这种协同作用既可能是同向的协同作用，也可能是反向的协同作用。

（1）在审计师选聘权 M－A 配置下，会计报告提供者显然会利用其掌握的选聘权来影响审计师的独立性，而这种影响在审计师之间的审计竞争博弈中继续得到发挥和被强化。但是与完全市场竞争状况不同的是，审计师声誉的引入，可以在一定条件下、一定程度上弥补由于审计师选聘权配置所导致的审计师独立性的降低，这使得在审计师选聘权 M－A 配置下的审计师独立性表现出与审计师选聘权 M－A 配置下的特征，即经济依赖（审计师放弃）、低价承揽、审计收费、审计师任期、非审计服务等表现出具有增强独立性的作用。

需要引起注意的是，审计师声誉的引入可能发生相反的作用。在一定条件下，审计师声誉会在一定程度上加速由于审计师选聘权配置所导致的审计师独立性降低，即经济依赖（审计师放弃）、低价承揽、审计收费、审计师任期、非审计服务等表现出比完全市场竞争状况下更强的降低独立性的作用。

（2）在审计师选聘权 O－A 配置下，会计报告使用者显然会利用其掌握的选聘权，选择符合自身利益的具有独立性的审计师。但是与完全市场竞争状况不同的是，由于审计师声誉的引入，会计报告使用者在与代理人和审计师之间的委托代理博弈中占主导地位会在竞争中得到进一步的强化，即经济依赖（审计师放弃）、低价承揽、审计收费、审计师任期、非审计服务等表现出比完全市场竞争状况下更强的增强独立性的作用。

（3）在一个 M－A、O－A 混合配置的状态，审计师声誉的引入在一定的条件下，具有增强审计师独立性的作用，但是，在另外条件下，审计师声誉的引入会导致审计师独立性降低，因此，经济依赖（审计师放弃）、低价承揽、审计收费、审计师任期、非审计服务等是否会导致群体审计师独立性的降低，需要看在审计市场中两种选聘权配置各自所占的比例、审计师的声誉分布状况、对审计师的监管等因素的综合作用情况。

第五章
审计师选聘权配置、寡头垄断竞争和审计师独立性

第一节 引言

寡头垄断是现实审计市场中一个重要的现象。寡头市场是指少数事务所控制几乎整个审计市场的一种市场组织形式。在美国，审计行业被认为具备典型的垄断或者寡头垄断的特征（Bandyopadhyay，Kao，2001）。其形成寡头市场的主要原因在于委托者对审计品质的追求和对事务所风险赔偿能力的偏好。

分析寡头事务所的均衡是一个复杂的问题。因为寡头审计师在做出各项决策时都要考虑其竞争对手的反应，并且知道这些决策者也会使其权衡这些决策者决策时的反应，即每个决策均涉及反应——一个动态的、不断演进的过程。因此，寡头垄断市场均衡实际上是一个形成 Nash 均衡的博弈过程，实现其均衡的条件是在给定其他市场参与者以行为策略后，各事务所采取它能采取的最好策略。

第二节 模型的建立

一 寡头垄断审计市场的基本特征和假设

按照寡头垄断市场的基本特征，我们可以对寡头垄断竞争审计市场做出以下假设。

（1）在寡头垄断审计市场中，存在两个寡头审计师。

（2）寡头审计师已经形成了良好的声誉，且两个寡头的声誉程度是相

同的，全部为 r_o。

（3）将审计师声誉 r_o 标准化为 $0 \leqslant r_o \leqslant 1$，$r_o = 0$ 表示声誉最低，$r_o = 1$ 表示声誉最高。

（4）初始博弈策略：为便于考察审计师独立性的变化，审计师在博弈的初始阶段均采取独立策略。

（5）完全信息：博弈参与人对所有其他参与人的特征、策略空间以及支付函数具有准确的认识。

二　寡头垄断市场竞争下的动态博弈过程及其均衡

我们采用博弈扩展式来描述独立审计的动态博弈过程及其均衡（如图 5－1 所示）。

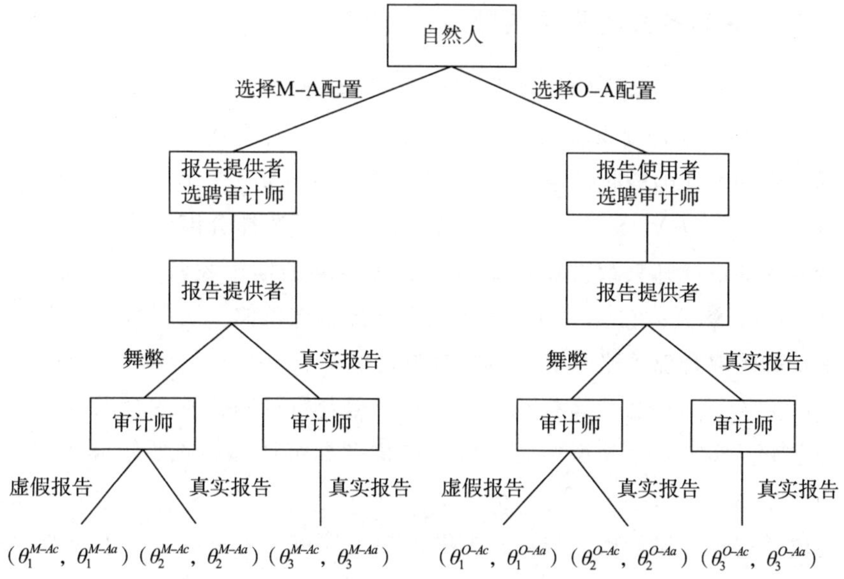

图 5－1　寡头垄断市场竞争下的展开式博弈树

根据展开式博弈树，我们可以得出独立审计的动态博弈过程。

第一步：自然人首先行动，由自然人确定由报告提供者通过 M－A 型配置选择其审计师，还是由报告使用者通过 O－A 型配置选择其审计师。假定自然人以概率 k 选择 O－A 类型的审计师配置，以概率 $1-k$ 选择 M－A 类型的审计师配置。

第二步：在自然人行动后，报告提供者选择其会计报告行动策略，其行为

策略空间为 $S_c=(T, F)$，F 表示操纵会计报告，T 表示真实报告会计信息。

第三步：在自然人和报告提供者行动后，审计师选择行动策略。审计师在受聘对企业会计报告进行审计，获知报告提供者的行动策略后，进入两个信息集 h_1 和 h_2，h_1 信息集表示报告提供者操纵会计报告，h_2 信息集表示报告提供者没有操纵会计报告。在信息集 h_1，审计师的策略空间 $S_a(h_1)=(D, DN)$，D 表示审计师采取独立审计策略，DN 表示审计师采取合谋策略；在信息集 h_2，审计师的策略空间 $S_a(h_2)=(D)$。

第四步：在自然人、委托人、报告提供者和审计师都行动后，监管层（政府、协会、委托者等）实施检查。通过检查，存在两种结果：一种是以上行为被发现；另一种是以上行为未被发现。这里我们假设合谋被发现的概率为 P，合谋没有被发现的概率为 $1-P$。

三　博弈各方的收益函数

从以上博弈树得到博弈各方的收益矩阵如下。

（1）会计报告提供者操纵会计报告，且与审计师达成合谋合约时，报告提供者和审计师的收益矩阵为（θ_1^{Xc}，θ_1^{Xa}），$X=M-A$，$O-A$。其中 $\theta_1^{Xc}=U_c(X, F, r_o, DN, S_{-a})$，它表示当报告提供者选择合谋策略，与报告提供者签约的审计师采取合谋策略时报告提供者的期望收益。$\theta_1^{Xa}=U_a(X, F, r_o, DN, S_{-a})$，它表示当报告提供者选择合谋策略，与报告提供者签约的审计师采取合谋策略时审计师的期望收益。

（2）会计报告提供者操纵会计报告，但与审计师达不成合谋合约，审计师采取真实报告审计策略时，报告提供者和审计师的收益矩阵为（θ_2^{Xc}，θ_2^{Xa}），$X=M-A$，$O-A$。其中 $\theta_2^{Xc}=U_c(X, F, r_o, DN, S_{-a})$，它表示当报告提供者选择合谋策略，与报告提供者签约的审计师采取独立审计策略时报告提供者的期望收益。$\theta_2^{Xa}=U_a(X, F, r_o, D, S_{-a})$，它表示当报告提供者选择合谋策略，与报告提供者签约的审计师采取独立审计策略时审计师的期望收益。

（3）会计报告提供者和审计师均采取真实报告策略，报告提供者和审计师的收益矩阵为（θ_3^{Xc}，θ_3^{Xa}），$X=A$，B。其中 $\theta_3^{Xc}=U_c(X, T, r_o, D, S_{-a})$，它表示当报告提供者选择真实报告策略，与报告提供者签约的审计师采取独立审计策略时报告提供者的期望收益。$\theta_3^{Xa}=U_a(X, T, r_o, D, S_{-a})$，它表示当报告提供者选择真实报告策略，与报告提供者签约的审计师采取独立审计策略时审计师的期望收益。

四　博弈的 Nash 均衡解

我们知道，在审计师独立性的博弈中，不仅存在报告提供者和审计师之间的博弈，而且存在审计师之间的博弈，审计师的独立审计行为不仅受到报告提供者的影响，而且要受到其他审计师博弈行为的影响。因此，报告提供者和审计师之间最终形成（F，DN）的均衡策略，需要满足以下条件。

（1）报告提供者和审计师之间具有（F，DN）均衡策略的条件。

（2）在报告提供者采取合谋的策略情况下，与报告提供者签约的审计师采取的合谋策略同时也成为其与其他审计师博弈的均衡策略。

由博弈树容易看出，为满足条件（1），报告提供者首先要具有实施会计报告舞弊的动机，即满足 $\theta_1^{Xc} \geqslant \theta_3^{Xc}$ 条件。同时，如果审计师不与其形成合谋协议，则报告提供者也不能实现其舞弊的行为。因此，报告提供者为使审计师选择合谋策略，显然需要满足条件（2），即报告提供者在采取合谋的策略情况下，使得与报告提供者签约的审计师采取的合谋策略成为 Nash 均衡，这显然只要满足以下条件：

$$U_a(X, F, r_o, DN, S_{-a}^*) \geqslant U_a(X, F, r_o, D, S_{-a}^*)$$
$$U_{-a}(X, F, r_o, DN, S_{-a}^*) \geqslant U_{-a}(X, F, r_o, DN, S_{-a})$$

综上所述，我们得到报告提供者与其审计师采取合谋的策略，即（F，r_0，DN）为博弈均衡策略的条件是：

$$\begin{cases} U_c(X, F, r_o, DN, S_{-a}^*) \geqslant U_c(X, T, r_o, D, S_{-a}^*) \\ U_a(X, F, r_o, DN, S_{-a}^*) \geqslant U_a(X, F, r_o, D, S_{-a}^*) \\ U_{-a}(X, F, r_o, DN, S_{-a}^*) \geqslant U_{-a}(X, F, r_o, DN, S_{-a}) \end{cases} \quad (5-2-1)$$

其中，S_{-a}^* 为其他审计师所采取的均衡博弈策略。不仅报告提供者和审计师形成（舞弊，合谋）的均衡策略，而且审计师之间的博弈也形成了（合谋，合谋）的均衡策略，于是最终形成了会计报告使用者和审计师（F，r_o，DN）的博弈均衡。

否则，会计报告使用者和审计师会形成（T，r_o，D）的博弈均衡。

五　报告提供者为审计合谋所愿意支付的最大额外补偿

假设在企业经营的某一个状态，由企业管理者的博弈策略知道，企业管理者存在两个策略选择，即真实报告会计信息和虚假报告会计信息，由以上博弈树知道，当企业管理者选择真实报告会计信息时，其价值收益为 U_c（X, r, T, D, S_{-a}），当企业管理者选择虚假报告会计信息时，其价值收益为 U_c（X, r, F, DN, S_{-a}）。于是，企业管理者与所有者签订合约后的期望收益为：

$$U_c(X,\ r_0,\ T,\ D,\ S_{-a}) = \frac{(r_0+1)R_c(0)}{1-\delta}$$

$$U_c(X,\ r_0,\ F,\ DN,\ S_{-a}) = -L_c(f)P + \left[\frac{(r_0+1)R_c(f)}{1-\delta} - T(X,\ f,\ r_0)\right](1-P)$$

其中具体含义如下。

我们将代理人舞弊被发现后的收益标准化为0。

$R_c(0)$ 为会计报告提供者提供真实企业会计报告后所获得的现实以及由此可能带来的今后各期收益的平均收益。

$R_c(f)$ 为会计报告提供者提供虚假会计信息后所获得的现实以及由此可能带来的今后各期收益的平均收益。

δ 为贴现因子，f 为报告提供者提供虚假会计信息的程度。

$L_c(f)$ 为报告提供者舞提供虚假会计信息被发现后受到的损失。

$T(X, f, r_0)$ 为报告提供者为形成审计合谋而支付的额外补偿。

P 为报告提供者和审计师实施合谋被发现的概率。

假设 $\bar{T}$（X, f, r_0）为报告提供者为形成审计合谋所愿意付出的最大额外补偿，此时，由 $U_c(X,\ F,\ r_o,\ DN,\ S_{-a}) = \max U_c(X,\ T,\ r_o,\ D,\ S_{-a})$，便可以得到报告提供者所愿意支付的最大额外补偿：

$$\bar{T}(X,\ f,\ r_0) = \frac{(1+r_0)R_c(f)}{1-\delta} - \frac{P}{(1-P)}\left[\frac{(1+r_0)}{1-\delta}R_c(0) + L_c(f)\right] \quad (5-2-2)$$

第三节　审计师选聘权 M－A 配置、寡头垄断竞争和审计师独立性

一　审计师选聘权 M－A 配置下的博弈均衡

在选聘权 M－A 配置下，我们首先假定报告提供者如果能实现采取合谋均衡策略，那么是有利可图的，即满足 $U_c(X,\ F,\ r_0,\ DN,\ S_{-a}) \geq U_c(X,$

T，r_0，D，S_{-a})①，当审计服务由报告提供者选择时，报告提供者便可以利用该选择权影响审计师的独立性。考虑到博弈的初始状态为审计师均处于采取（D，D）审计策略状态，审计市场均处于不完全竞争状态，于是得到以下结论。

（1）当审计师均采取（D，D）审计策略时，审计师获得的收益均为 μ_a（r_o）。此时，如果博弈中另一个审计师选择合谋策略，那么考虑到报告使用者在选聘审计师前均会与所有审计师进行沟通，于是继续采取 D 策略的审计师获得的收益为 0，采取 DN 策略的另一个审计师获得的收益为 $2\mu_a^f(r_o)$。

（2）当审计师均采取（DN，DN）审计策略时，审计师获得的收益均为 $\mu_a^f(r_o)$。此时，如果博弈中另一个审计师选择 D 策略，那么由于存在采取 DN 策略的审计师，因此其将失去审计业务，其收益为 0；继续采取 DN 策略的审计师将获得的期望收益为 $2\mu_a^f(r_o)$。

由以上分析得到 M－A 配置下的审计师博弈收益矩阵为：

		审计师 2 D	审计师 2 DN
审计师 1	D	$\mu_a(r_o),\mu_a(r_o)$	$0,\ 2\mu_a^f(r_o)$
	DN	$2\mu_a^f(r_o),0$	$\mu_a^f(r_o),\mu_a^f(r_o)$

由以上博弈收益矩阵可以得到，在报告提供者企图采取合谋策略的条件下的审计师效用函数为：

$$U_a(X,\ F,\ r_o,\ D,\ D_{-a})=\mu_a(r_o),U_a(X,\ F,\ r_o,\ DN,\ DN_{-a})=\mu_a^f(r_o)$$

为方便起见，我们将不完全竞争垄断市场条件下审计师退出市场时的收益标准化为 0，根据完全竞争条件下厂商的竞争理论，一旦审计师在审计市场执业，其期望收益将大于 0。显然 μ_a（r）>0，于是由收益矩阵得到该博弈矩阵存在以下 Nash 均衡。

1. 当 $\mu_a^f(r_o)<0$ 时，存在一个纯策略均衡：（D，D）。

2. 当 $\mu_a(r_o)<\mu_a^f(r_o)$ 时，审计师存在一个纯策略均衡：（DN，DN）。

3. 当 $2\mu_a^f(r_0)>\mu_a(r_0)>\mu_a^f(r_0)$ 时，存在两个纯策略均衡：（D，D）和（DN，DN）。其中，实施（DN，DN）策略的审计师陷入“囚徒困境”。

① 这是讨论审计师独立性的基本前提，否则，审计师显然均会选择独立。

根据博弈论中重复博弈的 Nash 无名氏定理，于是得到两种博弈均衡结果。

（1）当审计师具有足够的耐心，即 $\delta \geqslant \frac{2\mu_a^f(r)-\mu_a(r)}{\mu_a^f(r)}$①，审计师不会陷入“囚徒困境”。此时，审计师又会存在一个均衡策略：(D, D)。

（2）当审计师缺乏足够的耐心，即 $\delta \leqslant \frac{2\mu_a^f(r)-\mu_a(r)}{\mu_a^f(r)}$，审计师便会陷入“囚徒困境”。

4. 当 $2\mu_a^f(r_0)<\mu_a(r_0)$ 时，在无限次重复博弈情况下，审计师存在 (D, D) 均衡策略。

于是，我们将以上条件合并，得到以下结论。

1. 当 $\delta \geqslant \frac{2\mu_a^f(r)-\mu_a(r)}{\mu_a^f(r)}$，我们称之为审计师选聘权 M－A1 配置，此时具体内容如下。

（1）当 $\mu_a(r)>\mu_a^f(r)$ 时，审计师存在一个纯策略均衡：(D, D)。此时，显然（5－2－1）式不成立，报告提供者只会采取不合谋策略。

（2）当 $\mu_a(r)<\mu_a^f(r)$ 时，审计师存在一个纯策略均衡：(DN, DN)。此时，显然（5－2－1）式成立，报告提供者将采取合谋策略。

在审计师选聘权 M－A1 状态下，审计师保持独立性的边界条件是：

$$\mu_a(r)=\mu_a^f(r) \text{或者} U_a(A1, F, r_o, DN, DN_{-a})=U_a(A1, F, r_o, D, D_{-a}) \quad (5-3-1)$$

2. 当 $\delta \leqslant \frac{2\mu_a^f(r)-\mu_a(r)}{\mu_a^f(r)}$ 时，我们称之为审计师选聘权 M－A2 配置，此时具体内容如下。

（1）当 $\mu_a(r)>2\mu_a^f(r)$ 时，审计师存在一个纯策略均衡：(D, D)。此时，显然（5－2－1）式不成立，报告提供者只会采取不合谋策略。

（2）当 $\mu_a(r)<2\mu_a^f(r)$ 时，审计师存在一个纯策略均衡：(DN, DN)。此时，显然（5－2－1）式成立，报告提供者将采取合谋策略。

在审计师选聘权 M－A2 配置下，审计师保持独立性的边界条件是：

---

① 证明见附录。

$$\mu_a(r)=2\mu_a^{\ f}(r)\text{或者}$$

$$2U_a(M-A1,\ F,\ r_o,\ DN,\ DN_{-a})=U_a(M-A1,\ F,\ r_o,\ D,\ D_{-a})\quad(5-3-2)$$

二　审计师选聘权 M－A1 配置和审计师独立性

（一）审计师合谋时所需要的最低补偿

当审计师采取独立审计均衡策略时，其与报告提供者签订审计合约时的期望收益为审计师在完全竞争审计市场中的均衡收益，即 $U_a(M-A1,\ F,\ r_o,\ D,\ D_{-a})=\dfrac{r_oR_a(0)+R_a(0)}{1-\delta}$，$R_a(0)$ 为审计师在完全竞争审计市场中的均衡收益，δ 为折现率。

当审计师采取合谋均衡策略时，其在报告提供者签订审计合约时的期望收益由两部分组成，一部分为合谋未被发现时的期望收益，这部分期望收益由$\dfrac{(r_o+1)R_a(0)}{1-\delta}$与报告提供者为其合谋所提供的额外补偿 T（$M-A1,\ f,\ r_o$）构成；另一部分为合谋被发现后的期望收益。我们将审计师舞弊被发现后的收益标准化为 0，于是，合谋被发现后的期望审计师损失由两部分组成，一个是合谋被发现后应承担的法律责任 $L_a(f,\ w,\ q)$；另一个是合谋被发现后导致的声誉期望损失，这里将合谋被发现后导致的声誉期望损失标准化为$\dfrac{r_oR_a(0)}{1-\delta}$。因此，当审计师采取合谋均衡策略时，审计师在与报告提供者签订审计合约时的期望收益为：

$$U_a(M-A1,\ r_o,\ F,\ DN,\ DN_{-a})$$

$$=-\left[L_a(f,\ w,\ q)+\frac{r_o}{(1-\delta)}R_a(0)\right]P+\left[\frac{(r_o+1)R_a(0)}{1-\delta}+T(A1,\ f,\ r_o)\right](1-P)$$

根据审计师形成合谋的边界条件，得到的审计师合谋的边界为：

$$U_a(M-A1,\ F,\ r_o,\ DN,\ DN_{-a})=U_a(M-A1,\ F,\ r_o,\ D,\ D_{-a})$$

$$-\left[L_a(f,\ w,\ q)+\frac{r_o}{(1-\delta)}R_a(0)\right]P+\left[\frac{(r_o+1)R_a(0)}{1-\delta}+T(A1,\ f,\ r_o)\right](1-P)$$

$$=\frac{(r_o+1)R_a(0)}{1-\delta}$$

报告提供者为形成审计合谋必须支付审计师的最小额外报酬是：

$$\underline{T}(M-A1,f,r_o)=\frac{P}{1-P}\left[L_a(f,w,q)+\frac{2r_o+1}{1-\delta}R_a(0)\right] \quad (5-3-3)$$

（二）审计师选聘权 M－A1 配置和审计师独立性

由 $\Delta T(M-A1,f,r_o)=\overline{T}(M-A1,f,r_o)-\underline{T}(M-A1,f,r_o)$，得到：

$$\Delta T(M-A1,r_o,f)$$
$$=\frac{(1+r_o)R_c(f)}{1-\delta}-\frac{P}{(1-P)}\left[\frac{1+r_o}{1-\delta}R_c(0)+L_c(f)\right]-\frac{P}{(1-P)}\left[L_a(f,w,q)+\frac{2r_o+1}{(1-\delta)}R_a(0)\right]$$
$$=\Delta T(O-A,f)+\frac{r_oR_c(f)}{1-\delta}-\frac{r_oP}{(1-P)(1-\delta)}[R_c(0)+2R_a(0)] \quad (5-3-4)$$

类似地，我们得到以下结论。

（1）审计师不参与合谋的条件为：

$\Pi(M-A1,r_o)=\{f:\Delta T(M-A1,f,r_o)>0\}=\varphi$，即它是空集。

（2）审计师参与合谋的条件为：

$\Pi(M-A1,r_o)=\{f:\Delta T(M-A1,f,r_o)>0\}\neq\varphi$，即它是非空集。

三　审计师选聘权 M－A1 配置、声誉、会计信息虚报程度和审计师独立性

当 Π（$M-A1,r_o$）$\neq\varphi$ 时，审计师将与报告提供者合谋，显然他们将选择使得合谋所获得的额外支付达到最大。但是在寡头垄断竞争情况下，报告提供者没有选择审计师声誉的空间，只是 $f=\arg\max\limits_f\Delta T$（$M-A1,f,r_o$），于是我们得到作假程度的最优解集为：

$$\Pi^*(M-A1,r_o)=\{f:\max\Delta T(M-A1,f)\}\cap\{f:\Delta T(M-A1,f)>0\}$$

$$\Delta T(M-A1,f,r_o)=\frac{(1+r_o)R_c(f)}{1-\delta}-\frac{P}{(1-P)}\left[\frac{1+r_o}{1-\delta}R_c(0)+L_c(f)\right]-$$
$$\frac{P}{(1-P)}\left[L_a(f,w,q)+\frac{2r_o+1}{(1-\delta)}R_a(0)\right]$$
$$=\Delta T(O-A,f)+\frac{r_oR_c(f)}{1-\delta}-\frac{r_oP}{(1-P)(1-\delta)}[R_c(0)+2R_a(0)]$$

令 $\frac{\partial\Delta T(M-A1,f,r_o)}{\partial f}=0$，得到：

$$R_c'(f)(1+r_o)(1-P)-\delta R_a[r_L(f)]P-(1-\delta)[L_a'(f,r,q)-L_c'(f)]P=0$$

$$\Pi^*(M-A1, r_o) = \left\{f: \frac{(1+r_o)R_c'(f)}{L_a'(f, w, q) + L_c'(f)} = \frac{P}{(1-P)(1-\delta)}\right\}$$
$$\cap \{f: \max\Delta T(M-A, f)\} \cap \{f: \Delta T(M-A, f) > 0\} \qquad (5-3-5)$$

（1）当$\frac{R_c(f)}{R_c(0)+2R_a(0)} > \frac{P}{(1-P)}$时，审计师的声誉将不利于增强审计师独立性。审计师的声誉越高，这种强化作用越明显。

（2）当$\frac{R_c(f)}{R_c(0)+2R_a(0)} < \frac{P}{(1-P)}$时，审计师的声誉将有利于增强审计师独立性。审计师的声誉越高，这种损害作用越明显。

四　审计师选聘权 M－A1 配置、经济依赖和审计师独立性

当Π（$M-A1, r_o$）$\neq\varphi$时，审计师与报告提供者博弈形成的 Nash 均衡策略为（F, DN），审计师和审计师博弈形成的 Nash 均衡策略为（DN, DN）。由（5－3－5）得到：

$$\Delta T(M-A1, f, r_o) = \frac{(1+r_o)R_c(f)}{1-\delta} - \frac{P}{(1-P)}\left[\frac{1+r_o}{1-\delta}R_c(0) + L_c(f)\right] - \frac{P}{(1-P)}\left[L_a(f, w, q) + \frac{2r_o+1}{(1-\delta)}R_a(0)\right]$$

$$\frac{\partial\Delta T(M-A1, f, r_o)}{\partial R_a(0)} = -\frac{(2r_o+1)P}{(1-P)(1-\delta)}; \quad \frac{\partial\Delta T(M-A1, f, r_o)}{\partial R_a(0)\partial r_o} = -\frac{2P}{(1-P)(1-\delta)}$$

$\Delta T(M-A1, f, r_o)$为$R_a(0)$的减函数，即审计收益越高，审计师的独立性越强。这说明审计师的经济依赖越大，越有利于增强审计师的独立性。审计师的声誉越高，越能够强化这种作用。

如果$\Pi(M-A1, r_o) = \varphi$，审计师与报告提供者博弈形成的 Nash 均衡策略为（T, D），则一旦会计报告提供者要求审计师合谋，审计师会主动选择放弃。此时，审计师的经济依赖就不会形成对独立性的威胁。

五　审计师选聘权 M－A1 配置、审计收费和审计师独立性

（一）审计师额外补偿为零时的审计收费

令$\underline{T}$（$M-A1, f, r_o$）＝0，得到：

$$\frac{P}{1-P}\left[L_a(f, w, q) + \frac{2r_o+1}{1-\delta}R_a(0)\right] = 0$$

$$\bar{R}_a(0) < 0$$

显然，以上等式不可能成立。报告提供者不可能凭借市场审计收费出价找到合谋的审计师。

（二）特定客户审计收费比重和审计师独立性

令 $\theta = \frac{(1+r_0)R_a(0)}{TR_a(0)}$ 为特定客户的审计收费占审计师总审计收费的比例，将 $R_a(0) = \frac{\theta TR_a(0)}{(1+r_0)}$ 代入上式得到：

$$\frac{\partial \Delta T(M-A1, f, r_o)}{\partial \theta} = -\frac{(2r_o+1)P}{(1-P)(1-\delta)(1+r_0)} TR_a(0)$$

$$\frac{\partial \Delta T(M-A1, f, r_o)}{\partial \theta \partial r_o} = -\frac{P}{(1-P)(1-\delta)(1+r)^2} TR_a(0)$$

因此，特定客户审计收费比重越高，审计师的独立性越强。这说明审计师的经济依赖越大，越有利于增强审计师的独立性。审计师的声誉越高，越能够强化这种作用。

六 审计师选聘权 M－A1 配置、低价承揽与审计师独立性

当审计市场存在低价承揽的情况时，现任审计师的审计收益要大于后任审计师的收益，即 $R_a^H(0) > R_a(0)$。所以，当现任审计师与报告提供者签订审计合约时，其合谋所需要的最低额外补偿如下。

由 $\underline{T}^H(M-A1, f, r_o) = \frac{P}{1-P}\left[L_a(f, w, q) + \frac{2r_o+1}{1-\delta} R_a^H(0)\right]$ 得到：

$$\frac{\partial \Delta T^H(M-A1, f, r_o)}{\partial R_a^H(0)} = -\frac{(2r_o+1)P}{(1-P)(1-\delta)}, \frac{\partial \Delta T^H(M-A1, f, r_o)}{\partial R_a^H(0)\partial r_o} = -\frac{2P}{(1-P)(1-\delta)}$$

由 $\Pi^H(M-A1, r_o) = \{f: \Delta T^H(M-A1, f, r_o) > 0\}$，$\Pi(M-A1, r_o) = \{f: \Delta T(M-A1, f, r_o) > 0\}$ 得到：

$$\Pi(M-A1, r_o) \supset \Pi^H(M-A1, r_o)$$

由此，低价承揽将增强审计师独立性，同时，声誉的引入将强化这种作用。

七 审计师选聘权 M－A1 配置、审计师任期与审计师独立性

在 M－A1 配置下，当报告提供者成为审计委托人时，如果审计师采取

独立审计策略，则显然，该审计师将只获得未来强制的审计合约。一旦合约到期，报告提供者将更换合谋的审计师。如果审计师选择合谋，则除非被发现，审计师将同样承担相应的法律责任以及声誉损失所带来的损失。否则，将继续执行意愿期限合约。由此得到：

$$U_a(M-A1, F, r_o, D, D_{-a}, T_1, T_2)=\frac{1-\delta^{T_1}}{1-\delta}[r_o+1]R_a(0)$$

$$U_a(M-A1, F, r_o, DN, DN_{-a}, T_1, T_2)$$

$$=\left[\frac{1-\delta^{T_2}}{1-\delta}[r_oR_a(0)+R_a(0)]+\underline{T}(O-A, f, T_1, T_2)\right](1-P)$$

$$-\left[L_a(f, w, q)+r_o\frac{1-\delta^{T_2}}{1-\delta}R_a(0)\right]P$$

其中，T_2指意愿合约期限。

于是，由审计师之间的博弈收益矩阵得到的审计师合谋的边界条件为：

$$U_a(M-A1, F, r_o, DN, DN_{-a}, T_1, T_2)=U_a(M-A1, F, r_o, D, D_{-a}, T_1, T_2)$$

$$\frac{1-\delta^{T_1}}{1-\delta}(r_o+1)R_a(0)$$

$$=\left[\frac{1-\delta^{T_2}}{1-\delta}(r_o+1)R_a(0)+\underline{T}(M-A1, f, r_o, T_1, T_2)\right](1-P)$$

$$-\left[L_a(f, w, q)+r_o\frac{1-\delta^{T_2}}{1-\delta}R_a(0)\right]P$$

同理，可以得到报告提供者为形成审计合谋必须支付的最小额外补偿是：

$$\underline{T}(M-A1, f, r_o, T_1, T_2)$$

$$=\frac{1}{(1-P)}\left[L_a(f, w, q)P+\frac{1-\delta^{T_1}}{1-\delta}(r_o+1)R_a(0)+\frac{1-\delta^{T_2}}{1-\delta}(2r_oP+P-r_o-1)R_a(0)\right]$$

$$\frac{\partial\Delta T(M-A1, f, r_o, T_1, T_2)}{\partial T_1}=\frac{(r_o+1)\delta^{T_1}\ln\delta}{(1-P)(1-\delta)}R_a(0)$$

$$\frac{\partial\Delta T(M-A1, f, r_o, T_1, T_2)}{\partial T_1\partial r_o}=\frac{\delta^{T_1}\ln\delta}{(1-P)(1-\delta)}R_a(0)$$

$$\frac{\partial\Delta T(M-A1, f, r_o, T_1, T_2)}{\partial T_2}=\frac{(2r_oP+P-r_o-1)\delta^{T_2}\ln\delta}{(1-P)(1-\delta)}R_a(0)$$

$$\frac{\partial\Delta T(M-A1, f, r_o, T_1, T_2)}{\partial T_2\partial r_o}=\frac{(2P-1)\delta^{T_2}\ln\delta}{(1-P)(1-\delta)}R_a(0)$$

由此得到以下结论。

（1）ΔT（$M-A1, f, r_o, T_1, T_2$）是 T_1 的减函数，这意味着审计师的强制任期增加，审计师独立性增强。声誉的引入，将进一步强化这种作用。

（2）当 $r_o > \frac{1-P}{2P-1}$ 时，ΔT（$M-A1, f, r_o, T_1, T_2$）是 T_2 的减函数，这意味着审计师的意愿任期增加，审计师独立性增强。当 $P < \frac{1}{2}$ 时，审计师声誉将减弱任期的这种作用；当 $P > \frac{1}{2}$ 时，审计师声誉将强化任期的这种作用。

（3）当 $r_o < \frac{1-P}{2P-1}$ 时，ΔT（$M-A1, f, r_o, T_1, T_2$）是 T_2 的减函数，这意味着审计师的意愿任期增加，审计师独立性降低。当 $P < \frac{1}{2}$ 时，审计师声誉将强化任期的这种作用；当 $P > \frac{1}{2}$ 时，审计师声誉将减弱任期的这种作用。

以上结论的政策含义是：在报告使用者拥有审计师选择权情况下，对审计师任期实施最短任期限制，可以在一定程度上增强审计师独立性；对审计师任期实施最长任期限制，不仅不会增强审计师独立性，而且会导致审计师独立性的降低。

八　审计师选聘权 M－A1 配置、法律责任、审计师财富、审计准则和审计师独立性

（一）在审计师财富不可观测且无差异情况下，审计师的无过失责任

如前所述，让审计师法律责任和审计师财富使得审计师采取独立策略，需要满足 Π（$M-A1, r_o$）$=\varphi$，由此得到的阻止审计师合谋的审计师法律责任和审计师财富解集分别为：

$$\Pi_D^L(M-A1, r_o) = \left\{ L_a[f, w, q] : L_a[f, w, q] \geqslant \frac{(1-P)}{P}\bar{T}(M-A1, f, r_o) - \frac{2r_o+1}{1-\delta}R_a(0) \right\}$$

$$\Pi_D^w(M-A1, r_o) = \left\{ w : L_a[f, w, q] \geqslant \frac{(1-P)}{P}\bar{T}(M-A1, f, r_o) - \frac{2r_o+1}{1-\delta}R_a(0) \right\}$$

如果审计师的财富充分大，即 $w \in \Pi_D^w$（$M-A1, r_0$）时，则充裕的审

计师财富将使法律责任能够得到充分的实施，所以，加大对审计师的法律责任，能有效增强审计师独立性。

如果 Π（$M-A1$，r_o）$\neq\varphi$，则审计师法律责任和审计师财富将使得审计师采取合谋策略，此时审计师法律责任和审计师财富解集分别为：

$$\Pi_{DN}^{L}(M-A1,\ r_o)=\left\{L_a[f,\ w,\ q]:L_a[f,\ w,\ q]\leqslant\frac{(1-P)}{P}\bar{T}(M-A1,f,\ r_o)-\frac{2r_o+1}{1-\delta}R_a(0)\right\}$$

$$\Pi_{DN}^{w}(M-A1,\ r_o)=\left\{w:L_a[f,\ w,\ q]\leqslant\frac{(1-P)}{P}\bar{T}(M-A1,f,\ r_o)-\frac{2r_o+1}{1-\delta}R_a(0)\right\}$$

显然，以上解集之间的关系为：

$$\Pi_D^L(M-A1,\ r_o)\cap\Pi_{DN}^L(M-A1,\ r_o)=\varphi,\ \Pi_D^L(M-A1,\ r_o)\cup\Pi_{DN}^L(M-A1,\ r_o)=\Omega(L)$$

$$\Pi_D^w(M-A1,\ r_o)\cap\Pi_{DN}^w(M-A1,\ r_o)=\varphi,\ \Pi_D^w(M-A1,\ r_o)\cup\Pi_{DN}^w(M-A1,\ r_o)=\Omega(w)$$

如果审计师的财富充分小，即 $w\in\Pi_{DN}^w$（$M-A1$，r_o）时，则法律责任由于受审计师财富的限制，不能够得到充分的实施，所以，加大对审计师的法律责任，并不能增强审计师独立性。

（二）在审计师财富不可观测且有差异情况下，审计师的无过失责任

如果审计市场中存在财富分别是 $w_1<w_2<\cdots<w_n$的 n 类审计师，存在某个 i，$i\in\{1,2,\cdots,n\}$，使得 $w_i\in\Pi_{DN}^w$（$M-A1$，r_o），则 Π（$M-A1$，r_o）$\neq\varphi$，这表明就财富满足小于等于 w_i的审计师而言，其会采取合谋策略。而财富大于 w_i的审计师，便会采取独立策略，但是他们可能面临要么被市场所淘汰，要么调整其所拥有的财富（兼并、拆分），使得其财富趋于 w_i的选择。

如果对于任意的 i，$i\in\{1,2,\cdots,n\}$，$w_i\notin\Pi_{DN}^w$（$M-A1$，r_o），即 $w_i\in\Pi_D^w$（$M-A1$，r_o），则审计师就会采取独立策略。考虑到 $w_1<w_2<\cdots<w_n$，此时，只要满足 $w_1\notin\Pi_{DN}^w$（$M-A1$，r_o），全体审计师就会采取独立策略。

（三）在审计师财富不可观测且无差异情况下，审计师的有过失责任

同理，为简化起见，不失一般性，我们假定审计师发现报告提供者没有真实报告会计信息概率为 q，审计师合谋所承担的期望法律责任变为：

$$qL_a(f,\ w)+(1-q)0=qL_a(f,\ w)$$

同理，审计师法律责任和审计师财富使得审计师采取独立策略，需要

满足 $\Pi\ (A1,\ r_o)=\varphi$，由此得到的阻止审计师合谋的审计师法律责任、会计准则和审计师财富解集分别为：

$$\Pi_D^L(M-A1,\ r_o)=\left\{L_a(f,\ w):qL_a(f,\ w)\geqslant\frac{(1-P)}{P}\bar{T}(M-A1,\ f,\ r_0)-\frac{2r_0+1}{1-\delta}R_a(0)\right\}$$

$$\Pi_D^q(M-A1,\ r_o)=\left\{q:qL_a(f,\ w)\geqslant\frac{(1-P)}{P}\bar{T}(M-A1,\ f,\ r_0)-\frac{2r_0+1}{1-\delta}R_a(0)\right\}$$

$$\Pi_D^w(M-A1,\ r_o)=\left\{w:qL_a(f,\ w)\geqslant\frac{(1-P)}{P}\bar{T}(M-A1,\ f,\ r_0)-\frac{2r_0+1}{1-\delta}R_a(0)\right\}$$

如果 $\Pi\ (A1,\ r_o)\neq\varphi$，则审计师法律责任和审计师财富将使得审计师采取合谋策略，此时审计师法律责任、会计准则和审计师财富解集分别为：

$$\Pi_{DN}^L(M-A1,\ r_o)=\left\{L_a(f,\ w):qL_a(f,\ w)\leqslant\frac{(1-P)}{P}\bar{T}(M-A1,\ f,\ r_0)+\frac{2r_0+1}{1-\delta}R_a(0)\right\}$$

$$\Pi_{DN}^q(M-A1,\ r_o)=\left\{q:qL_a(f,\ w)\leqslant\frac{(1-P)}{P}\bar{T}(M-A1,\ f,\ r_0)+\frac{2r_0+1}{1-\delta}R_a(0)\right\}$$

$$\Pi_{DN}^w(M-A1,\ r_o)=\left\{w:qL_a(f,\ w)\leqslant\frac{(1-P)}{P}\bar{T}(M-A1,\ f,\ r_0)+\frac{2r_0+1}{1-\delta}R_a(0)\right\}$$

（四）在审计师财富不可观测且有差异情况下，审计师的过失责任

如果审计市场中存在财富分别是 $w_1<w_2<\cdots<w_n$ 的 n 类审计师，存在某个 i，$i\in\{1,\ 2,\ \cdots,\ n\}$，使得 $w_i\in\Pi_{DN}^w\ (M-A1,\ r_o)$，即 $w_i\notin\Pi_D^w\ (M-A1,\ r_o)$，则 $\Pi\ (A1,\ r_o)\neq\varphi$，该 i 类审计师就会采取合谋策略，于是其他类别的审计师要么被市场所淘汰，要么调整其所拥有的财富（兼并、拆分），使得其财富趋于 w_i。

如果对于任意的 i，$i\in\{1,\ 2,\ \cdots,\ n\}$，$w_i\notin\Pi_{DN}^w\ (M-A1,\ r_o)$，即 $w_i\in\Pi_D^w\ (M-A1,\ r_o)$，则审计师就会采取独立策略。考虑到 $w_1<w_2<\cdots<w_n$，此时，只要满足 $w_1\notin\Pi_{DN}^w\ (M-A1,\ r_o)$，审计师就会采取独立策略。

九　审计师选聘权 M－A1 配置、会计监管和审计师独立性

由 $\Pi\ (M-A1,\ r_o)\ =\varphi$，得到的 P 的边界条件为：

$$\Delta T(M-A1,\ f,\ r_o)$$
$$=\frac{(1+r_o)R_c(f)}{1-\delta}-\frac{P}{(1-P)}\left[\frac{1+r_o}{1-\delta}R_c(0)+L_c(f)\right]-\frac{P}{(1-P)}\left[L_a(f,\ w,\ q)+\frac{2r_o+1}{(1-\delta)}R_a(0)\right]$$

$$=\Delta T(O-A,f)+\frac{r_oR_c(f)}{1-\delta}-\frac{r_oP}{(1-P)(1-\delta)}[R_c(0)+2R_a(0)]$$

$$P=\frac{(1+r_o)R_c(f)}{(1+r_o)[R_c(f)+R_c(0)]+(1+2r_o)R_a(0)+(1-\delta)[L_a(f,w,q)+L_c(f)]}$$

由此，为得到有效的会计监管，要使得对审计师合谋被发现的概率满足以下解集：

$$\Pi^P(M-A1,r_o)=$$

$$\left\{P:P\geqslant\frac{(1+r_o)R_c(f)}{(1+r_o)[R_c(f)+R_c(0)]+(1+2r_o)R_a(0)+(1-\delta)[L_a(f,w,q)+L_c(f)]}\right\}$$

十　审计师选聘权 M－A2 配置和审计师独立性

（一）审计师选聘权 M－A2 配置下审计师合谋时所需要的最低补偿

根据在 M－A2 配置下审计师形成的合谋的边界条件 $2U_a(M-A2,F,r_o,DN,DN_{-a})=U_a(M-A2,T,r_o,D,D_{-a})$得到：

$$-\left[L_a(f,w,q)+\frac{r_o}{(1-\delta)}R_a(0)\right]P+\left[\frac{(r_o+1)R_a(0)}{1-\delta}+T(f,r_o)\right](1-P)=\frac{(r_o+1)R_a(0)}{2(1-\delta)}$$

报告提供者实现合谋需要支付审计师的最低额外报酬是：

$$\underline{T}(M-A2,f,r_o)=\frac{P}{1-P}\left[L_a(f,w,q)+\frac{(4r_o+2)P-(r_o+1)}{2(1-\delta)P}R_a(0)\right] \quad (5-3-6)$$

（二）审计师选聘权 M－A2 配置和审计师独立性

$$\Delta T(M-A2,f,r_o)=\frac{(1+r_o)R_c(f)}{1-\delta}-\frac{P}{(1-P)}\left[\frac{1+r_o}{1-\delta}R_c(0)+L_c(f)\right]$$

$$-\frac{P}{1-P}\left[L_a(f,w,q)+\frac{(4r_o+2)P-(r_o+1)}{2(1-\delta)P}R_a(0)\right]$$

$$=\Delta T(O-A,f)+\frac{r_oR_c(f)}{1-\delta}-\frac{P}{(1-P)(1-\delta)}\left[r_oR_c(0)+\frac{4r_oP-(r_o+1)}{2(1-\delta)P}R_a(0)\right]$$

类似地，得到以下结论。

（1）审计师不参与合谋的条件为：

$\Pi(M-A2,r_o)=\{f:\Delta T(M-A2,f,r_o)>0\}=\varphi$，即它是空集。

（2）审计师参与合谋的条件为：

$\Pi(M-A2, r_o)=\{f:\Delta T(M-A2, f, r_o)>0\}\neq\varphi$，即它是非空集。

十一 审计师选聘权 M－A2 配置、声誉、会计信息虚报程度和审计师独立性

当 Π（$M-A2, f, r_o$）$\neq\varphi$ 时，审计师将与报告提供者合谋，显然他们将选择使得合谋所获得的额外支付达到最大。但是在寡头垄断竞争情况下，报告提供者没有选择审计师声誉的空间，只是 $f=\arg\max\limits_{f}\Delta T$（$M-A2, f, r_o$），于是我们得到会计信息虚报程度最优解集为：

$$\Pi^*(M-A2, r_o)=\{f:\max\Delta T(M-A2, f, r_o)\}\cap\{f:\Delta T(M-A2, f, r_o)>0\}$$

而：

$$\Delta T(M-A2, f, r_o)=\frac{(1+r_o)R_c(f)}{1-\delta}-\frac{P}{(1-P)}\left[\frac{1+r_o}{1-\delta}R_c(0)+L_c(f)\right]-$$
$$\frac{P}{1-P}\left[L_a(f, w, q)+\frac{(4r_o+2)P-(r_o+1)}{2(1-\delta)P}R_a(0)\right]$$
$$=\Delta T(O-A, f)+\frac{r_oR_c(f)}{1-\delta}-\frac{P}{(1-P)(1-\delta)}\left[r_oR_c(0)+\frac{4r_oP-(r_o+1)}{2(1-\delta)P}R_a(0)\right]$$

令 $\frac{\partial\ \Delta T\ (M-A2, f, r_o)}{\partial f}=0$，得到：

$$R_c'(f)(1+r_o)(1-P)-(1-\delta)[L_a'(f, r, q)+L_c'(f)]P=0$$

$$\Pi^*(M-A2, r_o)=\left\{f:\frac{(1+r_o)R_c'(f)}{L_a'(f, w, q)+L_c'(f)}=\frac{P}{(1-P)(1-\delta)}\right\}$$
$$\cap\{f:\max\Delta T(M-A2, f, r_o)\}\cap\{f:\Delta T(M-A2, f, r_o)>0\} \qquad (5-3-7)$$

（1）当 $P<\frac{r_oR_c(f)+(r_o+1)R_a(0)}{r_oR_c(f)+2(1-\delta)r_oR_c(0)+4r_oR_a(0)}$ 时，审计师的声誉将不利于增强审计师独立性。审计师的声誉越高，这种强化作用越明显。

（2）当 $P>\frac{r_oR_c(f)+(r_o+1)R_a(0)}{r_oR_c(f)+2(1-\delta)r_oR_c(0)+4r_oR_a(0)}$ 时，审计师的声誉将有利于增强审计师独立性。审计师的声誉越高，这种损害作用越明显。

十二 审计师选聘权 M－A2 配置、经济依赖和审计师独立性

当 Π（$M-A2, r_o$）$\neq\varphi$ 时，审计师与报告提供者博弈形成的 Nash 均衡策略为（F, DN），审计师和审计师博弈形成的 Nash 均衡策略为（DN,

DN)。但是，由于：

$$\Delta T(M-A2,f,r_o)=\frac{(1+r_o)R_c(f)}{1-\delta}-\frac{P}{(1-P)}\left[\frac{1+r_o}{1-\delta}R_c(0)+L_c(f)\right]$$

$$-\frac{P}{1-P}\left[L_a(f,w,q)+\frac{(4r_o+2)P-(r_o+1)}{2(1-\delta)P}R_a(0)\right]$$

$$\frac{\partial\Delta T(M-A2,f,r_o)}{\partial R_a(0)}=-\frac{(4r_o+2)P-(r_o+1)}{2(1-\delta)(1-P)}$$

$$\frac{\partial\Delta T(M-A2,f,r_o)}{\partial R_a(0)\partial r_0}=-\frac{4P-1}{2(1-\delta)(1-P)}$$

进一步得到以下结论。

（1）当 $P>\frac{r_o+1}{4r_o+2}$时，ΔT（$M-A2,f,r_o$）为 R_a（0）的减函数，即审计收益越高，审计师的独立性越强。这说明审计师的经济依赖越大，越有利于增强审计师的独立性。当 $P<\frac{1}{4}$时，审计师声誉将减弱经济依赖的这种作用；当 $P>\frac{1}{4}$时，审计师声誉将强化经济依赖的这种作用。

（2）当 $P<\frac{r_o+1}{4r_o+2}$时，ΔT（$M-A2,f,r_o$）为 R_a（0）的增函数，即审计收益越高，审计师的独立性越弱。这说明审计师的经济依赖越大，对审计师的独立性损害越大。当 $P<\frac{1}{4}$时，审计师声誉将强化经济依赖的这种作用；当 $P>\frac{1}{4}$时，审计师声誉将减弱经济依赖的这种作用。

如果 Π（$M-A2,r_o$）$=\varphi$，审计师与报告提供者博弈形成的 Nash 均衡策略为（T,D），则一旦会计报告提供者要求审计师合谋，审计师会主动选择放弃。此时，审计师的经济依赖就不会形成对独立性的威胁。

十三　审计师选聘权 M－A2 配置、审计收费和审计师独立性

（一）审计师额外补偿为零时的审计收费

令 $\underline{T}$（$M-A2,f,r_o$）$=0$，得到：

$$\frac{P}{1-P}\left[L_a(f,w,q)+\frac{(4r_o+2)P-(r_o+1)}{2(1-\delta)P}R_a(0)\right]=0$$

$$\bar{R}_a(0)=\frac{2(1-\delta)PL_a(f,\ w,\ q)}{r_o+1-(4r_o+2)P}$$

(1) 当 $P<\frac{r_o+1}{4r_o+2}$时，报告提供者不能凭借市场审计收费出价找到合谋的审计师。

(2) 当 $P>\frac{r_o+1}{4r_o+2}$时，报告提供者可以凭借市场审计收费出价找到合谋的审计师。

(二) 特定客户审计收费比重和审计师的独立性

令 $\theta=\frac{(1+r_0)R_a(0)}{TR_a(0)}$为特定客户的审计收费占审计师总审计收费的比例，将$R_a(0)=\frac{\theta TR_a(0)}{(1+r_0)}$代入上式得到：

$$\frac{\partial\Delta T(M-A2,\ f,\ r_o)}{\partial\theta}=-\frac{(4r_o+2)P-(r_o+1)}{2(1-\delta)(1-P)(r_o+1)}TR_a(0)$$

$$\frac{\partial\Delta T(M-A2,\ f,\ r_o)}{\partial\theta\partial r_0}=-\frac{2P}{2(1-\delta)(1-P)(1+r_0)^2}TR_a(0)$$

因此，得到以下结论。

(1) 当 $P>\frac{r_o+1}{4r_o+2}$时，特定客户的审计收费占审计师总审计收费的比例越大，在实际上越能够增强审计师独立性。审计师声誉的引入将强化特定客户的审计收费占审计师总审计收费比例的这种作用。

(2) 当 $P<\frac{r_o+1}{4r_o+2}$时，特定客户的审计收费占审计师总审计收费的比例越大，对审计师独立性的危害就越大。但是，审计师声誉的引入将减弱特定客户的审计收费占审计师总审计收费比例的这种作用。

十四　审计师选聘权 M－A2 配置、低价承揽与审计师独立性

当审计市场存在低价承揽的情况时，现任审计师的审计收益要大于后任审计师的收益，即 $R_a^H(0)>R_a(0)$。所以，当现任审计师与报告提供者签订审计合约时，其合谋所需要的最低额外补偿为：

由 $\underline{T}^H(M-A2,\ f,\ r_o)=\frac{P}{1-P}\Big[L_a(f,\ w,\ q)+\frac{(4r_o+2)P-(r_o+1)}{2(1-\delta)P}$

$R_a{}^H(0)\Big]$得到：

$$\frac{\partial\Delta T^H(M-A2,f,r_o)}{\partial R_a{}^H(0)}=-\frac{(4r_o+2)P-(r_o+1)}{2(1-\delta)P}$$

$$\frac{\partial\Delta T^H(M-A2,f,r_o)}{\partial R_a{}^H(0)\partial r_o}=-\frac{4P-1}{2(1-\delta)P}。$$

于是，得到以下结论。

(1) 当$P>\frac{r_o+1}{4r_o+2}$时，$\Delta T^H(M-A2,f,r_o)<\Delta T(M-A2,f,r_o)$，$\Pi(M-A2,f,r_o)\supset\Pi^H(M-A2,f,r_o)$。

由此，低价承揽将强化审计师独立性。当$P<\frac{1}{4}$时，审计师声誉将减弱低价承揽的这种作用；当$P>\frac{1}{4}$时，审计师声誉将强化低价承揽的这种作用。

(2) 当$P<\frac{r_o+1}{4r_o+2}$时，$\Delta T^H(AM-A2,f,r_o)>\Delta T(M-A2,f,r_o)$，$\Pi(M-A2,f,r_o)\subset\Pi^H(M-A2,f,r_o)$。

由此，低价承揽将降低审计师独立性。当$P<\frac{1}{4}$时，审计师声誉将强化低价承揽的这种作用；当$P>\frac{1}{4}$时，审计师声誉将减弱低价承揽的这种作用。

十五　审计师选聘权 M－A2 配置、审计师任期和审计师独立性

当报告提供者成为审计委托人时，如果审计师采取独立审计策略，则显然，该审计师将只获得未来强制的审计合约。一旦合约到期，报告提供者将更换合谋的审计师。如果审计师选择合谋，则除非被发现，否则将继续执行意愿期限合约。由此得到：

$$U_a(M-A2,T,r_o,D,D_{-a},T_1,T_2)=\frac{1-\delta^{T_1}}{1-\delta}(r_0+1)R_a(0)$$

$$U_a(M-A2,F,r_0,DN,DN_{-a},T_1,T_2)$$

$$
=\left[\frac{1-\delta^{T_2}}{1-\delta}(r_o+1)R_a(0)+\underline{T}(A2,f,r_o,T_1,T_2)\right](1-P)
$$

$$
-\left[L_a(f,w,q)+r_o\frac{1-\delta^{T_2}}{1-\delta}R_a(0)\right]P
$$

其中，T_2指意愿合约期限。

于是，由审计师之间的博弈收益矩阵得到的审计师合谋的边界条件为：

$$
2U_a(M-A2,F,r_0,DN,DN_{-a},T_1,T_2)=U_a(M-A2,T,r_0,D,D_{-a},T_1,T_2)
$$

$$
\frac{1-\delta^{T_1}}{2(1-\delta)}(r_o+1)R_a(0)
$$

$$
=\left[\frac{1-\delta^{T_2}}{1-\delta}(r_o+1)R_a(0)+\underline{T}(A2,f,r_o,T_1,T_2)\right](1-P)
$$

$$
-\left[L_a(f,w,q)+r_o\frac{1-\delta^{T_2}}{1-\delta}R_a(0)\right]P
$$

得到管理者需要支付的最小额外报酬是：

$$
\underline{T}(M-A2,f,r_o,T_1,T_2)
$$

$$
=\frac{1}{(1-P)}\left[L_a(f,w,q)P+\frac{1-\delta^{T_1}}{2(1-\delta)}(r_o+1)R_a(0)+\frac{1-\delta^{T_2}}{(1-\delta)}(2r_oP+P-r_o-1)R_a(0)\right]
$$

$$
\frac{\partial\Delta T(M-A2,f,r_o,T_1,T_2)}{\partial T_1}=\frac{(r_o+1)\delta^{T_1}\ln\delta}{2(1-\delta)(1-P)}R_a(0)
$$

$$
\frac{\partial\Delta T(M-A2,f,r_o,T_1,T_2)}{\partial T_1\partial r_o}=\frac{\delta^{T_1}\ln\delta}{2(1-\delta)(1-P)}R_a(0)
$$

$$
\frac{\partial\Delta T(M-A2,f,r_o,T_1,T_2)}{\partial T_2}=\frac{(2r_oP+P-r_o-1)\delta^{T_2}\ln\delta}{(1-\delta)(1-P)}R_a(0)
$$

$$
\frac{\partial\Delta T(M-A2,f,r_o,T_1,T_2)}{\partial T_2\partial r_o}=\frac{(2P-1)\delta^{T_2}\ln\delta}{(1-\delta)(1-P)}R_a(0)
$$

由此得到以下结论。

（1）ΔT（$M-A2,f,r_o,T_1,T_2$）与 T_1的减函数，这意味着审计师的强制任期增加，审计师独立性增强。显然，声誉的引入，将进一步强化审计师的强制任期对审计师独立性的影响作用。

（2）当 $r_o>\frac{1-P}{2P-1}$时，ΔT（$M-A2,f,r_o,T_1,T_2$）是 T_2的减函数，这意味着审计师的意愿任期增加，审计师独立性增强。当 $P<\frac{1}{2}$时，声誉的引入，将进一步减弱审计师的意愿任期对审计师独立性的影响作用；当

$P>\frac{1}{2}$时，声誉的引入，将进一步强化审计师的意愿任期对审计师独立性的影响作用。

（3）当 $r_o<\frac{1-P}{2P-1}$时，$\underline{T}$（$M-A2$，f，r_o，T_1，T_2）是 T_2的减函数，这意味着审计师的意愿任期增加，审计师独立性降低。当 $P<\frac{1}{2}$时，声誉的引入，将进一步强化审计师的意愿任期对审计师独立性的影响作用；当 $P>\frac{1}{2}$时，声誉的引入，将进一步减弱审计师的意愿任期对审计师独立性的影响作用。

以上结论的政策含义是：在报告使用者拥有审计师选择权情况下，对审计师任期实施最短任期限制，可以在一定程度上增强审计师独立性；对审计师任期实施最长任期限制，不仅不会增强审计师独立性，而且会导致审计师独立性的降低。

十六　审计师选聘权 M－A2 配置、法律责任、审计师财富、审计准则和审计师独立性

（一）审计师财富不可观测且无差异情况下，审计师的无过失责任

如前所述，审计师法律责任和审计师财富使得审计师采取独立策略，需要满足 Π（$M-A2$，r_o）$=\varphi$，由此得到的阻止审计师合谋的审计师法律责任和审计师财富解集分别为：

$$\Pi_D^L(M-A2,f,r_o)$$
$$=\left\{L_a[f,w,q]:L_a[f,w,q]\geqslant\frac{(1-P)}{P}\bar{T}(O-A,f,r)-\frac{(4r_o+2)P-(r_o+1)}{2(1-\delta)P}R_a(0)\right\}$$

$$\Pi_D^w(M-A2,f,r_o)=\left\{w:L_a[f,w,q]\geqslant\frac{(1-P)}{P}\bar{T}(O-A,f,r)-\frac{(4r_o+2)P-(r_o+1)}{2(1-\delta)P}R_a(0)\right\}$$

如果审计师的财富充分大，即 $w\in\Pi_D^w$（$M-A2$，r_o）时，则充裕的审计师财富将使法律责任能够得到充分的实施，所以，加大对审计师的法律责任，能有效增强审计师独立性。

如果 Π（$M-A2$，r_o）$\neq\varphi$，则审计师法律责任和审计师财富将使得审计师采取合谋策略，此时审计师法律责任和审计师财富解集分别为：

$$\Pi_{DN}^L(M-A2,f,r_o)$$

$$=\left\{L_a[f,\ w,\ q]:L_a[f,\ w,\ q]\leqslant\frac{(1-P)}{P}\bar{T}(O-A,\ f,\ r)-\frac{(4r_o+2)P-(r_o+1)}{2(1-\delta)P}R_a(0)\right\}$$

$$\Pi_{DN}^{w}(M-A2,\ f,\ r_o)=\left\{w:L_a[f,\ w,\ q]\leqslant\frac{(1-P)}{P}\bar{T}(O-A,\ f,\ r)-\frac{(4r_o+2)P-(r_o+1)}{2(1-\delta)P}R_a(0)\right\}$$

显然，以上解集之间的关系为：

$$\Pi_D^L(M-A2,\ f,\ r_o)\cap\Pi_{DN}^L(M-A2,\ f,\ r_o)=\varphi,\ \Pi_D^L(M-A2,\ f,\ r_o)\cup\Pi_{DN}^L(M-A2,\ f,\ r_o)=\Omega(L)$$

$$\Pi_D^w(M-A2,\ f,\ r_o)\cap\Pi_{DN}^w(M-A2,\ f,\ r_o)=\varphi,\ \Pi_D^w(M-A2,\ f,\ r_o)\cup\Pi_{DN}^w(M-A2,\ f,\ r_o)=\Omega(w)$$

如果审计师的财富充分小，即 $w\in\Pi_{DN}^w$（$M-A2,\ f,\ r_o$）时，则法律责任由于受审计师财富的限制，不能够得到充分的实施，所以，加大对审计师的法律责任，并不能增强审计师独立性。

（二）在审计师财富不可观测且有差异情况下，审计师的无过失责任

如果审计市场中存在财富分别是 $w_1<w_2<\cdots<w_n$ 的 n 类审计师，存在某个 i，$i\in\{1,\ 2,\ \cdots,\ n\}$，使得 $w_i\in\Pi_{DN}^w$（$M-A2,\ f,\ r_o$），即 $w_i\notin\Pi_D^w$（$M-A2,\ f,\ r_o$），则 Π（$M-A2,\ f,\ r_o$）$\neq\varphi$，该 i 类审计师就会采取合谋策略，于是其他类别的审计师要么被市场所淘汰，要么调整其所拥有的财富（兼并、拆分），使得其财富趋于 w_i。

如果对于任意的 i，$i\in\{1,\ 2,\ \cdots,\ n\}$，$w_i\notin\Pi_{DN}^w(M-A2,\ f,\ r_o)$，即 $w_i\in\Pi_D^w$（$M-A2,\ f,\ r_o$），则审计师就会采取独立策略。考虑到 $w_1<w_2<\cdots<w_n$，此时，只要满足 $w_1\notin\Pi_{DN}^w$（$M-A2,\ f,\ r_o$），审计师就会采取独立策略。

（三）在审计师财富不可观测且无差异情况下，审计师的有过失责任

同理，为简化起见，不失一般性，我们假定审计师发现报告提供者没能真实报告会计信息概率为 q，审计师合谋所承担的期望法律责任变为：

$$qL_a(f,\ w)+(1-q)0=qL_a(f,\ w)$$

同理，审计师法律责任和审计师财富使得审计师采取独立策略，需要满足 Π（$M-A2,\ f,\ r_o$）$=\varphi$，由此得到的阻止审计师合谋的审计师法律责任、会计准则和审计师财富解集分别为：

$$\Pi_D^L(M-A2,f,r_o)=\left\{\begin{matrix}L_a[f,w,q]:qL_a(f,w)\geqslant\\ \dfrac{(1-P)}{P}\bar{T}(O-A,f,r)-\dfrac{(4r_o+2)P-(r_o+1)}{2(1-\delta)P}R_a(0)\end{matrix}\right\}$$

$$\Pi_D^w(M-A2,f,r_o)=\left\{w:qL_a(f,w)\geqslant\frac{(1-P)}{P}\bar{T}(O-A,f,r)-\frac{(4r_o+2)P-(r_o+1)}{2(1-\delta)P}R_a(0)\right\}$$

$$\Pi_D^q(M-A2,f,r_o)=\left\{q:qL_a(f,w)\geqslant\frac{(1-P)}{P}\bar{T}(O-A,f,r)-\frac{(4r_o+2)P-(r_o+1)}{2(1-\delta)P}R_a(0)\right\}$$

如果 Π $(M-A2,f,r_o)\neq\varphi$，则审计师法律责任和审计师财富将使得审计师采取合谋策略，此时审计师法律责任、会计准则和审计师财富解集分别为：

$$\Pi_D^L(A2,f,r_o)=\left\{\begin{matrix}L_a[f,w,q]:qL_a(f,w)\leqslant\\ \dfrac{(1-P)}{P}\bar{T}(O-A,f,r)-\dfrac{(4r_o+2)P-(r_o+1)}{2(1-\delta)P}R_a(0)\end{matrix}\right\}$$

$$\Pi_D^w(A2,f,r_o)=\left\{w:qL_a(f,w)\leqslant\frac{(1-P)}{P}\bar{T}(O-A,f,r)-\frac{(4r_o+2)P-(r_o+1)}{2(1-\delta)P}R_a(0)\right\}$$

$$\Pi_D^q(A2,f,r_o)=\left\{q:qL_a(f,w)\leqslant\frac{(1-P)}{P}\bar{T}(O-A,f,r)-\frac{(4r_o+2)P-(r_o+1)}{2(1-\delta)P}R_a(0)\right\}$$

（四）在审计师财富不可观测且有差异情况下，审计师的过失责任

如果审计市场中存在财富分别是 $w_1<w_2<\cdots<w_n$ 的 n 类审计师，存在某个 i，$i\in\{1,2,\cdots,n\}$，使得 $w_i\in\Pi_{DN}^w$ $(M-A2,f,r_o)$，即 $w_i\notin\Pi_D^w$ $(M-A2,f,r_o)$，则 Π $(M-A2,f,r_o)\neq\varphi$，该 i 类审计师就会采取合谋策略，于是其他类别的审计师要么被市场所淘汰，要么调整其所拥有的财富（兼并、拆分），使得其财富趋于 w_i。

如果对于任意的 i，$i\in\{1,2,\cdots,n\}$，$w_i\notin\Pi_{DN}^w$ $(M-A2,f,r_o)$，即 $w_i\in\Pi_D^w$ $(M-A2,f,r_o)$，则审计师就会采取独立策略。考虑到 $w_1<w_2<\cdots<w_n$，此时，只要满足 $w_1\notin\Pi_{DN}^w$ $(M-A2,f,r_o)$，审计师就会采取独立策略。

十七　审计师选聘权 M－A2 配置、会计监管和审计师独立性

由 Π $(M-A2,f,r_o)=\varphi$，得到的 P 的边界条件为：

$$\Delta T(M-A2,f,r_o)=\frac{(1+r_o)R_c(f)}{1-\delta}-\frac{P}{(1-P)}\left[\frac{1+r_o}{1-\delta}R_c(0)+L_c(f)\right]-$$

$$\frac{P}{1-P}\left[L_a(f,\ w,\ q)+\frac{(4r_o+2)P-(r_o+1)}{2(1-\delta)P}R_a(0)\right]$$

$$P=\frac{2(1+r_o)R_c(f)+(1+r_o)R_a(0)}{2(1+r_o)[R_c(f)+R_c(0)]+(2+4r_o)R_a(0)+2(1-\delta)[L_a(f,\ w,\ q)+L_c(f)]}$$

由此，为得到有效的会计监管，要使得对审计师合谋被发现的概率满足以下解集：

$$\Pi^P(M-A2,\ r_o)=$$

$$\left\{P:P\geqslant\frac{2(1+r_o)R_c(f)+(1+r_o)R_a(0)}{2(1+r_o)[R_c(f)+R_c(0)]+(2+4r_o)R_a(0)+2(1-\delta)[L_a(f,\ w,\ q)+L_c(f)]}\right\}$$

$$\Pi^P(M-A2,\ r_0)=$$

$$\left\{P:P\geqslant\frac{(1+r_o)R_c(f)+(1+r_o)R_a(0)}{(1+2r_o)R_c(0)+R_c(f)+R_a(0)+(1-\delta)[L_a(f,\ w,\ q)+L_c(f)]}\right\}$$

十八　审计师选聘权 M－A 配置、非审计服务与审计师独立性

在寡头竞争条件下①，非审计服务审计师的选聘权配置，同样会对审计师的独立性产生类似于审计师选聘权配置的影响。因此，我们将非审计服务审计师的选聘权分为以下基本配置。

（1）M－NA 配置：非审计服务审计师的选聘权被配置给报告提供者。

（2）O－NA 配置：非审计服务审计师的选聘权被配置给报告使用者。

（一）非审计服务选聘权 M－NA 配置和审计师独立性

在 M－NA 配置下，非审计服务审计师由报告提供者选聘，报告提供者便可以利用该选择权影响审计师的独立性。如果审计师同意选择合谋，则审计师将获得非审计服务，同时报告提供者也将获得由现任审计师从事非审计业务的相应收益；如果审计师选择独立，则报告提供者将把非审计服务委托给其他非现任审计师，审计师将失去非审计服务，同时报告提供者也将失去由现任审计师从事非审计业务的相应收益。因此，得到：

$$U_c(X/M-NA,\ T,\ r_0,\ D,\ D_{-a},\ N)=U_c(X/M-NA,\ T,\ r_0,\ D,\ D_{-a},\ N)$$

$$U_c(X/M-NA,\ F,\ r_0,\ D,\ D_{-a},\ Y)=U_c(X/M-NA,\ F,\ r_0,\ D,\ D_{-a},\ Y)+U_{cN}(r_0)$$

$$\overline{T}(X/M-NA,\ f,\ r_0)=\overline{T}(X/M-NA,\ f,\ r_0)+\frac{(r_0+1)}{(1-P)(1-\delta)}NA_c$$

① 这里假设非审计服务也与寡头垄断市场相关。

其中，$U_{cN}=\dfrac{(r_0+1)\ NA_c}{1-\delta}$，$NA_c$表示聘请审计师从事非审计服务与聘请非审计师从事非审计服务所获得的期望效用的差异，δ为折现率。

（二）非审计服务选聘权 O－NA 配置和审计师独立性

在 O－NA 配置下，非审计服务审计师由报告使用者选聘，由于其存在追求真实会计信息的动机，于是，其就会增强审计师的独立性。其所采取的策略和收益是，如果现任审计师选择独立，则报告使用者将把非审计服务委托给该现任审计师，现任审计师将获得非审计服务，同时报告提供者也将获得由现任审计师从事非审计业务的相应收益；如果审计师选择合谋，且合谋没有被发现，则报告使用者将把非审计服务委托给该现任审计师。但是一旦合谋被发现，审计师将失去非审计服务，同时报告提供者也将失去由现任审计师从事非审计业务的相应收益。因此，非审计服务对报告提供者的期望收益影响为：

$$U_c(X/O-NA,\ T,\ r_0,\ D,\ D_{-a},\ Y)=U_c(X,\ T,\ r_0,\ D,\ D_{-a},\ Y)+U_{cN}(r_0)$$

$$U_c(X/O-NA,\ F,\ r_0,\ D,\ D_{-a},\ N)=U_c(X,\ F,\ r_0,\ D,\ D_{-a},\ N)+(1-P)U_{cN}(r_0)$$

同理，得到报告提供者所愿意支付的最大额外补偿为：

$$\bar{T}(X/O-NA,\ f,\ r_0)=\bar{T}(X,\ f,\ r_0)-\frac{P(r_0+1)}{(1-P)(1-\delta)}NA_c$$

（三）两种选聘权 M－A/M－NA 配置和审计师独立性

当非审计服务审计师由报告提供者选聘时，报告提供者选择便可以利用该选择权影响审计师的独立性。考虑到博弈的初始状态为审计师均处于采取（D，D）审计策略状态，审计市场和非审计市场均处于不完全竞争状态，于是得到以下结论。

（1）当审计师均采取（D，D）审计策略时，审计师获得的收益均为$\mu_a(r_o)+\mu_{aN}(r_o)$。此时，如果博弈中另一个审计师选择合谋策略，则由于他们可以同时获得审计和非审计服务，因此，其可以获得全部审计和非审计服务，于是继续采取 D 策略的审计师获得的收益为 0，采取 DN 策略的审计师获得的收益为 $2[\mu_a{}^f(r_o)+\mu_{aN}(r_o)]$。

（2）当审计师均采取（DN，DN）审计策略时，审计师获得的收益均为$\mu_a{}^f(r_o)+\mu_{aN}(r_o)$。此时，如果博弈中另一个审计师选择 D 策略，则由于他们将同时失去审计和非审计服务，其收益为 0；采取 DN 策略的审计师

将继续维持收益 $2[\mu_a^f(r_o)+\mu_{aN}(r_o)]$。以上关系可以用以下收益矩阵表示：

		审计师 2: D	审计师 2: DN
审计师 1	D	$\mu_a(r_o)+\mu_{aN}(r_o)$, $\mu_a(r_o)+\mu_{aN}(r_o)$	0, $2[\mu_a^f(r_o)+\mu_{aN}(r_o)]$
	DN	$2[\mu_a^f(r_o)+\mu_{aN}(r_o)]$, 0	$\mu_a^f(r_o)+\mu_{aN}(r_o)$, $\mu_a^f(r_o)+\mu_{aN}(r_o)$

其中，$\mu_{aN}(r_0)=\dfrac{(r_0+1)NA_a}{1-\delta}$，$NA_a$表示在寡头垄断竞争非审计市场中实施独立审计所获得的现实以及由此可能带来的今后各期收益的平均收益，δ为折现率。

与分析讨论 M－A 配置情况类似，需要分以下两种情况进行讨论。

1. 两种选聘权 M－A1/M－NA 配置和审计师独立性

类似地，审计师采取合谋策略所需要的最小额外支付为：

$$\underline{T}(M-A1/M-NA,\ r_0,\ f)=\underline{T}(M-A1,\ r_0,\ f)$$

于是，得到：

$$\Delta T(M-A1/M-NA,\ r_0,\ f)=\Delta T(M-A1,\ r_0,\ f)+\frac{(r_0+1)}{(1-P)(1-\delta)}NA_c$$

该结论显示，在 M－A1/M－NA 配置下，非审计服务的多少不会对审计师的独立性产生影响。

2. 两种选聘权 M－A2/M－NA 配置和审计师独立性

类似地，审计师采取合谋策略所需要的最小额外支付为：

$$\underline{T}(M-A2/M-NA,\ f,\ r_0)=\underline{T}(M-A2,\ f,\ r_0)-\frac{(r_0+1)}{2(1-\delta)(1-P)}NA_a$$

$$\Delta T(M-A2/M-NA,\ f,\ r_0)=\Delta T(M-A2,\ f,\ r_0)+\frac{(r_0+1)}{2(1-\delta)(1-P)}(NA_a+2NA_c)$$

该结论显示，在 M－A2/M－NA 配置下，非审计服务的引入降低了审计师的独立性。声誉的引入将强化非审计服务的这种作用。

(四) M－A/O－NA 配置下的审计师独立性

当非审计服务审计师由报告使用者选聘时，由于其内在具有追求真实会计信息的动机，报告使用者便可以利用该选聘权选择独立的审计师。考虑到博弈的初始状态为审计师均处于采取（D, D）审计策略状态，审计市场和非审计市场均处于不完全竞争状态，于是得到以下结论。

（1）当审计师均采取（D, D）审计策略时，审计师获得的收益均为 $\mu_a(r_o)+\mu_{aN}(r_o)$。此时，如果博弈中有一个审计师选择 DN 策略，由于他们之间的合谋不可从外部观察到，对于采取 DN 策略的审计师，一旦合谋被发现，审计师将失去非审计服务，于是继续采取 D 策略的审计师获得的收益为 $(1+P)\mu_{aN}(r_o)$，采取 DN 策略的审计师获得的收益为 $2\mu_a{}^f(r_o)+(1-P)\mu_{aN}(r_o)$。

（2）当审计师均采取（DN, DN）审计策略时，审计师获得的收益均为 $\mu_a{}^f(r_o)+\mu_{aN}(r_o)$。此时，如果博弈中有一个审计师选择 D 策略，于是继续采取 DN 策略的审计师获得的收益为 $2\mu_a{}^f(r_o)+(1-P)\mu_{aN}(r_o)$；对于采取 D 策略的审计师，当其采取的策略由 DN 策略变为 D 策略时，报告使用者将改变审计委托关系，但是报告使用者并不会因此改变非审计服务的委托关系，即采取 D 策略的审计师获得的收益为 $(1+P)\mu_{aN}(r_o)$。以上关系可以用以下收益矩阵表示：

		审计师 2 D	审计师 2 DN
审计师 1	D	$\mu_a(r_o)+\mu_{aN}(r_o)$, $\mu_a(r_o)+\mu_{aN}(r_o)$	$(1+P)\mu_{aN}(r_o)$, $2\mu_a{}^f(r_o)+(1-P)\mu_{aN}(r_o)$
	DN	$2\mu_{aN}(r_o)+(1-P)\mu_{aN}(r_o)$, $(1+P)\mu_{aN}(r_o)$	$\mu_a{}^f(r_o)+\mu_{aN}(r_o)$, $\mu_a{}^f(r_o)+\mu_{aN}(r_o)$

1. 当 $\mu_{aN}(r_o)$ 充分小，即在 $\mu_a{}^f(r_o)\geqslant P\mu_{aN}(r_o)$ 时，得出以下结论。

（1）当 $\mu_a{}^f(r)\leqslant\mu_a(r_o)\leqslant 2\mu_a{}^f(r)-P\mu_{aN}(r_o)$ 时，形成（D, D）均衡和陷入“囚徒困境”（DN, DN）均衡。

（a）当审计师具有足够的耐心，即 $\delta\geqslant\dfrac{2\mu_a{}^f(r)-\mu_a(r)}{\mu_a{}^f(r)}$①，审计师不会陷入“囚徒困境”。此时，审计师存在（D, D）的均衡策略。

（b）当审计师缺乏足够的耐心，即 $\delta\leqslant\dfrac{2\mu_a{}^f(r)-\mu_a(r)}{\mu_a{}^f(r)}$，审计师便会

① 证明见附录。

陷入“囚徒困境”。

（2）当$\mu_a(r) \geqslant 2\mu_a^f(r) - P\mu_{aN}(r_o)$，存在（$D$，$D$）策略均衡。

（3）当$\mu_a(r_o) < \mu_a^f(r_o)$时，形成（$DN$，$DN$）均衡。

综上所述，当$\mu_a^f(r_o) \geqslant P\mu_{aN}(r_o)$时，得到以下结论。

（1）当$\delta \geqslant \dfrac{2\mu_a^f(r) - \mu_a(r)}{\mu_a^f(r)}$，此时，我们称之为 M－A/O－NA1 配置。

（a）当$\mu_a(r) > \mu_a^f(r)$时，审计师存在一个纯策略均衡：（D，D）。此时，显然（5－2－1）式不成立，报告提供者只会采取不合谋策略。

（b）当$\mu_a(r) < \mu_a^f(r)$时，审计师存在一个纯策略均衡：（DN，DN）。此时，显然（5－2－1）式成立，报告提供者将采取合谋策略。

在审计师选聘权 M－A/O－NA1 配置下，审计师保持独立性的边界条件是：

$$\mu_a(r) = \mu_a^f(r)$$

（2）当$\delta \leqslant \dfrac{2\mu_a^f(r) - \mu_a(r)}{\mu_a^f(r)}$时，我们称之为审计师选聘权 M－A/O－NA2 配置。

（a）当$\mu_a(r) > 2\mu_a^f(r) - P\mu_{aN}(r_o)$时，审计师存在一个纯策略均衡：（D，D）。此时，显然（5－2－1）式不成立，报告提供者只会采取不合谋策略。

（b）当$\mu_a(r) < 2\mu_a^f(r) - P\mu_{aN}(r_o)$时，审计师存在一个纯策略均衡：（DN，DN）。此时，显然（5－2－1）式成立，报告提供者将采取合谋策略。

在审计师选聘权 M－A/O－NA2 配置下，审计师保持独立性的边界条件是：

$$\mu_a(r) = 2\mu_a^f(r) - P\mu_{aN}(r_o)$$

2. 当μ_{aN}（r_o）充分大，即在$\mu_a^f(r_o) < P\mu_{aN}(r_o)$时，得到以下结论。

（1）当$\mu_a(r_o) > \mu_a^f(r_o)$时，形成（$D$，$D$）均衡。

（2）当$\mu_a(r_o) < \mu_a^f(r_o)$时，如果$\mu_a(r_o) \geqslant 2\mu_a^f(r) - P\mu_{aN}(r_o)$时，则形成（$D$，$D$）均衡；如果$\mu_a(r_o) \leqslant 2\mu_a^f(r) - P\mu_{aN}(r_o)$时，则形成（$DN$，$D$）均衡。

（3）当$\mu_a^f(r_o) < 0$时，形成（D，D）均衡。

综上所述，当 $\mu_a^f(r_o) < P\mu_{aN}(r_o)$ 时，我们称之为选聘权 M - A/O - NA3 配置。

（1）当 $\mu_a(r_o) \geq 2\mu_a^f(r) - P\mu_{aN}(r_o)$ 时，形成（D，D）均衡。

（2）当 $\mu_a(r_o) \leq 2\mu_a^f(r) - P\mu_{aN}(r_o)$ 时，形成（DN，D）均衡。

在审计师选聘权 M - A/O - NA3 配置下，审计师保持独立性的边界条件是：

$$\mu_a(r_o) = 2\mu_a^f(r) - P\mu_{aN}(r_o)$$

$$\mu_a(r_o) = \mu_a^f(r) + \Delta\mu_{aN}(r_o)$$

$$\Delta\mu_{aN}(r_o) = \mu_a^f(r) - P\mu_{aN}(r_o) < 0$$

1. 两种选聘权 M - A/O - NA1 配置和审计师独立性

当非审计服务充分小时，报告提供者为形成审计合谋必须支付的最小额外补偿是：

$$\underline{T}(M - A/O - NA1, f, r_0) = \underline{T}(M - A1, f, r_0)$$

$$\Delta T(M - A/O - NA1, f, r_0) = \Delta T(M - A1, f, r_0) - \frac{P(1 + r_0)}{(1 - P)(1 - \delta)}NA_c$$

该结论显示，非审计服务由报告使用者选择，由现任审计师承担，不仅不会导致审计师独立性的降低，而且会增强审计师的独立性。

2. 两种选聘权 M - A/O - NA2 配置和审计师独立性

当非审计服务充分小时，报告提供者为形成审计合谋必须支付的最小额外补偿是：

$$\underline{T}(M - A/O - NA2, f, r_0) = \underline{T}(A2, f, r_0) + \frac{P(r_0 + 1)}{2(1 - P)(1 - \delta)}NA_a$$

$$\Delta T(M - A/O - NA2, f, r_0) = \Delta T(A2, f, r_0) - \frac{P(1 + r_0)}{2(1 - P)(1 - \delta)}(NA_a + 2NA_c)$$

该结论显示，非审计服务由报告使用者选择，由现任审计师承担，不仅不会导致审计师独立性的降低，而且会增强审计师的独立性。

3. 两种选聘权 M - A/O - NA3 配置和审计师独立性

当非审计服务充分大时，报告提供者为形成审计合谋必须支付的最小额外补偿情况如下。

（1）当 $R_a(0) \geq NA_a$ 时，则：

$$\underline{T}(M - A/O - NA3, f, r_0) = \underline{T}(A2, f, r_0) + \frac{P(r_0 + 1)}{2(1 - P)(1 - \delta)}NA_a$$

$$\Delta T(M-A/O-NA3,f,r_0)=\Delta T(A2,f,r_0)-\frac{P(1+r_0)}{2(1-P)(1-\delta)}(NA_a+2NA_c)$$

（2）当 R_a（0）$\leqslant NA_a$时，则：

$$\underline{T}(M-A/O-NA3,f,r_0)=\underline{T}(A2,f,r_0)-\frac{P(r_0+1)}{2(1-P)(1-\delta)}R_a(0)+\frac{P(r_0+1)}{(1-P)(1-\delta)}NA_a$$

$$\Delta T(M-A/O-NA3,f,r_0)=\Delta T(A2,f,r_0)-\frac{P(1+r_0)}{2(1-P)(1-\delta)}[2NA_a-R_a(0)+2NA_c]$$

该结论显示，非审计服务由报告使用者选择，由现任审计师承担，不仅不会导致审计师独立性的降低，而且会增强审计师的独立性。

第四节　审计师选聘权 O－A 配置、寡头垄断竞争和审计师独立性

一　审计师选聘权 O－A 配置和审计师独立性

我们容易知道，O－A 配置下的审计师博弈收益矩阵为：

		审计师 2 D	审计师 2 DN
审计师 1	D	$\mu_a(r_0),\mu_a(r_0)$	$\mu_a(r_0),\mu_a^f(r_0)$
	DN	$\mu_a^f(r_0),\mu_a(r_0)$	$\mu_a^f(r_0),\mu_a^f(r_0)$

为方便起见，我们将不完全竞争垄断市场条件下审计师退出市场时的收益标准化为0，根据完全竞争条件下厂商的竞争理论，一旦审计师在审计市场执业，其期望收益将大于0。显然 $\mu_a^f(r_0)>0$，由收益矩阵得到以下结论。

（1）当$\mu_a(r_0)>\mu_a^f(r_0)$时，审计师存在的一个纯策略均衡为（D，D）。

（2）当$\mu_a(r_0)<\mu_a^f(r_0)$时，审计师存在的一个纯策略均衡为（DN，DN）。

关于 O－A 配置情况下审计师独立性的讨论类似于第四章中的讨论，主要的不同是审计师的声誉为固定值，不能被自由进行选择。有关独立性的推导过程，这里不再一一赘述，具体结论情况可以参见本章讨论。这

里，我们主要讨论引入非审计服务对审计师独立性的影响。

二　审计师选聘权 O－A 配置、非审计服务和审计师独立性

（一）两种选聘权 O－A/M－NA 配置和审计师独立性

当非审计服务审计师由报告提供者选聘时，报告提供者便可以利用该选择权影响审计师的独立性。考虑到博弈的初始状态为审计师均处于采取（*D*，*D*）审计策略状态，审计市场和非审计市场均处于不完全竞争状态，于是得到以下结论。

（1）当审计师均采取（*D*，*D*）审计策略时，审计师获得的收益均为 $\mu_a(r_o)+\mu_{aN}(r_o)$。此时，如果博弈中有一个审计师选择合谋策略，由于他们之间的合谋不可从外部观察到，于是继续采取 *D* 策略的审计师获得的收益为 $\mu_a(r_o)+\mu_{aN}(r_o)$，采取 *DN* 策略的审计师获得的收益为 $\mu_a^f(r_o)+\mu_{aN}(r_o)$。

（2）当审计师均采取（*DN*，*DN*）审计策略时，审计师获得的收益均为 $\mu_a^f(r_o)+\mu_{aN}(r_o)$。此时，如果博弈中有一个审计师选择 *D* 策略，于是继续采取 *DN* 策略的审计师获得的收益为 $\mu_a^f(r_o)+\mu_{aN}(r_o)$；对于采取 *D* 策略的审计师，由于其采取的策略由 *DN* 策略变为 *D* 策略，作为惩罚，报告提供者将把非审计服务委托给其他非现任审计师，审计师将失去非审计服务，同时报告提供者也将失去由现任审计师从事非审计业务的相应收益，即采取 *D* 策略的审计师获得的收益为 $\mu_a(r_o)$。以上关系可以用以下收益矩阵表示：

		审计师 2	
		D	*DN*
审计师 1	*D*	$\mu_a(r_o)+\mu_{aN}(r_o)$， $\mu_a(r_o)+\mu_{aN}(r_o)$	$\mu_a(r_o)+\mu_{aN}(r_o)$ $(\mu_a(r_o))$， $\mu_a^f(r_o)+\mu_{aN}(r_o)$
	DN	$\mu_a^f(r_o)+\mu_{aN}(r_o)$， $\mu_a(r_o)+\mu_{aN}(r_o)$ $(\mu_a(r_o))$	$\mu_a^f(r_o)+\mu_{aN}(r_o)$， $\mu_a^f(r_o)+\mu_{aN}(r_o)$

由收益矩阵得到以下结论。

（1）当 $\mu_a(r_o)\geqslant\mu_a^f(r_o)$ 时，形成（*D*，*D*）均衡。

（2）当 $\mu_a(r_o)\leqslant\mu_a^f(r_o)$ 时，形成（*DN*，*DN*）均衡。

在审计师选聘权 O－A/M－NA 配置下，审计师保持独立性的边界条件是：

$$\mu_a(r_o) = \mu_a^f(r_o)$$

类似地，审计师采取合谋策略所需要的最小额外支付为：

$$\underline{T}(O-A/M-A,\ r_0,\ f) = \underline{T}(O-A,\ r_0,\ f)$$

于是，得到：

$$\Delta T(O-A/M-A,\ r_0,\ f) = \Delta T(O-A,\ r_0,\ f) + \frac{(r_0+1)}{(1-P)(1-\delta)}NA_c$$

该结论显示，在 O－A/M－NA 配置下，非审计服务导致审计师的独立性降低。声誉的引入，会强化非审计服务的这种降低作用。

（二）两种选聘权 O－A/O－NA 配置和审计师独立性

当非审计服务审计师由报告使用者选聘时，由于其内在具有追求真实会计信息的动机，报告使用者便可以利用该选聘权选择独立的审计师。考虑到博弈的初始状态为审计师均处于采取（D, D）审计策略状态，审计市场和非审计市场均处于不完全竞争状态，于是得到以下结论。

（1）当审计师均采取（D, D）审计策略时，审计师获得的收益均为 $\mu_a(r_o)+\mu_{aN}(r_o)$。此时，如果博弈中有一个审计师选择 DN 策略，则由于他们之间的合谋不可从外部观察到，于是继续采取 D 策略的审计师获得的收益为 $\mu_a(r_o)+(1+P)\mu_{aN}(r_o)$，采取 DN 策略的审计师获得的收益为 $\mu_a^f(r_0)+(1-P)\mu_{aN}(r_0)$。

（2）当审计师均采取（DN, DN）审计策略时，审计师获得的收益均为 $\mu_a^f(r_o)+\mu_{aN}(r_o)$。此时，如果博弈中有一个审计师选择 D 策略，于是继续采取 DN 策略的审计师获得的收益为 $\mu_a^f(r_o)+\mu_{aN}(r_o)$；对于采取 D 策略的审计师，即使其采取的策略由 DN 策略变为 D 策略，报告使用者也并不会因此改变审计和非审计服务委托关系，即采取 D 策略的审计师获得的收益为 $\mu_a(r_o)+\mu_{aN}(r_o)$。以上关系可以用以下收益矩阵表示：

		审计师 2	
		D	DN
审计师 1	D	$\mu_a(r_o)+\mu_{aN}(r_o)$, $\mu_a(r_o)+\mu_{aN}(r_o)$	$\mu_a(r_o)+(1+P)\mu_{aN}(r_o)$, $\mu_a^f(r_o)+(1-P)\mu_{aN}(r_o)$
	DN	$\mu_a^f(r_o)+(1-P)\mu_{aN}(r_o)$, $\mu_a(r_o)+(1+P)\mu_{aN}(r_o)$	$\mu_a^f(r_o)+\mu_{aN}(r_o)$, $\mu_a^f(r_o)+\mu_{aN}(r_o)$

（1）当 $\mu_a(r_o) \geqslant \mu_a{}^f(r_o) - P\mu_{aN}(r_o)$ 时，形成（D，D）均衡。

（2）当 $\mu_a(r_o) \leqslant \mu_a{}^f(r_o) - P\mu_{aN}(r_o)$ 时，形成（DN，DN）均衡。

在审计师选聘权 O－A/O－N 配置下，审计师保持独立性的边界条件是：

$$\mu_a(r_o) = \mu_a{}^f(r_o) - P\mu_{aN}(r_o)$$

类似地，审计师采取合谋策略所需要的最小额外支付为：

$$\underline{T}(O-A/O-NA,\ r_0,f) = \underline{T}(O-A,\ r_0,f) + \frac{P(1+r_0)}{(1-P)(1-\delta)}NA_a$$

于是，得到：

$$\Delta T(O-A/M-A,\ r_0,f) = \Delta T(O-A,\ r_0,f) - \frac{P(r_0+1)}{(1-P)(1-\delta)}(NA_a + NA_c)$$

该结论显示，在配置下，非审计服务增强审计师的独立性。声誉的引入，会强化非审计服务的这种降低作用。

第五节　审计师选聘权 OA－MA 配置、寡头垄断竞争和审计师独立性

配置 OA－MA 实际上是一个混合配置模式。由于在寡头垄断竞争条件下，我们将审计师选聘权 M－A 配置具体分为 M－A1、M－A2、M－A3 配置，于是，审计师选聘权 OA－MA 配置具体分为以下混合配置类型：M－A1 和 O－A 混合配置 OA－MA1、M－A2 和 O－A 混合配置OA－MA2。

一　审计师选聘权 OA－MA 配置下报告提供者所愿意支付的最大额外补偿和审计师所需要的最低额外补偿

由于配置模式 OA－MA 是一个混合配置模式，我们假设即 k 比例的会计报告使用者拥有审计选聘权，$1-k$ 比例的报告提供者拥有审计选聘权。于是，在审计市场中，审计师遇到 M－A 配置类型并进行博弈的概率是 $1-k$，遇到 O－A 配置类型并进行博弈的概率为 k，由前文知道，在审计师遇到 M－A 配置类型时，实现博弈均衡的报告提供者所愿意支付的最大补偿为 $\overline{T}$（$M-A$，f，r），审计师合谋的最小补偿为 $\underline{T}$（$M-A$，f，r）；在审计师遇到 O－A 配置类型时，实现博弈均衡的报告提供者所愿意支付的最大

补偿为 $\overline{T}(O-A, f, r)$，审计师合谋的最小补偿为 $\underline{T}(O-A, f, r)$，于是，在混合 OA－MA 配置下，期望报告提供者所愿意支付的最大补偿和审计师合谋的最低补偿分别为：

$$\overline{T}(OA-MA, f, r_0)=k\overline{T}(O-A, f, r_0)+(1-k)\overline{T}(M-A, f, r_0)$$
$$\underline{T}(OA-MA, f, r_0)=k\underline{T}(O-A, f, r_0)+(1-k)\underline{T}(M-A, f, r_0)$$

二　审计师选聘权 OA－MA1 配置和审计师独立性

关于审计师选聘权 OA－MA1 配置情况下审计师独立性的讨论类似于第四章中审计师选聘权 OA－MA 配置的讨论，唯一不同的是审计师的声誉为固定值，不能被自由进行选择，这里不再一一赘述。具体结论请参看本章的讨论。

三　审计师选聘权 OA－MA2 配置和审计师独立性

（一）审计师选聘权 OA－MA2 配置下审计师所需要的最低额外补偿

由于 $\overline{T}(OA-MA2, f, r)=k\overline{T}(O-A, f, r)+(1-k)\overline{T}(M-A2, f, r)$，$\underline{T}(OA-MA2, f, r)=k\underline{T}(O-A, f, r)+(1-k)\underline{T}(M-A2, f, r)$得到：

$$\underline{T}(OA-MA2, f, r_o)=\frac{1}{1-P}\left[L_a(f, w, q)P+\frac{(4r_o+2)P-(1-k)(r_o+1)}{2(1-\delta)}R_a(0)\right]$$

（二）审计师选聘权 OA－MA2 配置和审计师独立性

$$\Delta T(OA-MA2, f, r_o)=\overline{T}(OA-MA2, f, r_o)-\underline{T}(C2, f, r_o)$$
$$=\overline{T}(OA-MA2, f, r_o)-\frac{1}{1-P}\left[L_a(f, w, q)P+\frac{(4r_o+2)P-(1-k)(r_o+1)}{2(1-\delta)}R_a(0)\right]$$

$$\Delta T(OA-MA2, f, r_o)$$
$$=\frac{(1+r_o)R_c(f)}{1-\delta}-\frac{P}{(1-P)}\left[\frac{1+r_o}{1-\delta}R_c(0)+L_c(f)\right]$$
$$-\frac{1}{1-P}\left[L_a(f, w, q)P+\frac{(4r_o+2)P-(1-k)(r_o+1)}{2(1-\delta)}R_a(0)\right]$$

类似地，得到以下结论。

（1）审计师不参与合谋的条件为：

$\Pi(OA-MA2, r_o)=\{f: \Delta T(OA-MA2, f, r_o)>0\}=\varphi$，即它是空集。

(2) 审计师参与合谋的条件为：

$\Pi(OA-MA2, r_o)=\{f:\Delta T(OA-MA2, f, r_o)>0\}\neq\varphi$，即它是非空集。

(三) 审计师选聘权 OA－MA2 配置、会计信息虚报程度和审计师独立性

当 Π $(OA-MA2, r_o)\neq\varphi$ 时，审计师将与报告提供者合谋，显然他们将选择使得合谋所获得的额外支付达到最大，即 $f=\arg\max\limits_{f}\Delta T$ $(OA-MA2, f, r_o)$，于是我们得到作假程度的最优解集为：

$$\Pi^*(OA-MA2, r_o)=\{f:\max\Delta T(OA-MA2, f, r_o)\}\cap\{f:\Delta T(OA-MA2, f, r_o)>0\}$$

$$\begin{aligned}&\Delta T(OA-MA2, f, r_o)\\&=\frac{(1+r_o)R_c(f)}{1-\delta}-\frac{P}{(1-P)}\left[\frac{1+r_o}{1-\delta}R_c(0)+L_c(f)\right]\\&-\frac{1}{1-P}\left[L_a(f, w, q)P+\frac{(4r_o+2)P-(1-k)(r_o+1)}{2(1-\delta)}R_a(0)\right]\end{aligned}$$

$$\frac{\partial\Delta T(OA-MA2, f, r_o)}{\partial r_o}=\frac{2(1-P)R_c(f)-2PR_c(0)-4PR_a(0)+(1-k)R_a(0)}{2(1-\delta)(1-P)}$$

$$\begin{aligned}\Pi^*(OA-MA2, r_o)=&\left\{f:\frac{(1+r_o)R_c'(f)}{L_a'(f, w, q)+L_c'(f)}=\frac{P}{(1-P)(1-\delta)}\right\}\\&\cap\{f:\max\Delta T(OA-MA2, f, r_o)\}\cap\{f:\Delta T(OA-MA2, f, r_o)>0\}\end{aligned}$$

(1) 当 $(1-k)>\dfrac{4PR_a(0)+2PR_c(0)-2(1-P)R_c(f)}{R_a(0)}$ 时，声誉将增强总体审计师独立性。

(2) 当 $(1-k)<\dfrac{4PR_a(0)+2PR_c(0)-2(1-P)R_c(f)}{R_a(0)}$ 时，声誉将降低总体审计师独立性。

四 审计师选聘权 OA－MA2 配置、经济依赖和审计师独立性

当 Π $(OA-MA2, r_o)\neq\varphi$ 时，审计师与报告提供者博弈形成的 Nash 均衡策略为 (F, DN)，审计师和审计师博弈形成的 Nash 均衡策略为 (DN, DN)。但是，由于：

$$\begin{aligned}&\Delta T(OA-MA2, f, r_o)\\&=\frac{(1+r_o)R_c(f)}{1-\delta}-\frac{P}{(1-P)}\left[\frac{1+r_o}{1-\delta}R_c(0)+L_c(f)\right]\\&-\frac{1}{1-P}\left[L_a(f, w, q)P+\frac{(4r_o+2)P-(1-k)(r_o+1)}{2(1-\delta)}R_a(0)\right]\end{aligned}$$

$$\frac{\partial \Delta T(OA-MA2,f,r_o)}{\partial R_a(0)}=-\frac{(4r_o+2)P-(1-k)(r_o+1)}{2(1-\delta)(1-P)},$$

$$\frac{\partial \Delta T(OA-MA2,f,r_o)}{\partial R_a(0)\partial r_o}=-\frac{4P-(1-k)}{2(1-\delta)(1-P)}$$

由此，我们得到以下结论。

（1）当 $(1-k)<\frac{4r_o+2}{r_o+1}$时，经济依赖越大，越有利于保持审计师独立性。当 $k>1-4P$ 时，声誉将对经济依赖对审计师独立性的影响产生同向的强化作用；当 $k<1-4P$ 时，声誉将对经济依赖对审计师独立性的影响产生反向的减弱作用。

（2）当 $(1-k)>\frac{4r_o+2}{r_o+1}$时，经济依赖越大，越会损害审计师的独立性。当 $k>1-4P$ 时，声誉将对经济依赖对审计师独立性的影响产生同向的强化作用；当 $k<1-4P$ 时，声誉将对经济依赖对审计师独立性的影响产生反向的减弱作用。

如果 $\Pi\ (OA-MA2,r_0)=\varphi$，审计师与报告提供者博弈形成的 Nash 均衡策略为 (T,D)，则一旦会计报告提供者要求审计师合谋，审计师会主动选择放弃。此时，审计师的经济依赖就不会形成对独立性的威胁。

五　审计师选聘权 OA－MA2 配置、审计收费和审计师独立性

令 $\bar{T}\ (OA-MA2,f,r_o)=0$ 得到：

$$\bar{R}_a(0)=\frac{2P(1-\delta)}{(1-k)(r_o+1)-(4r_o+2)P}L_a(f,w,q)$$

（1）当 $(1-k)>\frac{(4r_o+2)\ P}{(r_o+1)}$时，报告提供者就能凭借市场审计收费出价找到合作的审计师。

（2）当 $(1-k)<\frac{(4r_o+2)\ P}{(r_o+1)}$时，报告提供者不能凭借市场审计收费出价找到合作的审计师。

六　审计师选聘权 OA－MA2 配置、低价承揽和审计师独立性

当审计市场存在低价承揽的情况时，现任审计师的审计收益要大于后

任审计师的收益，即 $R_a^{\ H}(0) > R_a(0)$。所以，当现任审计师与报告提供者签订审计合约时，其合谋所需要的最低额外补偿为：

由 $\underline{T}^H(OA-MA2,f,r_o)=\frac{1}{1-P}\Big[L_a(f,w,q)P+\frac{(4r_o+2)P-(1-k)(r_o+1)}{2(1-\delta)}R_a^{\ H}(0)\Big]$ 得到：

$$\frac{\partial\Delta T^H(OA-MA2,f,r_o)}{\partial R_a^{\ H}(0)}=-\frac{(4r_o+2)P-(1-k)(r_o+1)}{2(1-\delta)(1-P)}$$

$$\frac{\partial\Delta T^H(OA-MA2,f,r_o)}{\partial R_a^{\ H}(0)\partial r_o}=-\frac{4P-(1-k)}{2(1-\delta)(1-P)}$$

（1）当 $(1-k)<\frac{4r_o+2}{r_o+1}$ 时，$\Delta T^H(OA-MA2,f,r_0)>\Delta T(OA-MA2,f,r_0)$，由此，低价承揽将降低审计师独立性。当 $k>1-4P$ 时，声誉将对经济依赖对审计师独立性的影响产生同向的强化作用；当 $k<1-4P$ 时，声誉将对经济依赖对审计师独立性的影响产生反向的减弱作用。

（2）当 $(1-k)>\frac{4r_o+2}{r_o+1}$ 时，$\Delta T^H(OA-MA2,f)<\Delta T(OA-MA2,f)$，由此，低价承揽将强化审计师独立性。当 $k>1-4P$ 时，声誉将对经济依赖对审计师独立性的影响产生同向的强化作用；当 $k<1-4P$ 时，声誉将对经济依赖对审计师独立性的影响产生反向的减弱作用。

七　审计师选聘权 OA－MA2 配置、审计师任期和审计师独立性

当报告使用者成为审计委托人时，如果审计师采取独立审计策略，则显然，该审计师将获得未来剩余的审计合约；如果审计师选择合谋，则一旦合谋被发现，将被报告使用者中止剩余合约。如果未被发现，则其将继续执行意愿期限合约。同时，由于：

$$\bar{T}(OA-MA2,f,r,T_1,T_2)=k\bar{T}(B,f,r,T_1,T_2)+(1-k)\bar{T}(A2,f,r,T_1,T_2)$$

$$\underline{T}(OA-MA2,f,r,T_1,T_2)=k\underline{T}(B,f,r,T_1,T_2)+(1-k)\underline{T}(A2,f,r,T_1,T_2)$$

由此得到的管理者需要支付的最小额外报酬是：

$$\underline{T}(OA-MA2,f,r_o,T_1,T_2)=\frac{1}{(1-P)}\cdot$$

$$\left\{L_a(f,w,q)P+\frac{1-\delta^{T_1}}{2(1-\delta)}(1-k)(r_o+1)R_a(0)+\frac{1-\delta^{T_2}}{(1-\delta)}[2r_oP+P-(1-k)(r_o+1)]R_a(0)\right\}$$

$$\frac{\partial\Delta T(OA-MA2,f,r_o,T_1,T_2)}{\partial T_1}=\frac{(1-k)(r_o+1)\delta^{T_1}\ln\delta}{2(1-\delta)(1-P)}R_a(0)$$

$$\frac{\partial\Delta T(OA-MA2,f,r_o,T_1,T_2)}{\partial T_1\partial r_o}=\frac{(1-k)\delta^{T_1}\ln\delta}{2(1-\delta)(1-P)}R_a(0)$$

$$\frac{\partial\Delta T(OA-MA2,f,r_o,T_1,T_2)}{\partial T_2}=\frac{[2r_oP+P-(1-k)(r_o+1)]\delta^{T_2}\ln\delta}{(1-\delta)(1-P)}R_a(0)$$

$$\frac{\partial\Delta T(OA-MA2,f,r_o,T_1,T_2)}{\partial T_2\partial r_o}=\frac{(2P-1+k)\delta^{T_2}\ln\delta}{(1-\delta)(1-P)}R_a(0)$$

由此，得到以下结论。

（1）ΔT（$OA-MA2, f, r_0, T_1, T_2$）是 T_1 的减函数，意味着审计师的剩余合约任期增加，ΔT（$OA-MA2, f, r_0, T_1, T_2$）将降低，导致审计师独立性增强，反之，则导致独立性降低。声誉的引入，进一步强化了 T_1 审计师独立性的增强作用。

（2）当（$1-k$）$>\frac{2r_oP+P}{r_o+1}$时，ΔT（$OA-MA2, f, r_0, T_1, T_2$）是 T_2 的减函数，意味着审计师的意愿合约任期增加，ΔT（$OA-MA2, f, r_0, T_1, T_2$）将降低，导致审计师独立性增强，反之，则导致独立性降低。当 $k>1-2P$ 时，声誉将对审计师任期对审计师独立性的影响产生同向的强化作用；当 $k<1-2P$ 时，声誉将对审计师任期对审计师独立性的影响产生反向的减弱作用。

（3）当（$1-k$）$<\frac{2r_oP+P}{r_o+1}$时，ΔT（$OA-MA2, f, r_0, T_1, T_2$）是 T_2 的增函数，意味着审计师的意愿合约任期增加，ΔT（$OA-MA2, f, r_0, T_1, T_2$）将升高，导致审计师独立性降低，反之，则导致独立性增强。当 $k>1-2P$ 时，声誉将对审计师任期对审计师独立性的影响产生反向的强化作用；当 $k<1-2P$ 时，声誉将对审计师任期对审计师独立性的影响产生同向的减弱作用。

八　审计师选聘权 OA－MA2 配置、法律责任、审计师财富、审计准则和审计师独立性

（一）审计师的无过失责任

如前所述，让审计师法律责任和审计师财富使得审计师采取独立策

略，需要满足 $\Pi\ (OA-MA2,\ r_0)=\varphi$，由此得到的阻止所有配置（M－A，O－A）状态审计师合谋的审计师法律责任和审计师财富解集分别为：

$$\Pi_D^L(OA-MA2,\ r_0)=\left\{L_a(f,\ w,\ q):L_a(f,\ w,\ q)\geqslant\frac{(1-P)}{P}\right.$$

$$\left.\left[\bar{T}(OA-MA2,\ f,\ r_o)-\frac{(4r_o+2)P-(1-k)(r_o+1)}{2(1-\delta)(1-P)}R_a(0)\right]\right\}$$

$$\Pi_D^w(OA-MA2,\ r_0)=\left\{w:L_a(f,\ w,\ q)\geqslant\right.$$

$$\left.\frac{(1-P)}{P}\left[\bar{T}(OA-MA2,\ f,\ r_o)-\frac{(4r_o+2)P-(1-k)(r_o+1)}{2(1-\delta)(1-P)}R_a(0)\right]\right\}$$

如果审计师的财富充分大，即 $w\in\Pi_D^w\ (OA-MA2,\ r_0)$ 时，则充裕的审计师财富将使法律责任能够得到充分的实施，所以，加大对审计师的法律责任，能有效增强审计师独立性。

如果 $\Pi\ (OA-MA2,\ r_0)\neq\varphi$，则审计师法律责任和审计师财富将使得审计师采取合谋策略，此时审计师法律责任和审计师财富解集分别为：

$$\Pi_{DN}^L(OA-MA2,\ r_0)=\left\{L_a(f,\ w,\ q):L_a(f,\ w,\ q)\leqslant\right.$$

$$\left.\frac{(1-P)}{P}\left[\bar{T}(OA-MA2,\ f,\ r_o)-\frac{(4r_o+2)P-(1-k)(r_o+1)}{2(1-\delta)(1-P)}R_a(0)\right]\right\}$$

$$\Pi_{DN}^w(OA-MA2,\ r_0)=\left\{w:L_a(f,\ w,\ q)\leqslant\right.$$

$$\left.\frac{(1-P)}{P}\left[\bar{T}(OA-MA2,\ f,\ r_o)-\frac{(4r_o+2)P-(1-k)(r_o+1)}{2(1-\delta)(1-P)}R_a(0)\right]\right\}$$

如果审计师的财富充分小，即 $w\in\Pi_{DN}^w\ (OA-MA2,\ r_0)$ 时，则法律责任由于受审计师财富的限制，不能得到充分的实施，所以，加大对审计师的法律责任，并不能增强审计师独立性。

如果审计市场中存在财富分别是 $w_1<w_2<\cdots<w_n$ 的 n 类审计师，存在某个 i，$i\in\{1,\ 2,\ \cdots,\ n\}$，使得 $w_i\in\Pi_{DN}^w\ (OA-MA2,\ r)$，即 $w_i\notin\Pi_D^w\ (OA-MA2,\ r)$，则 $\Pi\ (OA-MA2,\ r)\neq\varphi$，该 i 类审计师就会采取合谋策略，如果配置 O－A 企业所带来的期望收益大于配置 M－A 企业所带来的期望收益，该类审计师就会被市场所淘汰。反之，该类审计师就会占领市场。只有所有的 i，$i\in\{1,\ 2,\ \cdots,\ n\}$，使得 $w_i\notin\Pi_{DN}^w\ (OA-MA2,\ r)$，则所有审计师才均会保持独立。

（二）审计师的有过失责任

$$\Pi_D^L(OA-MA2,\ r_0)=\left\{L_a(f,\ w):qL_a(f,\ w)\geqslant \frac{(1-P)}{P}\left[\bar{T}(OA-MA2,f,\ r_o)-\frac{(4r_o+2)P-(1-k)(r_o+1)}{2(1-\delta)(1-P)}R_a(0)\right]\right\}$$

$$\Pi_D^w(OA-MA2,\ r_0)=\left\{w:qL_a(f,\ w)\geqslant \frac{(1-P)}{P}\left[\bar{T}(OA-MA2,f,\ r_o)-\frac{(4r_o+2)P-(1-k)(r_o+1)}{2(1-\delta)(1-P)}R_a(0)\right]\right\}$$

$$\Pi_D^q(OA-MA2,\ r_0)=\left\{q:qL_a(f,\ w)\geqslant \frac{(1-P)}{P}\left[\bar{T}(OA-MA2,f,\ r_o)-\frac{(4r_o+2)P-(1-k)(r_o+1)}{2(1-\delta)(1-P)}R_a(0)\right]\right\}$$

如果 $\Pi\ (OA-MA2)\neq\varphi$，则审计师法律责任和审计师财富将使得审计师采取合谋策略，此时审计师法律责任、会计准则和审计师财富解集分别为：

$$\Pi_{DN}^L(OA-MA2,\ r_0)=\left\{L_a(f,\ w):qL_a(f,\ w)\leqslant \frac{(1-P)}{P}\left[\bar{T}(OA-MA2,f,\ r_o)-\frac{(4r_o+2)P-(1-k)(r_o+1)}{2(1-\delta)(1-P)}R_a(0)\right]\right\}$$

$$\Pi_{DN}^w(OA-MA2,\ r_0)=\left\{w:qL_a(f,\ w)\leqslant \frac{(1-P)}{P}\left[\bar{T}(OA-MA2,f,\ r_o)-\frac{(4r_o+2)P-(1-k)(r_o+1)}{2(1-\delta)(1-P)}R_a(0)\right]\right\}$$

$$\Pi_{DN}^q(OA-MA2,\ r_0)=\left\{q:qL_a(f,\ w)\geqslant \frac{(1-P)}{P}\left[\bar{T}(OA-MA2,f,\ r_o)-\frac{(4r_o+2)P-(1-k)(r_o+1)}{2(1-\delta)(1-P)}R_a(0)\right]\right\}$$

显然，以上解集之间的关系为：

$$\Pi_D^L(OA-MA2,\ r_0)\cap\Pi_{DN}^L(OA-MA2,\ r_0)=\varphi,\ \Pi_D^L(OA-MA2,\ r_0)\cup\Pi_{DN}^L(OA-MA2,\ r_0)=\Omega(L)$$

$$\Pi_D^w(OA-MA2,\ r_0)\cap\Pi_{DN}^w(OA-MA2,\ r_0)=\varphi,\ \Pi_D^w(OA-MA2,\ r_0)\cup\Pi_{DN}^w(OA-MA2,\ r_0)=\Omega(w)$$

九　审计师选聘权 OA - MA2 配置、会计监管和审计师独立性

由 Π（$OA-MA2$）$=\varphi$，得到的 P 的边界条件为：

$$\Delta T(OA-MA2,f,r_o)=0$$

$$\Delta T(OA-MA2,f,r_o)$$
$$=\frac{(1+r_o)R_c(f)}{1-\delta}-\frac{P}{(1-P)}\left[\frac{1+r_o}{1-\delta}R_c(0)+L_c(f)\right]$$
$$-\frac{1}{1-P}\left[L_a(f,w,q)P+\frac{(4r_o+2)P-(1-k)(r_o+1)}{2(1-\delta)}R_a(0)\right]$$

得到：

$$P\geqslant\frac{2(1+r_o)R_c(f)+2(1-k)(r_o+1)R_a(0)}{2(1+r_o)R_c(f)+2(1+r_o)R_c(0)+(4r_o+2)R_a(0)+2(1-\delta)[L_c(f)+L_a(f,w,q)]}$$

$$\Pi^P(OA-MA2,r_0)=$$

$$\left\{P:P\geqslant\frac{2(1+r_o)R_c(f)+2(1-k)(r_o+1)R_a(0)}{2(1+r_o)R_c(f)+2(1+r_o)R_c(0)+(4r_o+2)R_a(0)+2(1-\delta)[L_c(f)+L_a(f,w,q)]}\right\}$$

十　审计师选聘权 OA - MA 配置、非审计服务和审计师独立性

由前文知道以下内容。①在审计服务市场中，审计师选聘权配置类型为 O - A、M - A（包括 M - A1 和 M - A2），它们的比例分别为：k、$1-k$。②在非审计服务市场中，非审计服务审计师选聘权配置类型有两种：M - NA、O - NA。假定它们的比例分别为：s、$1-s$。因此，审计师在市场中遇到不同类型的概率如下（见表 5 - 1）。

表 5 - 1　审计师在市场中遇到不同类型的概率

类型	M - A /M - NA	M - A /M - OA	O - A /M - NA	O - A /O - NA
遇见概率	$(1-k)s$	$(1-k)(1-s)$	ks	$k(1-s)$

由此，得到以下结论。

（一）报告提供者为合谋所愿意支付的最大额外补偿

$$\bar{T}(OA-MA/ONA-MNA,f,r_0)=(1-k)s\bar{T}(M-A/M-NA,f,r_0)$$
$$+(1-k)(1-s)\bar{T}(M-A/O-NA,f,r_0)+ks\bar{T}(O-A/M-NA,f,r_0)$$

$$+k(1-s)\overline{T}(O-A/O-NA,f,r_0)$$

$$\overline{T}(OA-MA/ONA-MNA,f,r_0)=\overline{T}(OA-MA,f,r_0)+\frac{(s-P+sP)(1+r_0)}{(1-\delta)(1-P)}(s-P)NA_c$$

（二）审计师合谋所需要的最低额外补偿

$$\underline{T}(OA-MA/ONA-MNA,f,r_0)=(1-k)s\underline{T}(M-A/M-NA,f,r_0)$$

$$+(1-k)(1-s)\underline{T}(M-A/O-NA,f,r_0)+ks\underline{T}(O-A/M-NA,f,r_0)$$

$$+k(1-s)\underline{T}(O-A/O-NA,f,r_0)$$

$$\underline{T}(OA-MA/ONA-MNA,f,r_0)=\underline{T}(OA-MA,f,r_0)-\Delta K\cdot NA_a$$

其中：

$$\Delta K=(1-k)sK(M-A/M-NA)-(1-k)(1-s)K(M-A/O-NA)$$

$$+ksK(O-A/M-NA)-k(1-s)K(O-A/O-NA)$$

得到：

$$\Delta T(OA-MA/ONA-MNA,f,r_0)=$$

$$\overline{T}(OA-MA/ONA-MNA,f,r_0)-\underline{T}(OA-MA/ONA-MNA,f,r_0)$$

$$=\Delta T(OA-MA,f,r_0)+\frac{(1+r_0)}{(1-\delta)(1-P)}\{(s-P+sP)NA_c-\Delta KNA_a\}$$

由此，得到以下结论。

（1）当$\frac{s-P+sP}{\Delta K}>\frac{NA_a}{NA_c}$时，$\Delta T(OA-MA/ONA-MNA,f,r_0)>\Delta T(OA-MA,f,r_0)$。

这说明由现任审计师承担企业的非审计服务，将增强审计师独立性。

（2）当$\frac{s-P+sP}{\Delta K}<\frac{NA_a}{NA_c}$时，$\Delta T(OA-MA/ONA-MNA,f,r_0)<\Delta T(OA-MA,f,r_0)$。

这说明由现任审计师承担企业的非审计服务，将导致审计师独立性的降低。

第六节　审计师选聘权配置、风险偏好、寡头垄断竞争和审计师独立性

在前面的讨论中，事实上我们均假设博弈参与各方的风险态度为中

性，并没有考虑风险态度对审计师独立性的影响。下面，我们将审计师的风险态度引入进来，以考察审计师风险态度的变化对审计师独立性的影响。这里我们主要考察风险追求和风险回避相对于风险中性时审计师独立性的变化情况。

一 风险追求和审计师独立性

按照展望理论，风险追求条件下原来的合谋边界条件 $\alpha U_a(X, F, r_o, DN, DN_{-a}) = U_a(X, F, r_o, D, D_{-a})$ 将转化为：

$$\alpha U_a(X, F, r_o, DN, DN_{-a}) > U_a(X, F, r_o, D, D_{-a})$$

其中，X = M - A1，M - A2，O - A，OA - MA1，OA - MA2。

我们可以将以上不等式恒等变为：

$$\alpha U_a^s(X, F, r_o, DN, DN_{-a}) = \alpha U_a(X, F, r_o, D, D_{-a}) + \lambda_s(\xi, r_0)$$

其中，ξ 表示对审计师风险态度的影响因素，并满足：

$$\lambda_s(X, r_0) > 0, \frac{\partial \lambda_s(\xi, r_0)}{\partial \xi} > 0, \frac{\partial \lambda_s(\xi, r_0)}{\partial r_0} < 0$$

此时，审计师声誉越高，审计师越趋于进行风险回避。

同理，在风险状态下的审计师合谋的均衡条件为：

$$\alpha U_a^s(X, F, r_o, DN, DN_{-a}) = U_a^s(X, F, r_o, D, D_{-a})$$

$$\alpha U_a(X, F, r_o, DN, DN_{-a}) + \lambda_s(\xi, r_0) = U_a(X, F, r_o, D, D_{-a})$$

$$\underline{T}^s(X, f, r_o) = \underline{T}(X, f, r_o) - \frac{\lambda_s(\xi, r_0)}{(1-P)}$$

$$\frac{\partial \Delta T^s(X, r_0, f)}{\partial \xi} = \frac{1}{(1-P)} \frac{\partial \lambda_s(\xi, r_0)}{\partial \xi} > 0,$$

$$\frac{\partial \Delta T^s(X, r_0, f)}{\partial r_0} = \frac{1}{(1-P)} \frac{\partial \lambda_s(\xi, r_0)}{\partial r} < 0$$

因此，审计师处于风险追求状态时，会导致其合谋动机强化，以降低审计师的独立性。审计师声誉可以对这种影响起到反向的弱化作用。

二 风险回避和审计师独立性

在风险回避条件下，原来审计师合谋的边界条件 $\alpha U_a(X, F, r_o, DN, DN_{-a}) = U_a(X, F, r_o, D, D_{-a})$ 将转化为：

$$\alpha U_a(X, F, r_o, DN, DN_{-a}) < U_a(X, F, r_o, D, D_{-a})$$

我们可以将以上不等式恒等变为：

$$U_a{}^h(X, F, r_o, DN, DN_{-a}) = U_a{}^h(X, F, r_o, D, D_{-a}) + \lambda_h(\xi, r_0),$$

其中，$\lambda_h(\xi, r_0) > 0$，$\frac{\partial \lambda_h(\xi, r_0)}{\partial \xi} > 0$，$\frac{\partial \lambda_h(\xi, r_0)}{\partial r_0} < 0$。

同理，在风险状态下的审计师合谋的均衡条件为：

$$\alpha U_a{}^h(X, F, r_o, DN, DN_{-a}) = U_a{}^h(X, F, r_o, D, D_{-a})$$

$$\alpha U_a(X, F, r_o, DN, DN_{-a}) = U_a(X, T, r_o, D, D_{-a}) + \lambda_s(\xi, r_0)$$

$$\underline{T}^h(X, f, r_o) = \underline{T}(X, f, r_o) + \frac{\lambda_h(\xi, r_0)}{(1-P)}$$

$$\frac{\partial \Delta T^h(X, r_0, f)}{\partial \xi} = -\frac{1}{1-P}\frac{\partial \lambda_h(\xi, r_0)}{\partial \xi} > 0,$$

$$\frac{\partial \Delta T^h(X, r_0, f)}{\partial r_0} = -\frac{1}{1-P}\frac{\partial \lambda_h(\xi, r_0)}{\partial r_0} > 0$$

因此，审计师处于风险追求状态时，会导致其合谋动机降低，以增强审计师的独立性。审计师声誉可以对这种影响起到同向的强化作用。

三　审计师选聘权选聘权配置、风险偏好和审计师独立性

类似地，按照展望理论，我们得到以下结论。

（1）在审计师选聘权 M－A 配置下，当 $\xi > 1 - \frac{TR_0}{TR}$，且 $TR > TR_0$ 时，就采取独立审计策略的审计师而言，审计师由于可能失去该项审计业务而进入风险追求状态，这进而加速了审计师独立性的降低，且 $\frac{\partial \Delta T^s(M-A, f, r_0)}{\partial \xi} = \frac{\lambda_s'(M-A, \xi, r_0)}{(1-P)} > 0$，所以，$\xi$ 越高，其对审计师独立性降低的加速作用就越大。否则，采取独立审计策略，将不会影响审计师的风险态度。与完全市场竞争和垄断市场竞争条件下的情况不同的是，寡头垄断声誉的引入，将在一定程度上降低审计师的风险追求程度，这种降低的程度不低于垄断市场竞争条件下的降低程度。

（2）在审计师选聘权 O－A 配置下，当 $\xi > 1 - \frac{TR_0}{TR}$，且 $TR > TR_0$ 时，

就采取独立审计策略的审计师而言，审计师由于可以获得该项审计业务收入而进入风险回避状态，由前面所述可知，它实质上加速了审计师独立性的增强。且$\frac{\partial \Delta T^{h}(O-A, f, r_{0})}{\partial \xi} = -\frac{\lambda_{h}^{'}(O-A, \xi, r_{0})}{1-P} < 0$，则$\xi$越高，其对审计师独立性增强的加速作用就越大。否则，采取独立审计策略，将不会影响审计师的风险态度。与完全市场竞争和垄断市场竞争条件下的情况不同的是，寡头垄断声誉的引入，将在一定程度上加速审计师的风险回避程度，这种降低的程度不低于垄断市场竞争条件下的加速程度。

（3）审计师选聘权 OA－MA 配置下，当$\xi > 1 - \frac{TR_{0}}{TR}$，且$TR > TR_{0}$时，如果审计师在 M－A 配置下获得的审计业务期望收益大于配置 O－A 状态下的审计业务期望收益，则将使得审计师失去该项审计业务而进入风险追求状态，它将导致审计师独立性降低，且$\frac{\partial \Delta T^{s}(OA-MA, f, r_{0})}{\partial \xi} = \frac{\lambda_{s}^{'}(OA-MA, \xi, r_{0})}{(1-P)}$，则$\xi$越高，其对审计师独立性降低的加速作用就越大。反之，如果审计师在 O－A 配置下获得的期望收益大于在 M－A 配置下获得的期望收益，则将使得审计师失去该项审计业务而进入风险追求状态，它将加速审计师独立性增强，且$\frac{\partial \Delta T^{h}(OA-MA, f, r_{0})}{\partial \xi} = -\frac{\lambda_{h}^{'}(OA-MA, \xi, r_{0})}{(1-P)}$，则$\xi$越高，其对审计师独立性增强的加速作用就越大。与完全市场竞争和垄断市场竞争条件下不同的是，寡头垄断声誉的引入，将在一定程度上加速审计师的风险回避程度，这种降低的程度不低于垄断市场竞争条件下的加速程度。

（4）非审计服务业务对审计师独立性的影响问题，也可以采取以上方法进行类似的分析，这里不再赘述。

第七节 比较和讨论

一 审计师选聘权 M－A 配置下寡头垄断、垄断竞争对审计师独立性影响的比较

审计师选聘权 M－A 配置下寡头垄断、垄断竞争对审计师独立性影响的比较见表 5－2。

表 5-2　审计师选聘权 M-A 配置下寡头垄断、垄断竞争对审计师独立性影响的比较

指标		寡头垄断下审计师选聘权 M-A1 配置	寡头垄断下审计师选聘权 M-A2 配置	垄断竞争下审计师选聘权 M-A 配置
独立性强度	比较	$\Delta T(M-A1, r_o, f)=\frac{(1+r_o)R_c(f)}{1-\delta}-\frac{P}{(1-P)}\left[\frac{1+r_o}{1-\delta}R_c(0)+L_c(f)\right]-\frac{P}{(1-P)}\left[L_a(f,w,q)+\frac{2r_o+1}{(1-\delta)}R_a(0)\right]$	$\Delta T(M-A2, f, r_o)=\frac{(1+r_o)R_c(f)}{1-\delta}-\frac{P}{(1-P)}\left[\frac{1+r_o}{1-\delta}R_c(0)+L_c(f)\right]-\frac{P}{1-P}\left[L_a(f,w,q)+\frac{(4r_o+2)P-(r_o+1)}{2(1-\delta)P}R_a(0)\right]$	$\Delta T(M-A, r, f)=\frac{(r+1)R_c(f)}{1-\delta}-\frac{P}{(1-P)}\left[\frac{1+r}{1-\delta}R_c(0)+L_c(f)\right]-\frac{P}{(1-P)}\left[L_a(f,w,q)+\frac{(2r+1)P-(1+r)}{(1-\delta)P}R_a(0)\right]$
	讨论	由于 $\Delta T(M-A, r, f)>\Delta T(M-A2, f, r_o)>\Delta T(M-A1, r_o, f)$，说明： 1. 在 M-A 配置下，相对于垄断竞争市场，寡头垄断能增强审计师独立性（如果声誉是相同的） 2. 在其他条件相同情况下，在 M-A1 配置下的审计师独立性要高于 M-A2 配置下的审计师独立性		
作假程度	比较	$\Pi^*(M-A1, r_o)=\left\{f:\frac{(1+r_o)R_c'(f)}{L_a'(f,w,q)+L_c'(f)}=\frac{P}{(1-P)(1-\delta)}\right\}\cap\{f:\max\Delta T(M-A,f)\}\cap\{f:\Delta T(M-A,f)>0\}$	$\Pi^*(M-A2, r_o)=\left\{f:\frac{(1+r_o)R_c'(f)}{L_a'(f,w,q)+L_c'(f)}=\frac{P}{(1-P)(1-\delta)}\right\}\cap\{f:\max\Delta T(M-A2, f, r_o)\}\cap\{f:\Delta T(M-A2, f, r_o)>0\}$	（1）当 $P>\frac{R_c(f)+R_c(0)+R_a(0)}{R_c(f)+2R_c(0)+2R_a(0)}$ 时， $r^*=0$， $\Pi^*(M-A, r)=\left\{f:\frac{R_c'(f)}{L_a'(f,w,q)+L_c'(f)}=\frac{P}{(1-P)(1-\delta)}\right\}\cap\{f:\max\Delta T(M-A,f)\}\cap\{f:\Delta T(M-A,f)>0\}$ （2）当 $P<\frac{R_c(f)+R_c(0)+R_a(0)}{R_c(f)+2R_c(0)+2R_a(0)}$ 时， $r^*=r_m$， $\Pi^*(M-A, r)=$

续表

指标		寡头垄断下审计师选聘权 M - A1 配置	寡头垄断下审计师选聘权 M - A2 配置	垄断竞争下审计师选聘权 M - A 配置
作假程度	比较			$\left\{f:\frac{(1+r_m)R_c'(f)}{L_a'(f, w, q)+L_c'(f)}=\frac{P}{(1-P)(1-\delta)}\right\}$ $\cap\{f:\max\Delta T(M-A, f)\}\cap\{f:\Delta T(M-A, f)>0\}$
	讨论	1. 在其他条件相同情况下，在 M - A 配置下虚报会计信息的程度与 M - A2 配置下虚报会计信息的程度是相同的 2. 寡头垄断究竟增加还是降低虚报会计信息程度，主要取决于法律责任制度的安排		
经济依赖	比较	$\frac{\partial\Delta T(M-A1, f, r_o)}{\partial R_a(0)}=-\frac{(2r_o+1)P}{(1-P)(1-\delta)}$	$\frac{\partial\Delta T(M-A2, f, r_o)}{\partial R_a(0)}=-\frac{(4r_o+2)P-(r_o+1)}{2(1-\delta)(1-P)}$	$\frac{\partial\Delta T(M-A, r, f)}{\partial R_a(0)}=-\frac{rP+(1+r)(P-1)}{(1-\delta)(1-P)}$
	讨论	1. 相对于垄断竞争，寡头垄断减轻了经济依赖降低审计师独立性的边际作用 2. M - A1 配置下经济依赖降低审计师独立性的作用要小于 M - A2 配置下的降低作用		
低价承揽	比较	$\frac{\partial\Delta T^H(M-A, r, f)}{\partial R_a{}^H(0)}=-\frac{r_0P+(1+r_0)(P-1)}{(1-\delta)(1-P)}$	$\frac{\partial\Delta T^H(M-A2, f, r_o)}{\partial R_a{}^H(0)}=-\frac{(4r_o+2)P-(r_o+1)}{2(1-\delta)P}$	$\frac{\partial\Delta T^H(M-A, r, f)}{\partial R_a{}^H(0)}=-\frac{rP+(1+r)(P-1)}{(1-\delta)(1-P)}$
	讨论	1. 相对于垄断竞争，寡头垄断减轻了低价承揽降低审计师独立性的边际作用 2. M - A1 配置下低价承揽降低审计师独立性的作用要小于 M - A2 配置下的降低作用		
审计收费	比较	$\bar{R}_a(0)<0$	$\bar{R}_a(0)=\frac{2(1-\delta)PL_a(f, w, q)}{r_o+1-(4r_o+2)P}$	$\bar{R}_a(0)=\frac{(1-\delta)P}{(1+r)(1-P)-rP}L_a[f, w, q]$
	讨论	1. 相对于垄断竞争，寡头垄断减轻了审计收费降低审计师独立性的边际作用 2. M - A1 配置下审计收费降低审计师独立性的作用要小于 M - A2 配置下的降低作用		
客户审计收费占比	比较	$\frac{\partial\Delta T(M-A1, f, r_o)}{\partial\theta}=-\frac{(2r_o+1)P}{(1-P)(1-\delta)(1+r_0)}TR_a(0)$	$\frac{\partial\Delta T(M-A2, f, r_o)}{\partial\theta}=-\frac{(4r_o+2)P-(r_o+1)}{2(1-\delta)(1-P)(r_o+1)}TR_a(0)$	$\frac{\partial\Delta T(M-A, r, f)}{\partial\theta}=-\frac{rP+(1+r)(P-1)}{(1-\delta)(1-P)(1+r)}TR_a(0)$

续表

指标		寡头垄断下审计师选聘权 M－A1 配置	寡头垄断下审计师选聘权 M－A2 配置	垄断竞争下审计师选聘权 M－A 配置
	讨论	1. 相对于垄断竞争，寡头垄断能减轻特定客户审计收费占比降低审计师独立性的边际作用 2. M－A1 配置下特定客户审计收费占比降低审计师独立性的作用要小于 M－A2 配置下的降低作用		
审计师任期	比较	$\frac{\partial \Delta T(M-A1, f, r_o, T_1, T_2)}{\partial T_1}=\frac{(r_o+1)\delta^{T_1}\ln\delta}{(1-P)(1-\delta)}R_a(0)$ $\frac{\partial \Delta T(M-A1, f, r_o, T_1, T_2)}{\partial T_2}=\frac{(2r_oP+P-r_o-1)\delta^{T_2}\ln\delta}{(1-P)(1-\delta)}R_a(0)$	$\frac{\partial \Delta T(M-A2, f, r_o, T_1, T_2)}{\partial T_1}=\frac{(r_o+1)\delta^{T_1}\ln\delta}{2(1-\delta)(1-P)}R_a(0)$ $\frac{\partial \Delta T(M-A2, f, r_o, T_1, T_2)}{\partial T_2}=\frac{(2r_oP+P-r_o-1)\delta^{T_2}\ln\delta}{(1-\delta)(1-P)}R_a(0)$	$\frac{\partial \Delta T(M-A, r, f, T_1, T_2)}{\partial T_1}=\frac{(1+r)\delta^{T_1}\ln\delta}{(1-P)(1-\delta)}R_a(0)$ $\frac{\partial \Delta T(M-A, r, f, T_1, T_2)}{\partial T_2}=\frac{[rP+(1+r)(P-1)]\delta^{T_2}\ln\delta}{(1-P)}$
	讨论	1. M－A2 配置能减弱审计师 T_1 任期降低审计师独立性的边际作用 2. 在垄断竞争和寡头垄断下，审计师 T_2 任期对审计师独立性的影响是相同的		
法律责任	比较	$\Pi_D^L(M-A1, r_o)=\left\{L_a(f, w): qL_a(f, w)\geqslant \frac{(1-P)}{P}\overline{T}(M-A, f, r_0)-\frac{2r_0+1}{1-\delta}R_a(0)\right\}$	$\Pi_D^L(M-A2, f, r_o)=\left\{L_a[f, w, q]: qL_a(f, w)\geqslant \frac{(1-P)}{P}\overline{T}(M-A, f, r)-\frac{(4r_o+2)P-(r_o+1)}{2(1-\delta)P}R_a(0)\right\}$	$\Pi_D^L(M-A, r)=\left\{L_a(f, w): qL_a(f, w)\geqslant \frac{(1-P)}{P}\overline{T}(M-A, r, f)-\frac{rP+(1+r)(P-1)}{(1-\delta)P}R_a(0)\right\}$
	讨论	1. 相对于垄断竞争，寡头垄断能降低保持审计师独立性的最低法律责任 2. M－A1 配置下保持审计师独立性的最低法律责任要小于 M－A2 配置下的最低法律责任		
审计师财富	比较	$\Pi_D^w(M-A1, r_o)=\left\{w: qL_a(f, w)\geqslant \frac{(1-P)}{P}\overline{T}(M-A, f, r_0)-\frac{2r_0+1}{1-\delta}R_a(0)\right\}$	$\Pi_D^w(M-A2, f, r_o)=\left\{w: qL_a(f, w)\geqslant \frac{(1-P)}{P}\overline{T}(M-A, f, r)-\frac{(4r_o+2)P-(r_o+1)}{2(1-\delta)P}R_a(0)\right\}$	$\Pi_D^w(M-A, r)=\left\{w: qL_a(f, w)\geqslant \frac{(1-P)}{P}\overline{T}(M-A, r, f)-\frac{rP+(1+r)(P-1)}{(1-\delta)P}R_a(0)\right\}$

续表

指标		寡头垄断下审计师选聘权 M－A1 配置	寡头垄断下审计师选聘权 M－A2 配置	垄断竞争下审计师选聘权 M－A 配置
	讨论	1. 相对于垄断竞争，寡头垄断能降低保持审计师独立性的最低审计师财富 2. M－A1 配置下保持审计师独立性的最低审计师财富要小于 M－A2 配置下的最低审计师财富		
审计准则	比较	$\Pi_D^q(M-A1,\ r_o)=$ $\left\{q:qL_a(f,\ w)\geqslant \frac{(1-P)}{P}\bar{T}(M-A,\ f,\ r_0)-\frac{2r_0+1}{1-\delta}R_a(0)\right\}$	$\Pi_D^q(M-A2,\ f,\ r_o)=$ $\left\{q:qL_a(f,\ w)\geqslant \frac{(1-P)}{P}\bar{T}(M-A,\ f,\ r)-\frac{(4r_o+2)P-(r_o+1)}{2(1-\delta)P}R_a(0)\right\}$	$\Pi_D^q(M-A,\ r)=$ $\left\{q:qL_a(f,\ w)\geqslant \frac{(1-P)}{P}\bar{T}(M-A,\ r,\ f)-\frac{rP+(1+r)(P-1)}{(1-\delta)P}R_a(0)\right\}$
	讨论	1. 相对于垄断竞争，寡头垄断能降低保持审计师独立性的最低审计准则 2. M－A1 配置下保持审计师独立性的最低审计准则要小于 M－A2 配置下的最低审计准则		
会计监管	比较	$\Pi^P(M-A1,\ r_o)=$ $\left\{P:P\geqslant \frac{(1+r_o)R_c(f)}{(1+r_o)[R_c(f)+R_c(0)]+(1+2r_o)R_a(0)+(1-\delta)[L_a(f,\ w,\ q)+L_c(f)]}\right\}$	$\Pi^P(M-A2,\ r_o)=$ $\left\{P:P\geqslant \frac{2(1+r_o)R_c(f)+(1+r_o)R_a(0)}{2(1+r_o)[R_c(f)+R_c(0)]+(2+4r_o)R_a(0)+2(1-\delta)[L_a(f,\ w,\ q)+L_c(f)]}\right\}$	—
	讨论	1. 相对于垄断竞争，寡头垄断能降低保持审计师独立性的最低监管频率 2. M－ A1 配置下保持审计师独立性的最低监管频率要小于 M－A2 配置下的最低监管频率		
非审计服务	比较	$\Delta T(M-A1/M-NA,\ r_0,\ f)=\Delta T(M-A1,\ r_0,\ f)+\frac{(r_0+1)}{(1-P)(1-\delta)}NA_c$, $\Delta T(M-A2/M-NA,\ f,\ r_0)=\Delta T(M-A2,\ f,\ r_0)+\frac{(r_0+1)}{2(1-\delta)(1-P)}(NA_a+2NA_c)$ $\Delta T(M-A/O-NA1,\ f,\ r_0)=\Delta T(M-A1,\ f,\ r_0)-\frac{P(1+r_0)}{(1-P)(1-\delta)}NA_c$, $\Delta T(M-A/M-NA2,\ f,\ r_0)=$ $\Delta T(M-A2,\ f,\ r_0)-\frac{P(1+r_0)}{2(1-P)(1-\delta)}(NA_a+2NA_c)$		—

续表

指标		寡头垄断下审计师选聘权 M－A1 配置	寡头垄断下审计师选聘权 M－A2 配置	垄断竞争下审计师选聘权 M－A 配置
非审计服务	比较	$\Delta T(M-A/M-NA3, f, r_0)=\Delta T(M-A2, f, r_0)-\frac{P(1+r_0)}{2(1-P)(1-\delta)}(NA_a+2NA_c)$，（当 $R_a(0)>NA_a$ 时）， $\Delta T(M-A/M-NA3, f, r_0)=\Delta T(M-A2, f, r_0)-\frac{P(1+r_0)}{2(1-P)(1-\delta)}(2NA_a-R_a(0)+2NA_c)$，（当 $R_a(0)\leqslant NA_a$ 时）		$\Delta T(M-A/M-NA, r, f)=\Delta T(M-A, r, f)+\frac{(r+1)}{(1-P)(1-\delta)}(NA_c+NA_a)$ $\Delta T(AN2, r, f)=\Delta T(M-A, r, f)-\frac{(r+1)}{(1-P)(1-\delta)}(PNA_c-NA_a)$
	讨论	相对于垄断竞争，寡头垄断能减轻非审计服务选聘权配置导致审计师独立性降低的影响		

二　审计师选聘权配置 O－A 下寡头垄断、垄断竞争对审计师独立性影响的比较

审计师选聘权配置 O－A 下寡头垄断、垄断竞争对审计师独立性影响的比较见表 5－3。

表 5－3　审计师选聘权配置 O－A 下寡头垄断、垄断竞争对审计师独立性影响的比较

指标		寡头垄断审计市场下审计师选聘权 O－A 配置	垄断审计市场下审计师选聘权 O－A 配置	寡头垄断审计市场下审计师选聘权 OA－MA 配置
独立性强度	比较	$\Delta T(O-A, r_0, f)=\frac{(r_0+1)R_c(f)}{1-\delta}-\frac{P}{(1-P)}\left[\frac{1+r_0}{1-\delta}R_c(0)+L_c(f)\right]-\frac{P}{(1-P)}\left[L_a(f, w, q)+\frac{2r_0+1}{(1-\delta)}R_a(0)\right]$	$\Delta T(O-A, r, f)=\frac{(r+1)R_c(f)}{1-\delta}-\frac{P}{(1-P)}\left[\frac{1+r}{1-\delta}R_c(0)+L_c(f)\right]-\frac{P}{(1-P)}\left[L_a(f, w, q)+\frac{2r+1}{(1-\delta)}R_a(0)\right]$ （1）当 $P<\frac{R_c(f)}{R_c(f)+R_c(0)+2R_a(0)}$ 时，$r=0$。	$\Delta T(OA-MA2, f, r_o)=\frac{(1+r_o)R_c(f)}{1-\delta}-\frac{P}{(1-P)}\left[\frac{1+r_o}{1-\delta}R_c(0)+L_c(f)\right]-\frac{1}{1-P}\left[L_a(f, w, q)P+\frac{(4r_o+2)P-(1-k)(r_o+1)}{2(1-\delta)}R_a(0)\right]$

续表

指标		寡头垄断审计市场下审计师选聘权 O－A 配置	垄断审计市场下审计师选聘权 O－A 配置	寡头垄断审计市场下审计师选聘权 OA－MA 配置
独立性强度	比较	$\Pi(O-A,r_0)=$ $\left\{f:\frac{(1+r_0)R_c'(f)}{L_a'(f,w,q)+L_c'(f)}=\frac{P}{(1-P)(1-\delta)}\right\}$ $\cap\{f:\max\Delta T(O-A,f,r_0)\}\cap\{f:\Delta T(O-A,f,r_0)>0\}$	$\Pi^*(O-A,r)=$ $\left\{f:\frac{R_c'(f)}{L_a'(f,w,q)+L_c'(f)}=\frac{P}{(1-P)(1-\delta)}\right\}$ $\cap\{f:\max\Delta T(O-A,r,f)\}\cap\{f:\Delta T(O-A,r,f)>0\}$ (2)当 $P>\frac{R_c(f)}{R_c(f)+R_c(0)+2R_a(0)}$时，$r=r_m$。 $\Pi^*(O-A,r)=$ $\left\{f:\frac{(1+r_m)R_c'(f)}{L_a'(f,w,q)+L_c'(f)}=\frac{P}{(1-P)(1-\delta)}\right\}$ $\cap\{f:\max\Delta T(O-A,r,f)\}\cap\{f:\Delta T(O-A,r,f)>0\}$	$\Pi^*(OA-MA2,r_o)=$ $\left\{f:\frac{(1+r_o)R_c'(f)}{L_a'(f,w,q)+L_c'(f)}=\frac{P}{(1-P)(1-\delta)}\right\}$ $\cap\{f:\max\Delta T(OA-MA2,f,r_o)\}\cap\{f:\Delta T(OA-MA2,f,r_o)>0\}$
	讨论	1. 在 O－A 配置下，相对于寡头垄断市场，垄断竞争市场能提高审计师的独立性 2. 在 OA－MA 配置下，这种对审计师独立性的影响取决于 O－A 配置和 M－A 配置之间的比例		
经济依赖	比较	$\frac{\partial\Delta T(O-A,r_0,f)}{\partial R_a(0)}=-\frac{2r_0+1}{(1-P)(1-\delta)}P<0$	$\frac{\partial\Delta T(O-A,r,f)}{\partial R_a(0)}=-\frac{(2r+1)P}{(1-P)(1-\delta)}$	$\frac{\partial\Delta T(OA-MA2,f,r_o)}{\partial R_a(0)}=-\frac{(4r_o+2)P-(1-k)(r_o+1)}{2(1-\delta)(1-P)}$
	讨论	1. 在 O－A 配置下，相对于垄断竞争市场，寡头垄断市场能强化经济依赖提高审计师独立性的作用 2. 在 OA－MA 配置下，这种对审计师独立性的影响取决于 O－A 配置和 M－A 配置之间的比例		
低价承揽	比较	$\frac{\partial\Delta T^H(O-A,r_0,f)}{\partial R_a{}^H(0)}=-\frac{2r_0+1}{(1-P)(1-\delta)}P<0$	$\frac{\partial\Delta T^H(O-A,r,f)}{\partial R_a{}^H(0)}=-\frac{2r+1}{(1-P)(1-\delta)}P<0$	$\frac{\partial\Delta T^H(OA-MA2,f,r_o)}{\partial R_a{}^H(0)}=-\frac{(4r_o+2)P-(1-k)(r_o+1)}{2(1-\delta)(1-P)}$
	讨论	1. 在 O－A 配置下，相对于垄断竞争市场，寡头垄断市场能强化低价承揽提高审计师独立性的作用 2. 在 OA－MA 配置下，这种对审计师独立性的影响取决于 O－A 配置和 M－A 配置之间的比例		

续表

指标		寡头垄断审计市场下审计师选聘权 O－A 配置	垄断审计市场下审计师选聘权 O－A 配置	寡头垄断审计市场下审计师选聘权 OA－MA 配置
审计收费	比较	$\bar{R}_a(0)<0$	$\bar{R}_a(0)<0$	$\bar{R}_a(0)=\frac{2P(1-\delta)}{(1-k)(r_o+1)-(4r_o+2)P}L_a(f, w, q)$
	讨论	1. 在 O－A 配置下，相对于垄断竞争市场，寡头垄断市场能强化审计收费提高审计师独立性的作用 2. 在 OA－MA 配置下，这种对审计师独立性的影响需取决于 O－A 配置和 M－A 配置之间的比例		
客户审计收费占比	比较	$\frac{\partial\Delta T(O-A, r_0, f)}{\partial\theta}=-\frac{(2r_0+1)P}{(1-P)(1-\delta)(1+r_0)}$ $TR_a(0)<0$	—	—
	讨论	1. 在 O－A 配置下，相对于垄断竞争市场，寡头垄断市场增强了特定客户审计收费比例提高审计师独立性的作用 2. 在 OA－MA 配置下，这种对审计师独立性的影响需取决于 O－A 配置和 M－A 配置之间的比例		
审计师任期	比较	$\frac{\partial\Delta T(O-A, f, r_0, T_1, T_2)}{\partial T_1}=0$ $\frac{\partial\Delta T(O-A, f, r_0, T_1, T_2)}{\partial T_2}=\frac{(2r_0+1)P\delta^{T_2}\ln\delta}{(1-P)(1-\delta)}$ $R_a(0)<0$	$\frac{\partial\Delta T(O-A, f, r, T_1, T_2)}{\partial T_1}=0$ $\frac{\partial\Delta T(O-A, f, r, T_1, T_2)}{\partial T_2}=\frac{(2r+1)P\delta^{T_2}\ln\delta}{(1-P)(1-\delta)}R_a$ $(0)<0$	$\frac{\partial\Delta T(OA-MA2, f, r_o, T_1, T_2)}{\partial T_1}=\frac{(1-k)(r_o+1)\delta^{T_1}\ln\delta}{2(1-\delta)(1-P)}R_a(0)$ $\frac{\partial\Delta T(OA-MA2, f, r_o, T_1, T_2)}{\partial T_2}=\frac{(2r_oP+P-(1-k)(r_o+1))\delta^{T_2}\ln\delta}{(1-\delta)(1-P)}R_a(0)$
	讨论	1. 垄断竞争市场和寡头垄断市场结构差异不会对 T_1 任期与审计师独立性关系发生影响 2. 相对于垄断竞争市场，寡头垄断市场能强化 T_2 任期与审计师独立性之间的相关关系 3. 在 OA－MA 配置下，这种对审计师独立性的影响需取决于 O－A 配置和 M－A 配置之间的比例		

续表

指标		寡头垄断审计市场下审计师选聘权 O－A 配置	垄断审计市场下审计师选聘权 O－A 配置	寡头垄断审计市场下审计师选聘权 OA－MA 配置
法律责任	比较	$\Pi_D^L(O-A, r_0)=\left\{L_a(f, w):qL_a(f, w)\geqslant\frac{(1-P)}{P}\bar{T}(O-A, f, r)-\frac{2r_0+1}{1-\delta}R_a(0)\right\}$	$\Pi_D^L(O-A, r)=\left\{L_a(f, w):qL_a(f, w)\geqslant\frac{(1-P)}{P}\bar{T}(O-A, f, r)-\frac{2r+1}{1-\delta}R_a(0)\right\}$	$\Pi_D^L(OA-MA2, r_0)=\left\{L_a(f, w):qL_a(f, w)\geqslant\frac{(1-P)}{P}\left[\bar{T}(OA-MA2, f, r_o)-\frac{(4r_o+2)P-(1-k)(r_o+1)}{2(1-\delta)(1-P)}R_a(0)\right]\right\}$
	讨论	相对于垄断竞争市场，寡头垄断市场能降低保持审计师独立性的最低法律责任		
审计师财富	比较	$\Pi_D^w(O-A, r_0)=\left\{w:qL_a(f, w)\geqslant\frac{(1-P)}{P}\bar{T}(O-A, f, r)-\frac{2r_0+1}{1-\delta}R_a(0)\right\}$	$\Pi_D^w(O-A, r)=\left\{w:qL_a(f, w)\geqslant\frac{(1-P)}{P}\bar{T}(O-A, f, r)-\frac{2r+1}{1-\delta}R_a(0)\right\}$	$\Pi_D^w(OA-MA2, r_0)=\left\{w:qL_a(f, w)\geqslant\frac{(1-P)}{P}\left[\bar{T}(C2, f, r_o)-\frac{(4r_o+2)P-(1-k)(r_o+1)}{2(1-\delta)(1-P)}R_a(0)\right]\right\}$
	讨论	相对于垄断竞争市场，寡头垄断市场能降低保持审计师独立性的最低审计师财富		
审计准则	比较	$\Pi_D^q(O-A, r_0)=\left\{q:qL_a(f, w)\geqslant\frac{(1-P)}{P}\bar{T}(O-A, f, r)-\frac{2r_0+1}{1-\delta}R_a(0)\right\}$	$\Pi_D^q(O-A, r)=\left\{q:qL_a(f, w)\geqslant\frac{(1-P)}{P}\bar{T}(B, f, r)-\frac{2r+1}{1-\delta}R_a(0)\right\}$	$\Pi_D^q(OA-MA2, r_0)=\left\{q:qL_a(f, w)\geqslant\frac{(1-P)}{P}\left[\bar{T}(OA-MA2, f, r_o)-\frac{(4r_o+2)P-(1-k)(r_o+1)}{2(1-\delta)(1-P)}R_a(0)\right]\right\}$
	讨论	相对于垄断竞争市场，寡头垄断市场能降低保持审计师独立性的最低审计准则		

续表

指标		寡头垄断审计市场下审计师选聘权 O – A 配置	垄断审计市场下审计师选聘权 O – A 配置	寡头垄断审计市场下审计师选聘权 OA – MA 配置
会计监管	比较	$\Pi^P(O-A, r_0) = \left\{P: P \geqslant \frac{(1+r_0)R_c(f)}{(1+r_0)[R_c(f)+R_c(0)]+(1+2r_0)R_a(0)+(1-\delta)[L_a(f,w,q)+L_c(f)]}\right\}$	$\Pi^P(O-A, r) = \left\{P: P \geqslant \frac{(1+r)R_c(f)}{(1+r)[R_c(f)+R_c(0)]+(1+2r)R_a(0)+(1-\delta)[L_a(f,w,q)+L_c(f)]}\right\}$	$\Pi^P(OA-MA2, r_0) = \left\{P: P \geqslant \frac{2(1+r_o)R_c(f)+2(1-k)(r_o+1)R_a(0)}{2(1+r_o)R_c(f)+2(1+r_o)R_c(0)+(4r_o+2)R_a(0)+2(1-\delta)[L_c(f)+L_a(f,w,q)]}\right\}$
	讨论	相对于垄断竞争市场，寡头垄断市场能降低保持审计师独立性的最低会计监管频率		
非审计服务	比较	$\Delta T(O-A/M-A, r_0, f)$ $=\Delta T(O-A, r_0, f)+\frac{(r_0+1)}{(1-P)(1-\delta)}NA_c$ $\Delta T(O-A/O-NA, r_0, f)$ $=\Delta T(O-A, r_0, f)-\frac{P(r_0+1)}{(1-P)(1-\delta)}(NA_a+NA_c)$	$\Delta T(O-A/M-A, r, f)$ $=\Delta T(O-A, r, f)+\frac{(r+1)}{(1-P)(1-\delta)}NA_c$ $\Delta T(O-A/O-A, r, f)$ $=\Delta T(O-A, r, f)-\frac{(r+1)P}{(1-P)(1-\delta)}(NA_c+NA_a)$	$\Delta T(OA-MA/ONA-MNA, f, r_0)=\Delta T(OA-MA, f, r_0)+\frac{(1+r_0)}{(1-\delta)(1-P)}\{(s-P+sP)NA_c-\Delta KNA_a\}$
	讨论	非审计服务是否影响审计师的独立性取决于非审计服务选聘权的配置，与审计服务的选聘权配置无关。但是相对于垄断竞争市场，寡头垄断市场能对非审计服务的这种作用起到同向的强化作用		

三　寡头垄断下审计师选聘权 M – A1 配置、O – A 配置对审计师独立性影响的比较

寡头垄断下审计师选聘权 M – A1 配置、O – A 配置对审计师独立性影响的比较见表 5 – 4。

表 5 – 4　寡头垄断下审计师选聘权 M – A1 配置、O – A 配置对审计师独立性影响的比较

指标		寡头垄断下审计师选聘权 M – A1 配置	寡头垄断下审计师选聘权 O – A 配置	寡头垄断下审计师选聘权 OA – MA1 配置
独立性强度	比较	$\Delta T(M-A1, r_o, f)=\frac{(1+r_o)R_c(f)}{1-\delta}-\frac{P}{(1-P)}\left[\frac{1+r_o}{1-\delta}R_c(0)+L_c(f)\right]$	$\Delta T(O-A, r_0, f)=\frac{(r_0+1)R_c(f)}{1-\delta}-\frac{P}{(1-P)}\left[\frac{1+r_0}{1-\delta}R_c(0)+L_c(f)\right]$	$\Delta T(OA-MA1, r_0, f)=\frac{(r_0+1)R_c(f)}{1-\delta}-\frac{P}{(1-P)}\left[\frac{1+r_0}{1-\delta}R_c(0)+L_c(f)\right]$

续表

指标		寡头垄断下审计师选聘权 M－A1 配置	寡头垄断下审计师选聘权 O－A 配置	寡头垄断下审计师选聘权 OA－MA1 配置
独立性强度	比较	$-\frac{P}{(1-P)}\left[L_a(f,w,q)+\frac{2r_o+1}{(1-\delta)}R_a(0)\right]$	$-\frac{P}{(1-P)}\left[L_a(f,w,q)+\frac{2r_0+1}{(1-\delta)}R_a(0)\right]$	$-\frac{P}{(1-P)}\left[L_a(f,w,q)+\frac{2r_0+1}{(1-\delta)}R_a(0)\right]$
	讨论	在 M－A1、O－A 配置下，审计师独立性的强度相同，说明寡头垄断能在一定程度上消除审计师选聘权对审计师独立性的影响［丰富了 Mayhew（2004）实验的结论］		
虚报程度	比较	$\Pi^*(M-A1,r_o)=\left\{f:\frac{(1+r_o)R_c'(f)}{L_a'(f,w,q)+L_c'(f)}=\frac{P}{(1-P)(1-\delta)}\right\}\cap\{f:\max\Delta T(M-A,f)\}\cap\{f:\Delta T(M-A,f)>0\}$	$\Pi(O-A,r_0)=\left\{f:\frac{(1+r_0)R_c'(f)}{L_a'(f,w,q)+L_c'(f)}=\frac{P}{(1-P)(1-\delta)}\right\}\cap\{f:\max\Delta T(M-A,f,r_0)\}\cap\{f:\Delta T(M-A,f,r_0)>0\}$	$\Pi(OA-MA1,r_0)=\left\{f:\frac{(1+r_0)R_c'(f)}{L_a'(f,w,q)+L_c'(f)}=\frac{P}{(1-P)(1-\delta)}\right\}\cap\{f:\max\Delta T(OA-MA1,f,r_0)\}\cap\{f:\Delta T(OA-MA1,f,r_0)>0\}$
	讨论	M－A1 配置下的会计信息虚报程度与 Ȯ－A 配置下的会计信息虚报程度相同		
经济依赖	比较	$\frac{\partial\Delta T(M-A1,f,r_o)}{\partial R_a(0)}=-\frac{(2r_o+1)P}{(1-P)(1-\delta)}$	$\frac{\partial\Delta T(O-A,r_0,f)}{\partial R_a(0)}=-\frac{2r_0+1}{(1-P)(1-\delta)}P<0$	$\frac{\partial\Delta T(OA-MA1,r_0,f)}{\partial R_a(0)}=-\frac{2r_0+1}{(1-P)(1-\delta)}$ $P<0$
	讨论	在 M－A1 配置下经济依赖对审计师独立性的影响程度与在 O－A 配置下经济依赖对审计师独立性的影响程度相同，说明寡头垄断在一定程度上消除了在不同审计师选聘权下形成的经济依赖对审计师独立性产生的不同影响		
低价承揽	比较	$\frac{\partial\Delta T^H(M-A1,f,r_o)}{\partial R_a{}^H(0)}=-\frac{(2r_o+1)P}{(1-P)(1-\delta)}$	$\frac{\partial\Delta T^H(O-A,r_0,f)}{\partial R_a{}^H(0)}=-\frac{2r_0+1}{(1-P)(1-\delta)}P<0$	$\frac{\partial\Delta T^H(OA-MA1,r_0,f)}{\partial R_a{}^H(0)}=-\frac{2r_0+1}{(1-P)(1-\delta)}$ $P<0$
	讨论	在 M－A1 配置下低价承揽对审计师独立性的影响程度与在 O－A 配置下低价承揽对审计师独立性的影响程度相同，说明寡头垄断在一定程度上消除了在不同审计师选聘权下形成的经济依赖对审计师独立性产生的不同影响		
审计收费	比较	$\bar{R}_a(0)<0$	$\bar{R}_a(0)<0$	$\bar{R}_a(0)<0$
	讨论	在 M－A1、O－A 配置下，报告提供者均不能凭借审计收费找到合谋的审计师，说明寡头垄断在一定程度上消除了审计收费在不同审计师选聘权下形成的对审计师独立性产生的不同影响		

续表

指标		寡头垄断下审计师选聘权 M－A1 配置	寡头垄断下审计师选聘权 O－A 配置	寡头垄断下审计师选聘权 OA－MA1 配置
客户审计收费占比	比较	$\frac{\partial \Delta T(M-A1, f, r_o)}{\partial \theta} = -\frac{(2r_o+1)P}{(1-P)(1-\delta)(1+r_0)} TR_a(0)$	$\frac{\partial \Delta T(O-A, r_0, f)}{\partial \theta} = -\frac{(2r_0+1)P}{(1-P)(1-\delta)(1+r_0)} TR_a(0) < 0$	$\frac{\partial \Delta T(OA-MA, r_0, f)}{\partial \theta} = -\frac{(2r_0+1)P}{(1-P)(1-\delta)(1+r_0)} TR_a(0) < 0$
	讨论	在 M－A1 配置下，特定客户审计收费占比依赖对审计师独立性的影响程度与在 O－A 配置下特定客户审计收费占比对审计师独立性的影响程度相同，说明寡头垄断在一定程度上消除了在不同审计师选聘权下特定客户审计收费占比对审计师独立性产生的不同影响		
审计师任期	比较	$\frac{\partial \Delta T(M-A1, f, r_o, T_1, T_2)}{\partial T_1} = \frac{(r_o+1)\delta^{T_1}\ln\delta}{(1-P)(1-\delta)} R_a(0)$ $\frac{\partial \Delta T(M-A1, f, r_o, T_1, T_2)}{\partial T_2} = \frac{(2r_oP+P-r_o-1)\delta^{T_2}\ln\delta}{(1-P)(1-\delta)} R_a(0)$	$\frac{\partial \Delta T(O-A, f, r_0, T_1, T_2)}{\partial T_1} = 0$ $\frac{\partial \Delta T(O-A, f, r_0, T_1, T_2)}{\partial T_2} = \frac{(2r_0+1)P\delta^{T_2}\ln\delta}{(1-P)(1-\delta)} R_a(0) < 0$	$\frac{\partial \Delta T(M-AA1, f, r_o, T_1, T_2)}{\partial T_1} = \frac{(1-k)(r_o+1)\delta^{T_1}\ln\delta}{(1-P)(1-\delta)} R_a(0)$ $\frac{\partial \Delta T(M-A1, f, r_o, T_1, T_2)}{\partial T_2} = \frac{(2r_oP+P-r_o-1)\delta^{T_2}\ln\delta}{(1-P)(1-\delta)} R_a(0)$
	讨论	1. 在 M－A1 配置下，审计师的 T_1 任期增加将导致审计师独立性增强；在 O－A 配置下，审计师的 T_1 任期对审计师独立性无影响 2. 当 $r > \frac{1-P}{2P-1}$ 时，在不同的 M－A1、O－A 配置下，T_2 任期对审计师独立性的影响作用相同，均能增强审计师的独立性，只是增强的程度不同，声誉越高，其程度差异越大 3. 当 $r < \frac{1-P}{2P-1}$ 时，在不同的 M－A1、O－A 配置下，T_2 任期对审计师独立性的影响作用相反：在 M－A1 配置下，T_2 任期将降低审计师独立性；在审计师 O－A 选聘权配置下，T_2 任期将增强审计师独立性。声誉越高，其程度差异越大 4. 在 OA－MA1 配置下，对审计师独立性的影响取决于 M－A1、O－A 配置之间的比例		

续表

指标		寡头垄断下审计师选聘权 M－A1 配置	寡头垄断下审计师选聘权 O－A 配置	寡头垄断下审计师选聘权 OA－MA1 配置
法律责任	比较	$\Pi_D^L(M-A1,\ r_o)=\left\{\begin{array}{l}L_a(f,\ w):qL_a(f,\ w)\geqslant\\ \dfrac{(1-P)}{P}\overline{T}(M-A1,\ f,\ r_0)-\dfrac{2r_0+1}{1-\delta}R_a(0)\end{array}\right\}$	$\Pi_D^L(O-A,\ r_0)=\left\{\begin{array}{l}L_a(f,\ w):qL_a(f,\ w)\geqslant\\ \dfrac{(1-P)}{P}\overline{T}(O-A,\ f,\ r)-\dfrac{2r_0+1}{1-\delta}R_a(0)\end{array}\right\}$	$\Pi_D^L(OA-MA1,\ r_0)=\left\{\begin{array}{l}L_a(f,\ w):qL_a(f,\ w)\geqslant\\ \dfrac{(1-P)}{P}\overline{T}(O-A,\ f,\ r)-\dfrac{2r_0+1}{1-\delta}R_a(0)\end{array}\right\}$
	讨论	在 M－A1、O－A 配置下，保持审计师独立性所必需的最低法律责任均是相同的，说明寡头垄断在一定程度上消除了在不同审计师选聘权下形成的保持审计师独立性的不同的最低法律责任差异		
审计师财富	比较	$\Pi_D^w(M-A1,\ r_o)=\left\{\begin{array}{l}w:qL_a(f,\ w)\geqslant\\ \dfrac{(1-P)}{P}\overline{T}(M-A1,\ f,\ r_0)-\dfrac{2r_0+1}{1-\delta}R_a(0)\end{array}\right\}$	$\Pi_D^w(O-A,\ r_0)=\left\{\begin{array}{l}w:qL_a(f,\ w)\geqslant\\ \dfrac{(1-P)}{P}\overline{T}(B,\ f,\ r)-\dfrac{2r_0+1}{1-\delta}R_a(0)\end{array}\right\}$	$\Pi_D^w(OA-MA1,\ r_0)=\left\{\begin{array}{l}w:qL_a(f,\ w)\geqslant\\ \dfrac{(1-P)}{P}\overline{T}(O-A,\ f,\ r)-\dfrac{2r_0+1}{1-\delta}R_a(0)\end{array}\right\}$
	讨论	在 M－A1、O－A 配置下，保持审计师独立性所必需的最低法律责任均是相同的，说明寡头竞争在一定程度上消除了在不同审计师选聘权下形成的保持审计师独立性的不同的最低法律责任差异		
审计准则	比较	$\Pi_D^q(M-A1,\ r_o)=\left\{\begin{array}{l}q:qL_a(f,\ w)\geqslant\\ \dfrac{(1-P)}{P}\overline{T}(A1,\ f,\ r_0)-\dfrac{2r_0+1}{1-\delta}R_a(0)\end{array}\right\}$	$\Pi_D^q(O-A,\ r_0)=\left\{\begin{array}{l}q:qL_a(f,\ w)\geqslant\\ \dfrac{(1-P)}{P}\overline{T}(O-A,\ f,\ r)-\dfrac{2r_0+1}{1-\delta}R_a(0)\end{array}\right\}$	$\Pi_D^q(OA-MA1,\ r_0)=\left\{\begin{array}{l}q:qL_a(f,\ w)\geqslant\\ \dfrac{(1-P)}{P}\overline{T}(O-A,\ f,\ r)-\dfrac{2r_0+1}{1-\delta}R_a(0)\end{array}\right\}$
	讨论	在 M－A1、O－A 配置下，保持审计师独立性所必需的最低法律责任均是相同的，说明寡头垄断在一定程度上消除了在不同审计师选聘权下形成的保持审计师独立性的不同的最低法律责任差异		
会计监管	比较	$\Pi^P(M-A1,\ r_o)=\left\{\begin{array}{l}P:P\geqslant\\ \dfrac{(1+r_o)R_c(f)}{(1+r_o)[R_c(f)+R_c(0)]+(1+2r_o)R_a(0)+(1-\delta)[L_a(f,\ w,\ q)+L_c(f)]}\end{array}\right\}$	$\Pi^P(O-A,\ r_0)=\left\{\begin{array}{l}P:P\geqslant\\ \dfrac{(1+r_0)R_c(f)}{(1+r_0)[R_c(f)+R_c(0)]+(1+2r_0)R_a(0)+(1-\delta)[L_a(f,\ w,\ q)+L_c(f)]}\end{array}\right\}$	$\Pi^P(OA-MA1,\ r_0)=\left\{\begin{array}{l}P:P\geqslant\\ \dfrac{(1+r_0)R_c(f)}{(1+r_0)[R_c(f)+R_c(0)]+(1+2r_0)R_a(0)+(1-\delta)[L_a(f,\ w,\ q)+L_c(f)]}\end{array}\right\}$
	讨论	在 M－A1、O－A 配置下，保持审计师独立性所必需的有效会计监督均是相同的，说明寡头垄断在一定程度上消除了在不同审计师选聘权下形成的保持审计师独立性有效会计监督的差异		

续表

指标		寡头垄断下审计师选聘权 M－A1 配置	寡头垄断下审计师选聘权 O－A 配置	寡头垄断下审计师选聘权 OA－MA1 配置
非审计服务	比较	$\Delta T(AN11, r_0, f) = \Delta T(M-A1, r_0, f) + \frac{(r_0+1)}{(1-P)(1-\delta)}NA_c$, $\Delta T(AN12, f, r_0) = \Delta T(M-A2, f, r_0) + \frac{(r_0+1)}{2(1-\delta)(1-P)}(NA_a+2NA_c)$ $\Delta T(AN21, f, r_0) = \Delta T(M-A1, f, r_0) - \frac{P(1+r_0)}{(1-P)(1-\delta)}NA_c$, $\Delta T(AN22, f, r_0) = \Delta T(M-A2, f, r_0) - \frac{P(1+r_0)}{2(1-P)(1-\delta)}(NA_a+2NA_c)$ $\Delta T(AN23, f, r_0) = \Delta T(M-A2, f, r_0) - \frac{P(1+r_0)}{2(1-P)(1-\delta)}(NA_a+2NA_c)$, $\Delta T(AN23, f, r_0) = \Delta T(M-A2, f, r_0) - \frac{P(1+r_0)}{2(1-P)(1-\delta)}(2NA_a - R_a(0) + 2NA_c)$	$\Delta T(BN1, r_0, f) = \Delta T(O-A, r_0, f) + \frac{(r_0+1)}{(1-P)(1-\delta)}NA_c$ $\Delta T(BN2, r_0, f) = \Delta T(O-A, r_0, f) - \frac{P(r_0+1)}{(1-P)(1-\delta)}(NA_a+NA_c)$	$\Delta T(CIN, f, r_0) = \bar{T}(CIN, f, r_0) - \bar{T}(CIN, f, r_0) = \Delta T(CI, f, r_0) + \frac{(1+r_0)}{(1-\delta)(1-P)}\{(s-P+sP)NA_c - \Delta KNA_a\}$
	讨论	1. 非审计服务是否影响审计师的独立性取决于非审计服务选聘权的配置，与审计服务选聘权配置无关 （1）当非审计服务选聘权配置给报告提供者时，非审计服务将降低审计师的独立性 （2）当非审计服务的选聘权配置给会计报告使用者时，非审计服务具有增强审计师独立性的作用 （3）声誉的引入强化上述影响作用 2. 在 M－A、O－A 配置下，非审计服务对审计师独立性的影响程度是不同的 （1）当非审计服务选聘权配置给报告提供者时，在 M－A 配置下的非审计服务降低审计师的独立性的作用要大于 O－A 配置下的降低作用 （2）当非审计服务的选聘权配置给报告使用者时，在 M－A 配置下的非审计服务增强审计师的独立性的作用要小于 O－A 配置下的增强作用 （3）声誉的引入强化了上述影响作用 3. 在 OA－MA1 配置下，这取决于两种非审计服务选聘权配置之间的比例		

四　寡头垄断下审计师选聘权 M－A2 配置、O－A 配置对审计师独立性影响的比较

寡头垄断下审计师选聘权 M－A2 配置、O－A 配置对审计师独立性影响的比较见表 5－5。

表 5－4　寡头垄断下审计师选聘权 M－A2 配置、O－A 配置对审计师独立性影响的比较

指标		审计师选聘权 M－A2 配置	审计师选聘权 O－A 配置	审计师选聘权 OA－MA2 配置
独立性强度	比较	$\Delta T(M-A2,f,r_o)=\frac{(1+r_o)R_c(f)}{1-\delta}-\frac{P}{(1-P)}\left[\frac{1+r_o}{1-\delta}R_c(0)+L_c(f)\right]-\frac{P}{1-P}\left[L_a(f,w,q)+\frac{(4r_o+2)P-(r_o+1)}{2(1-\delta)P}R_a(0)\right]$ $\Pi^*(M-A2,r_o)=$ $\left\{f:\frac{(1+r_o)R_c'(f)}{L_a'(f,w,q)+L_c'(f)}=\frac{P}{(1-P)(1-\delta)}\right\}$ $\cap\{f:\max\Delta T(M-A2,f,r_o)\}\cap\{f:\Delta T(M-A2,f,r_o)>0\}$	$\Delta T(O-A,r_0,f)=\frac{(r_0+1)R_c(f)}{1-\delta}-\frac{P}{(1-P)}\left[\frac{1+r_0}{1-\delta}R_c(0)+L_c(f)\right]-\frac{P}{(1-P)}\left[L_a(f,w,q)+\frac{2r_0+1}{(1-\delta)}R_a(0)\right]$ $\Pi(O-A,r_0)=$ $\left\{f:\frac{(1+r_0)R_c'(f)}{L_a'(f,w,q)+L_c'(f)}=\frac{P}{(1-P)(1-\delta)}\right\}$ $\cap\{f:\max\Delta T(O-A,f,r_0)\}\cap\{f:\Delta T(O-A,f,r_0)>0\}$	$\Delta T(OA-MA2,f,r_o)=\frac{(1+r_o)R_c(f)}{1-\delta}-\frac{P}{(1-P)}\left[\frac{1+r_o}{1-\delta}R_c(0)+L_c(f)\right]-\frac{1}{1-P}\left[L_a(f,w,q)P+\frac{(4r_o+2)P-(1-k)(r_o+1)}{2(1-\delta)}R_a(0)\right]$ $\Pi^*(OA-MA2,r_o)=$ $\left\{f:\frac{(1+r_o)R_c'(f)}{L_a'(f,w,q)+L_c'(f)}=\frac{P}{(1-P)(1-\delta)}\right\}$ $\cap\{f:\max\Delta T(OA-MA2,f,r_o)\}\cap\{f:\Delta T(OA-MA2,f,r_o)>0\}$
	讨论	1. $\Delta T(M-A2,f,r_o)>\Delta T(OA-MA2,f,r_o)$，$\Delta T(OA-MA2,f,r_o)>\Delta T(O-A,r_0,f)$，表明不同的 M－A2、O－A 配置对审计师独立性的影响是相反的［Mayhew（2004）实验的结论］ 2. 在 OA－MA2 配置下，这种对审计师独立性的影响取决于 M－A2、O－A 配置之间的比例 3. M－A2 配置下的会计信息虚报程度与 O－A 配置下的会计信息虚报程度相同		
经济依赖	比较	$\frac{\partial\Delta T(M-A2,f,r_o)}{\partial R_a(0)}=-\frac{(4r_o+2)P-(r_o+1)}{2(1-\delta)(1-P)}$	$\frac{\partial\Delta T(O-A,r_0,f)}{\partial R_a(0)}=-\frac{2r_0+1}{(1-P)(1-\delta)}P<0$	$\frac{\partial\Delta T(OA-MA2,f,r_o)}{\partial R_a(0)}=-\frac{(4r_o+2)P-(1-k)(r_o+1)}{2(1-\delta)(1-P)}$

续表

指标		审计师选聘权 M－A2 配置	审计师选聘权 O－A 配置	审计师选聘权 OA－MA2 配置
经济依赖	讨论	1. 当 $r_0 > \frac{1-2P}{4P-1}$时，在不同的 M－A2、O－A 配置下，经济依赖对审计师独立性的影响作用相同，均能增强审计师的独立性，只是增强的程度不同，声誉越高，其程度差异越大 2. 当 $r_0 < \frac{1-2P}{4P-1}$时，在不同的 M－A2、O－A 配置下，经济依赖对审计师独立性的影响作用相反：在 M－A 配置下，经济依赖将降低审计师独立性；在 O－A 配置下，经济依赖将增强审计师独立性。声誉越高，其程度差异越大 3. 在 OA－MA2 配置下，这种对审计师独立性的影响取决于 M－A2、O－A 配置之间的比例		
	比较	$\frac{\partial \Delta T^H(M-A2, f, r_o)}{\partial {R_a}^H(0)} = -\frac{(4r_o+2)P-(r_o+1)}{2(1-\delta)P}$	$\frac{\partial \Delta T^H(O-A, r_0, f)}{\partial {R_a}^H(0)} = -\frac{2r_0+1}{(1-P)(1-\delta)}P < 0$	$\frac{\partial \Delta T^H(OA-MA2, f, r_o)}{\partial {R_a}^H(0)} = -\frac{(4r_o+2)P-(1-k)(r_o+1)}{2(1-\delta)(1-P)}$
低价承揽	讨论	1. 当 $r_0 > \frac{1-2P}{4P-1}$时，在不同的 M－A2、O－A 配置下，低价承揽对审计师独立性的影响作用相同，均能增强审计师的独立性，只是增强的程度不同，声誉越高，其程度差异越大 2. 当 $r_0 < \frac{1-2P}{4P-1}$时，在不同的 M－A、O－A 配置下，低价承揽对审计师独立性的影响作用相反：在 M－A 配置下，低价承揽将降低审计师独立性；在 O－A 配置下，低价承揽将增强审计师独立性。声誉越高，其程度差异越大 3. 在 OA－MA2 配置下，这种对审计师独立性的影响取决于 M－A2、O－A 配置之间的比例		
	比较	$\bar{R}_a(0) = \frac{2(1-\delta)PL_a(f, w, q)}{r_o+1-(4r_o+2)P}$	$\bar{R}_a(0) < 0$	$\bar{R}_a(0) = \frac{2P(1-\delta)}{(1-k)(r_o+1)-(4r_o+2)P}L_a(f, w, q)$
审计收费	讨论	1. 当 $r_0 > \frac{1-2P}{4P-1}$时，在不同的 M－A、O－A 配置下，审计收费对审计师独立性的影响作用相同，即管理者不能仅凭借市场审计收费出价找到合谋的审计师 2. 当 $r_0 < \frac{1-2P}{4P-1}$时，在不同的 M－A、O－A 配置下，审计收费对审计师独立性的影响作用相反：在 M－A 配置下，管理者仅凭借市场审计收费出价找到合谋的审计师；在 O－A 配置下，管理者不能仅凭借市场审计收费出价找到合谋的审计师 3. 在 OA－MA2 配置下，这种对审计师独立性的影响取决于 M－A2、O－A 配置之间的比例		

续表

指标		审计师选聘权 M - A2 配置	审计师选聘权 O - A 配置	审计师选聘权 OA - MA2 配置
客户审计收费占比	比较	$\frac{\partial\Delta T(M-A2,f,r_o)}{\partial\theta}=-\frac{(4r_o+2)P-(r_o+1)}{2(1-\delta)(1-P)(r_o+1)}TR_a(0)$	$\frac{\partial\Delta T(O-A,r_0,f)}{\partial\theta}=-\frac{(2r_0+1)P}{(1-P)(1-\delta)(1+r_0)}TR_a(0)<0$	—
	讨论	1. 当 $r_0>\frac{1-2P}{4P-1}$时，在不同的 M - A、O - A 配置下，特定客户审计收费占比对审计师独立性的影响作用相同，均能增强审计师的独立性，只是增强的程度不同，声誉越高，其程度差异越大 2. 当 $r_0<\frac{1-2P}{4P-1}$时，在不同的 M - A、O - A 配置下，特定客户审计收费占比对审计师独立性的影响作用相反：在 M - A 配置下，特定客户审计收费占比将降低审计师独立性；在 O - A 配置下，特定客户审计收费占比将增强审计师独立性。声誉越高，其程度差异越大 3. 在 OA - MA2 配置下，这种对审计师独立性的影响取决于 M - A2、O - A 配置之间的比例		
审计师任期	比较	$\frac{\partial\Delta T(M-A2,f,r_o,T_1,T_2)}{\partial T_1}=\frac{(r_o+1)\delta^{T_1}\ln\delta}{2(1-\delta)(1-P)}R_a(0)$ $\frac{\partial\Delta T(M-A2,f,r_o,T_1,T_2)}{\partial T_2}=\frac{(2r_oP+P-r_o-1)\delta^{T_2}\ln\delta}{(1-\delta)(1-P)}R_a(0)$	$\frac{\partial\Delta T(O-A,f,r_0,T_1,T_2)}{\partial T_1}=0$ $\frac{\partial\Delta T(O-A,f,r_0,T_1,T_2)}{\partial T_2}=\frac{(2r_0+1)P\delta^{T_2}\ln\delta}{(1-P)(1-\delta)}R_a(0)<0$	$\frac{\partial\Delta T(OA-MA2,f,r_o,T_1,T_2)}{\partial T_1}=\frac{(1-k)(r_o+1)\delta^{T_1}\ln\delta}{2(1-\delta)(1-P)}R_a(0)$ $\frac{\partial\Delta T(OA-MA2,f,r_o,T_1,T_2)}{\partial T_2}=\frac{(2r_oP+P-(1-k)(r_o+1))\delta^{T_2}\ln\delta}{(1-\delta)(1-P)}R_a(0)$
	讨论	1. 在 M - A 配置下，审计师的 T_1 任期增加将导致审计师独立性增强；在 O - A 配置下，审计师的 T_1 任期对审计师独立性无影响 2. 当 $r_0>\frac{1-2P}{4P-1}$时，在不同的 M - A、O - A 配置下，T_2 任期对审计师独立性的影响作用相同，均能增强审计师的独立性，只是增强的程度不同，声誉越高，其程度差异越大 3. 当 $r_0<\frac{1-2P}{4P-1}$时，在不同的 M - A、O - A 配置下，T_2 任期对审计师独立性的影响作用相反：在 M - A 配置下，T_2 任期将降低审计师独立性；在 O - A 配置下，T_2 任期将增强审计师独立性。声誉越高，其程度差异越大 4. 在 OA - MA2 配置下，这种对审计师独立性的影响取决于 M - A2、O - A 配置之间的比例		

续表

指标		审计师选聘权 M－A2 配置	审计师选聘权 O－A 配置	审计师选聘权 OA－MA2 配置
法律责任	比较	$\Pi_D^L(M-A2,f,r_o)=$ $\left\{\begin{array}{l}L_a[f,w,q]:qL_a(f,w)\geqslant\frac{(1-P)}{P}\bar{T}(O-A,f,r)-\\\frac{(4r_o+2)P-(r_o+1)}{2(1-\delta)P}R_a(0)\end{array}\right\}$	$\Pi_D^L(O-A,r_0)=$ $\left\{\begin{array}{l}L_a(f,w):qL_a(f,w)\geqslant\\\frac{(1-P)}{P}\bar{T}(O-A,f,r)-\frac{2r_0+1}{1-\delta}R_a(0)\end{array}\right\}$	$\Pi_D^L(OA-MA2,r_0)=$ $\left\{\begin{array}{l}L_a(f,w):qL_a(f,w)\geqslant\\\frac{(1-P)}{P}\Big[\bar{T}(OA-MA2,f,r_o)-\\\frac{(4r_o+2)P-(1-k)(r_o+1)}{2(1-\delta)(1-P)}R_a(0)\Big]\end{array}\right\}$
	讨论	1. 在不同的 M－A、O－A、OA－MA 配置下，使得审计师保持独立性的法律责任大小的排列次序为：$\Pi_D^L(O-A,r_0)\supset\Pi_D^L(OA-MA2,r_0)\supset\Pi_D^L(M-A2,r_0)$ 2. 相对于 M－A 配置，O－A 配置能降低保持审计师独立性的最低法律责任		
审计师财富	比较	$\Pi_D^w(M-A2,f,r_o)=$ $\left\{\begin{array}{l}w:qL_a(f,w)\geqslant\frac{(1-P)}{P}\bar{T}(O-A,f,r)-\\\frac{(4r_o+2)P-(r_o+1)}{2(1-\delta)P}R_a(0)\end{array}\right\}$	$\Pi_D^w(O-A,r_0)=$ $\left\{\begin{array}{l}w:qL_a(f,w)\geqslant\\\frac{(1-P)}{P}\bar{T}(O-A,f,r)-\frac{2r_0+1}{1-\delta}R_a(0)\end{array}\right\}$	$\Pi_D^w(OA-MA2,r_0)=$ $\left\{\begin{array}{l}w:qL_a(f,w)\geqslant\frac{(1-P)}{P}\Big[\bar{T}(C2,f,r_o)-\\\frac{(4r_o+2)P-(1-k)(r_o+1)}{2(1-\delta)(1-P)}R_a(0)\Big]\end{array}\right\}$
	讨论	1. 在不同的 M－A、O－A、OA－MA 配置下，使得审计师保持独立性的审计师财富的排列次序为：$\Pi_D^w(O-A,r_0)\supset\Pi_D^w(OA-MA2,r_0)\supset\Pi_D^w(M-A2,r_0)$ 2. 相对于 M－A 配置，O－A 配置能降低保持审计师独立性的最低审计师财富		
审计准则	比较	$\Pi_D^q(M-A2,f,r_o)=$ $\left\{\begin{array}{l}q:qL_a(f,w)\geqslant\frac{(1-P)}{P}\bar{T}(O-A,f,r)-\\\frac{(4r_o+2)P-(r_o+1)}{2(1-\delta)P}R_a(0)\end{array}\right\}$	$\Pi_D^q(O-A,r_0)=$ $\left\{\begin{array}{l}q:qL_a(f,w)\geqslant\\\frac{(1-P)}{P}\bar{T}(O-A,f,r)-\frac{2r_0+1}{1-\delta}R_a(0)\end{array}\right\}$	$\Pi_D^q(OA-MA2,r_0)=$ $\left\{\begin{array}{l}q:qL_a(f,w)\geqslant\frac{(1-P)}{P}\Big[\bar{T}(OA-MA2,f,r_o)-\\\frac{(4r_o+2)P-(1-k)(r_o+1)}{2(1-\delta)(1-P)}R_a(0)\Big]\end{array}\right\}$
	讨论	1. 在不同的 M－A、O－A、OA－MA 配置下，使得审计师保持独立性的审计准则的排列次序为：$\Pi_D^q(O-A,r_0)\supset\Pi_D^q(OA-MA2,r_0)\supset\Pi_D^q(M-A2,r_0)$ 2. 相对于 M－A 配置，O－A 配置能降低保持审计师独立性的最低审计准则		

续表

指标		审计师选聘权 M－A2 配置	审计师选聘权 O－A 配置	审计师选聘权 OA－MA2 配置
会计监管	比较	$\Pi^P(M-A2, r_o)=\left\{P: P\geqslant\frac{2(1+r_o)R_c(f)+(1+r_o)R_a(0)}{2(1+r_o)[R_c(f)+R_c(0)]+(2+4r_o)R_a(0)+2(1-\delta)[L_a(f,w,q)+L_c(f)]}\right\}$	$\Pi^P(O-A, r_0)=\left\{P: P\geqslant\frac{(1+r_0)R_c(f)}{(1+r_0)[R_c(f)+R_c(0)]+(1+2r_0)R_a(0)+(1-\delta)[L_a(f,w,q)+L_c(f)]}\right\}$	$\Pi^P(OA-MA2, r_0)=\left\{P: P\geqslant\frac{2(1+r_o)R_c(f)+2(1-k)(r_o+1)R_a(0)}{2(1+r_o)R_c(f)+2(1+r_o)R_c(0)+(4r_o+2)R_a(0)+2(1-\delta)[L_c(f)+L_a(f,w,q)]}\right\}$
	讨论	1. 在不同的 M－A、O－A、OA－MA 配置下，使得审计师保持独立性的会计监管频率的排列次序为：$\Pi_D^P(O-A, r_0)\supset\Pi_D^P(OA-MA2, r_0)\supset\Pi_D^P(M-A2, r_0)$ 2. 相对于 M－A 配置，O－A 配置能降低保持审计师独立性的最低监管频率		
非审计服务	讨论	非审计服务与前面分析基本相同		

第八节　本章的结论性评述

本章以寡头垄断竞争审计市场为条件，论述了在完整审计师选聘权配置情况下审计师的独立性问题。本章总的结论是，与完全竞争审计市场和垄断竞争市场不同，在寡头垄断竞争条件下，寡头垄断竞争结构将使得审计师选聘权与审计师独立性关系发生变化，尽管总的结论不变，即在审计师选聘权 O－A 配置下的审计师独立性总体要高于审计师选聘权 M－A 配置下的审计师独立性，但是，就完全竞争审计市场和垄断竞争市场而言，寡头垄断竞争条件能在一定程度上改善审计师独立性。这是因为，寡头审计师在做出各项独立审计决策时都要考虑其竞争对手的反应，每个决策均涉及反应，于是，在有限几个寡头垄断审计师竞争条件下，审计师摆脱“囚徒困境”的机会将大大增加，使得审计师独立性得以改善。具体内容如下。

（1）在审计师选聘权 M－A 配置下，尽管会计报告提供者会利用其掌握的选聘权来影响审计师的独立性，但是这种影响在审计师之间的审计竞争博弈中得到发挥和被强化的作用被寡头垄断竞争市场所限制，于是，在有限几个审计师进行寡头垄断竞争状态下，审计师陷入与会计报告提供者合谋的“囚徒困境”的概率大大减少，在一定条件下，审计师选聘权 M－A 配置下的审计师独立性表现出与审计师选聘权 O－A 配置下相同的特征，即经济依赖（审计师放弃）、低价承揽、审计收费、审计师任期、非审计服务等表现出具有增强独立性的作用，且这种增强作用高于在完全市场竞争状况或者垄断市场竞争状况下的增强作用。

需要引起注意的是，寡头垄断竞争也可能导致发生相反的作用。在一定条件下，寡头垄断竞争会在一定程度上加速降低由于审计师选聘权配置所导致的审计师独立性，即经济依赖（审计师放弃）、低价承揽、审计收费、审计师任期、非审计服务等表现出比完全竞争状况下更强的降低独立性的作用，且这种加速作用高于在完全市场竞争状况或者垄断市场竞争状况下的加速降低作用。

（2）在审计师选聘权 O－A 配置下，会计报告使用者显然会利用其掌握的选聘权，选择符合自身利益的具有独立性的审计师。在这种审计师选聘权配置下，会计报告使用者在与代理人和审计师之间的委托代理博弈中占主导地位会在寡头垄断竞争市场中得到进一步的强化，即经济依赖（审计师放弃）、低价承揽、审计收费、审计师任期、非审计服务等表现出比完全市场竞争状况下更强的增强独立性的作用，且这种增强作用高于在完全市场竞争状况或者垄断市场竞争状况下的增强作用。

（3）在审计师选聘权 M－A、O－A 配置下，在一定的条件下，其具有增强审计师独立性作用，但是，在另外条件下，寡头垄断也会导致审计师独立性降低，因此，经济依赖（审计师放弃）、低价承揽、审计收费、审计师任期、非审计服务等是否会导致群体审计师独立性的降低，需要看在审计市场中两种选聘权配置结构、审计师的声誉分布状况、对审计师的监管等因素的综合作用情况。

第六章

审计师选聘权配置、制度变迁和审计师独立性：一个进化博弈分析框架

第一节　引言

由于审计服务市场发展的历史起点不一样，其发展的内在逻辑也不一样。历史地看，审计师行业发展路径主要有两条，一条路径是市场化演变路径，即从产权主体多元化、自由主义与市场万能主义的意识形态的历史与逻辑起点出发、发展，它基本依靠市场自身的力量，实行行业自律；另一条路径是行政式推进路径，从产权主体单一、政府万能与强干预主义的意识形态与计划经济体制的历史与逻辑起点出发、发展，其开始阶段主要依靠政府的行政力量去推进市场化，创造市场需求（谢德仁，2002）。不管审计师行业的发展演变路径如何，其最终目的是要形成独立执业的社会中介机构，确保市场对审计师具有相当的信任度，以维护资本市场的稳定。英美等发达市场经济国家走的就是前一条发展路径，我国走的就是后一条发展路径。应该说，我们采取后一条路径，在不长的时间内，建立了我国独立审计体系。但由此给我们带来的问题是，在第一条路径下，独立审计制度是怎样变化和形成的，其制度内在的演化形式是什么，最终会导致什么样的结果。

关于我国审计师制度演变的问题，一些学者们通过市场化发展模式和行政式推进模式的比较，从历史、经济和社会环境等视角进行了研究。在这些研究的基础上，引入进化博弈分析法，采用本书提出的审计师独立性完整分析框架对这种演进模式进行分析，分析结果显示：①独立审计需求

生成的内在形式在于企业治理结构中的审计师选聘权配置；不同的审计师选聘权配置，会形成不同的审计师习惯和规则；②在审计师选聘权配置演化中，独立审计制度的发展存在强烈的历史路径依赖。

第二节　独立审计制度变迁的逻辑起点和审计师选聘权配置

一般认为，在市场化路径下形成的独立审计本质上起源于企业在公司制发展中自发对审计师独立性的内在需求，这可以用委托代理理论来进行解释。在审计需求的主流理论——委托代理理论看来，随着经营者与所有者的分离，公司所有者将公司的经营管理权委托给不持有公司股票但实际控制着公司财产的职业经理。但是由于信息不对称和契约不完备，管理者有可能编制虚假会计报告，虚报经营业绩，所以股东就需要从企业外部委托审计师对其提供的财务会计报告进行审计。于是，委托代理关系的普遍存在导致了审计师独立性的社会需求。不难看出，在这样的委托代理框架中，实际上已经隐含着这样的审计师选聘权配置形式：①会计报告使用者（投资者、董事会等）拥有对审计师的选择和聘用权；②会计报告使用者（委托者）本能地具有追求真实审计报告的动机。在这样的选聘权配置下，会计报告使用者显然会利用其掌握的选聘权，选择符合自身利益的具有独立性的审计师。

就行政式推进的发展路径而言，有研究者认为，与市场化路径不同，由于我国经济体制改革主要依靠政府行政力量来推动，审计需求主要依靠政府的行政力量去推进市场化来创造，但是它使得市场缺乏有效的内在独立审计需求，由此也导致了审计师独立性的缺失。但进一步的问题，即这种独立审计需求缺失的问题：它是以什么样的内在形式来实施的。从较早的研究和调查中可以看出，我国审计师独立性需求的“一股独大”、“内部人控制”、行政强制性审计等问题，就审计师独立性的影响形式而言，往往是通过这样的审计师选聘权配置来实现的：①会计报告使用者（投资者、小股东、政府、社会公众等）不拥有对审计师的选聘权，选聘权转移到会计报告提供者（管理者、大股东、企业等）手里；②机会主义的会计报告提供者（管理者、大股东、企业等），不具有追求真实审计的原始动机，相反，它追求的是选聘符合其机会主义倾向的审计师。在这样的选聘权配置下，会计报告提供者显然会利用其掌握的选聘权来影响审计师的独立性。

在分析了审计师独立审计的历史发展起点中的不同的选聘权配置问题后，我们会发现一个有趣的现象，尽管两种独立审计发展路径在历史起点上，其审计师选聘权的配置是不同的，但是其在发展的过程中，会出现审计师选聘权的配置结构的趋同现象，即最终都会演变为选聘权的混合配置。就市场化配置路径而言，随着公司制的不断发展，股权的社会化、企业利益相关者理念的引入、大股东控制以及内部人控制等问题的出现，使得原来单一审计师的选聘权配置模式发生了变化，有一部分企业中的审计师由报告提供者选聘。就行政式推进的路径而言，随着市场化的不断成熟和委托代理关系的不断形成，委托代理关系中的对独立审计的内在需求也会应运而生，有一部分企业的审计师由会计报告使用者选聘。

至此，我们的问题就转化为：在审计师独立审计的历史发展起点上，不同的审计师选聘权配置会对审计师制度变迁产生什么样的影响；两种发展模式在审计师选聘权配置趋同的发展过程中，是否会存在历史的路径依赖；在两种发展模式中，审计师的法律责任、声誉以及会计监管的作用是怎样的。

第三节　审计师选聘权配置和独立审计进化博弈分析

一　制度变迁与进化博弈分析方法

进化博弈模型是公认的用于讨论制度变迁的主要工具。青木昌彦和奥野正宽（1999）认为，进化博弈论对于分析社会存在哪些习惯、规则，以及它是怎样变化的是十分有效的。人们仅知道社会中何种状况成立，并依据它采取自我利益最大化的行动，由此而形成的稳定态结果以社会习惯或者规则扎根于社会。就独立审计制度变迁而言，采用进化博弈方法比采用传统的非合作博弈方法更具有优越性，具体原因如下。①审计师独立性问题直接与人类的有限理性相关。在企业契约的签订过程中，委托人是不可能对审计师的未来行为做出准确判断的。因为如果那样，实际上就不会存在审计师的独立性问题了。换言之，即使是分析理论逻辑上最优的机制，也是由有限理性的人来执行的（谢德仁，2002）。然而，传统的博弈论基础往往是完全理性的假设，它不仅要求行为主体始终具有在确定和非确定性环境中追求自身利益最大化的判断和决策能力，还要求他们具有在存在交互作用的博弈环境中完美的判断和预测能力；不仅要求人们自身有完美的理性，还要求人们相互信任对方的理性，有"理性的共同知识"（谢识予，2001）。由此，以有限理性为基础来分析人们博弈行为的进化博弈，便成为我们讨论独立审计制度变迁的首选工具，且其论证更具有说服力。②在进化博弈的有限理性中，任何独立审计的形成都是一个动态的学习和调整的过程。这种学习、调整过程表现在两个方面：一是几乎每一个审计师都会拥有很多客户，与多个企业签订审计合约，由于有限理性的原因，审计师难以准确判断出何为最优的博弈策略，便将以前的最优策略作为下一次博弈学习和调整的目标；二是任何独立审计习惯或者规则的形成实际上是一个从无到有的过程。按照人类的行为方式，这个过程实际上是一个不断学习、模仿和改进的过程，学习和调整的结果才形成了独立审计习惯或者规则。但是，非合作博弈不能体现出制度变迁中人们学习、调整和相互影响的过程，因此采用传统非合作博弈来分析审计师的制度变迁无疑是有缺陷的。

采用进化博弈理论分析独立审计行业产生和演变过程的基本思路是：在一个具有一定规模的博弈群体中，在博弈的初期，采取各种策略的博弈者会以一定的比例存在于博弈群体之中，某个博弈参与者与群体中的人随机组合在一起进行反复的博弈，博弈中的参与者可以观测到其他人的行为和利益，这样，通过学习和模仿，博弈者不断寻求自我利益最大化策略。在这种长期的模仿和改进中，各方均希望通过学习找到比较有效的博弈Nash均衡，最终所有的博弈方都会趋于采取某个稳定的Nash均衡策略，以形成与生物进化博弈十分相似的所谓"进化稳定策略"（Evolutionarily Stable Strategies，ESS）。此时，模仿和学习过程便基本停止，即使有少数博弈者会"犯错误"，偏离该稳定策略，但是由于博弈者"犯错误"会导致其收益的降低，所以"犯错误"的审计师会很快回到稳定策略。于是，当博弈各方都趋于采取某个进化稳定策略时，该进化稳定策略便成为习惯、规范（青木昌彦和奥野正宽，1999）。

进化博弈的分析方法很多，考虑到审计师行业具有一个相当长的演进过程，我们采用学习速度较慢的大群体随机配对的反复博弈——复制动态机制进化博弈来进行分析。

二　审计师选聘权配置类型

类似地，考虑到非审计服务的选聘权同样会对审计师独立性产生影响，本章将审计师审计服务的选聘权和非审计服务的选聘权同时纳入一个分析框架进行分析，于是我们将非审计服务的选聘权引入后，就得到以下五种配置类型。

（1）审计师选聘权 M－A/M－NA 配置：审计服务和非审计服务的审计师均由报告提供者选聘。

（2）审计师选聘权 M－A/O－NA 配置：审计服务的审计师由报告提供者选聘，非审计服务的审计师由报告使用者选聘。

（3）审计师选聘权 O－A/O－NA 配置：审计服务的审计师由报告使用者选聘，非审计服务的审计师由报告使用者选聘。

（4）审计师选聘权 O－A/M－NA 配置：审计服务的审计师由报告使用者选聘，非审计服务的审计师由报告提供者选聘。

（5）审计师选聘权 OA－MA/ONA－MNA 配置：在审计市场中，一定比例的报告使用者拥有对审计师的选聘权，其他的由报告提供者选聘；同时，一定比例的会计报告使用者拥有对非审计服务审计师的选聘权，其他的由报告提供者选聘。

下面我们采用复制动态机制进化博弈来分析审计师独立性发展的演变情况。

第四节　审计师选聘权配置和独立审计的进化博弈

一　独立审计的进化博弈的基本假设

（1）审计师的报酬均由委托者支付。

（2）审计契约的不完备性，即机会主义的报告提供者总是存在操纵会计报告以获取更多利益的动机，而会计报告使用者总是具有追求真实的会计报告的动机。

（3）在审计师独立性博弈群体中，每个审计师的博弈的战略空间为

$S_1 = \{D, DN\}$，其中，D 表示采取独立审计策略，DN 表示采用不独立审计策略。

（4）审计师选择与委托者合谋时的期望收益为 a。其中 a 是审计收入、声誉、法律责任和监管概率函数，$a = (1 - P)\mu(r) - pl(r)$，其中，$\mu$ 为审计师合谋时的收入，r 为审计师声誉，l（r）为审计师参与合谋被发现后所承担的法律责任（损失），p 为审计师参与合谋未被发现的概率。$\frac{\partial u}{\partial r} > 0$ 表示审计师声誉增加，合谋时所取得的收益也增加；$\frac{\partial l}{\partial r} > 0$ 表示审计师声誉增加，所承担的法律责任（损失）也增加。

（5）b 为当审计师选择独立审计策略时的期望收益，它是声誉的函数，即 $b = f_b$（r），$\frac{\partial b}{\partial r} > 0$ 表示审计师声誉越高，所获得的收益越高。

（6）审计师从事非审计服务的净收益 v_n。一般来说，v_n 为审计师声誉函数，即 $v_n = f_v$（r），$\frac{\partial v_n}{\partial r} > 0$ 表示审计师声誉越高，其所从事非审计服务获得的收益越高。

（7）在博弈的初始状态，采取独立审计策略的审计师的比例为 x，采取迎合客户的审计策略的审计师的比例为 $1 - x$。

（8）在审计师的群体博弈中，任何两个审计师随机相遇，审计师和报告提供者、审计师和报告使用者在博弈时能进行充分的沟通。

二　审计师选聘权 M－A/M－NA 配置和审计师进化稳定策略

在选聘权配置 M－A/M－NA 下，审计师之间采取各种博弈策略进行博弈的收益为：①当博弈各方的策略不同时，报告提供者会利用其拥有对审计师选聘权（包括审计服务和非审计服务），选聘迎合其舞弊要求的审计师，而采取独立审计策略的审计师则会被排除在外，由此采取不独立审计策略的审计师的收益为 $a + v_n$，而采取独立审计策略的审计师的收益则为 0；②当各方都希望采取独立审计策略时，尽管报告提供者拥有选聘权，但是当面对审计师一致采取独立审计策略时，其无法利用选聘权来选取符合其机会主义要求的审计师，此时采取一致独立审计策略的审计师获取的收益均为 $b + v_n$；③当各方都采取不独立策略时，审计师所采取的策略正好符合报告提供者的要求，显然各方均可以获得采取不独立策略时的收益$a+v_n$。

由以上分析得到的 M－A/M－NA 下的审计师博弈收益矩阵为：

		审计师 1 D	审计师 1 DN
审计师 2	D	$b+v_n, b+v_n$	$0, a+v_n$
	DN	$a+v_n, 0$	$a+v_n, a+v_n$

按照传统的非合作博弈求解，该博弈矩阵存在以下 Nash 均衡。

(1) 当 a > b 时，存在一个纯策略均衡：(DN，DN)。

(2) 当 a < b 时，存在两个纯策略均衡：(D，D) 和 (DN，DN)。此时，审计师陷入"囚徒困境"。

同时，审计师还存在一个混合策略，$\left(\sigma=\left(\frac{a+v_n}{b+v_n}, \frac{b-a}{b+v_n}\right), \sigma=\left(\frac{a+v_n}{b+v_n}, \frac{b-a}{b+v_n}\right)\right)$，即审计师以$\frac{a+v_n}{b+v_n}$概率选择 ($D$，$D$)，以$\frac{b-a}{b+v_n}$概率选择 ($DN$，$DN$)。

显然，传统的博弈很难回答最终审计师究竟将采取何种均衡策略这个问题。但是进化博弈可以较好地解决这个问题。

审计师选择 D 策略的期望收益 u_1、选择 DN 策略的期望收益 u_2以及平均收益 $\bar{u}$ 分别为：

$$u_1=(b+v_n)x+0(1-x)=(b+v_n)x$$

$$u_2=(a+v_n)x+(a+v_n)(1-x)=a+v_n$$

$$\bar{u}=u_1x+u_2(1-x)$$

构造的审计师复制动态方程为：

$$F(x)=\frac{dx}{dt}=x(u_1-\bar{u})=x(1-x)(u_1-u_2)$$

$$=x(1-x)[(b+v_n)x-(a+v_n)]$$

需要注意的是，由于学习和调整的作用，各博弈群体采用某一战略的比例是一个随时间变化的量，而复制动态方程的大小和正负则反映了博弈方学习的速度和方向。其中影响速度的因素与学习对象的数量大小有关，即式中的 x；也与学习的激励程度有关，即 $u_1-\bar{u}$。同时，$u_2-\bar{u}$ 的正负也决定了学习的方向。而当复制动态方程为 0 时，则表明学习的速度为 0，即此时该博弈已达到一种相对稳定的均衡状态，博弈群体中的策略比例相对不变。因此，令 $F(x)=0$，得到上述复制动态方程的稳定态为：$x^*=0$，$x^*=1$ 和 $x^*=\frac{a+v_n}{b+v_n}$。

但是，进化博弈论认为稳定状态并不都是进化稳定策略，成为进化博弈的进化稳定策略，需要这个稳定态具有抗扰动的功能，即当 x 偏离 x^* 时，复制动态仍然能使 x 回复到 x^*。在数学上就是，当 $x<x^*$ 时，$F(x)>0$；当 $x>x^*$ 时，$F(x)<0$，即 $F'(x^*)<0$。于是，按照 $F'(x^*)<0$，便可以求出该博弈的进化稳定策略（如图 6－1 所示）。

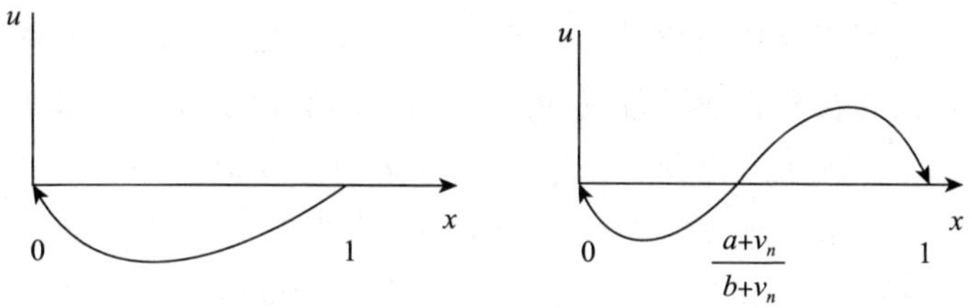

图 6－1　进化稳定策略

（1）当 $a>b$ 时，$x^*=0$ 为进化稳定策略，即制度变迁的结果是几乎所有的审计师均采取不独立策略。

（2）当 $a<b$ 时，$x^*=0$，$x^*=1$ 为进化稳定策略。此时，博弈的初始状态决定着最终的博弈结果。如果博弈初始时采取独立策略的审计师比例小于$\frac{a+v_n}{b+v_n}$，那么制度变迁的结果是没有审计师会采取独立策略。只有初始时采取独立策略的审计师比例大于$\frac{a+v_n}{b+v_n}$，制度变迁的结果才是审计师均会采取独立策略。如果审计师初次进行博弈时采取两种策略的比例为均匀分布的话，那么通过复制动态最终实现独立性进化策略稳定均衡的机会是 $1-\frac{a+v_n}{b+v_n}$，实现不独立性进化策略稳定均衡的机会是$\frac{a+v_n}{b+v_n}$。

将以上结果归纳，我们得到以下结论。

（1）形成（独立，独立）进化稳定策略均衡的解集是：

$$U_D^A=\left\{(a,\ b,\ x):a<b,\ x>\frac{a+v_n}{b+v_n}\right\}$$

（2）形成（不独立，不独立）进化稳定策略均衡的解集是：

$$U_{ND}^{A}=\{(a,\ b,\ x):a>b\}\cup\left\{(a,\ b,\ x):a<b,\ x<\frac{a+v_n}{b+v_n}\right\}$$

三　审计师选聘权 M－A/O－NA 配置和审计师进化稳定策略

在选聘权 M－A/O－NA 配置下，审计师之间采取各种博弈策略进行博弈的收益如下。①当博弈各方的策略不同时，报告提供者会利用其拥有的审计师选聘权，选聘迎合其舞弊要求的审计师，而采取独立审计的审计师则会被排除在其选聘范围之外，由此采取迎合策略的审计师的收益为 a，不迎合的是 0。同时，由于此时非审计服务的审计师由会计报告使用者选聘，其自然会利用该选聘权来强化审计师的独立性，此时，采取不独立策略的审计师只有在合谋没被发现时才能获得非审计服务，如果被发现，则不能获得非审计服务。由此，采取独立策略的审计师获得非审计服务的期望收益为 v_n，采取不独立策略的审计师获得的非审计服务的期望收益为 pv_n（p 为未被发现的概率）；于是，采取独立策略的审计师的收益是 v_n，采取不独立策略的审计师的收益是 $a+pv_n$。②当各方都希望采取独立审计策略时，尽管报告提供者拥有选聘权，但是当面对审计师一致采取独立审计策略时，其无法利用选聘权来谋求与审计师的合谋，此时采取一致独立审计策略的审计师获取的收益为 $b+v_n$。③当各方都采取迎合策略时，显然各方均可以获得迎合客户时的收益 $a+v_n$。

由以上分析得到的 M－A/O－NA 配置下的审计师博弈收益矩阵为：

		审计师 2 D	审计师 2 DN
审计师 1	D	$b+v_n,b+v_n$	$v_n,a+pv_n$
	DN	$a+pv_n,v_n$	$a+v_n,a+v_n$

同理，审计师选择 D 策略的期望收益 u_1、选择 DN 策略的期望收益 u_2 以及平均收益 $\bar{u}$ 分别为：

$$u_1=(b+v_n)x+v_n(1-x)=bx+v_n$$

$$u_2=(a+pv_n)x+(a+v_n)(1-x)=(a+v_n)-(1-P)v_nx$$

$$\bar{u}=u_1x+u_2(1-x)$$

构造的审计师复制动态方程为：

$$F(x) = \frac{dx}{dt} = x(u_1 - \bar{u}) = x(1-x)(u_1 - u_2)$$
$$= x(1-x)\{[b + (1-P)v_n]x - a\} \quad (6-4-1)$$

令 $F(x)=0$，得到上述复制动态方程的稳定态为：$x^*=0$，$x^*=1$ 和 $x^* = \frac{a}{b+(1-P)v_n}$。

（1）当 $b+(1-P)v_n < a$ 时，$x^*=0$ 为进化稳定策略，即制度变迁的结果是几乎所有的审计师均采取不独立策略。

（2）当 $a+pv_n < b+v_n$ 时，$x^*=0$，$x^*=1$ 为进化稳定策略，即如果初始时采取独立策略的审计师比例小于 $\frac{a}{b+(1-P)v_n}$，那么制度变迁的结果是没有审计师会采取独立策略。只有初始时采取独立策略的审计师比例大于 $\frac{a}{b+(1-P)v_n}$，制度变迁的结果才是审计师均会采取独立策略。如果审计师初次进行博弈时采取两种策略的比例为均匀分布的话，那么通过复制动态最终实现采取独立进化稳定策略均衡的机会是 $1-\frac{a}{b+(1-P)v_n}$，实现不采取独立进化稳定策略均衡的机会是 $\frac{a}{b+(1-P)v_n}$。

将以上结果归纳，我们得到以下结论。

（1）演变为（独立，独立）的进化稳定策略均衡解的集合是：

$$U_D^B = \left\{(a, b, x): a < b + (1-P)v_n,\ x > \frac{a}{b+(1-P)v_n}\right\}$$

（2）形成（不独立，不独立）进化稳定策略均衡的解集是：

$$U_{ND}^B = \{(a, b, x): a > b + (1-P)v_n\} \cup \left\{(a, b, x): a < b + (1-P)v_n,\ x < \frac{a}{b+(1-P)v_n}\right\}$$

四　审计师选聘权 O－A/O－NA 配置和审计师进化稳定策略

在选聘权 O－A/O－NA 配置下，审计师之间采取各种博弈策略进行博弈的收益为：①当博弈各方的策略不同时，会计报告使用者会利用其拥有对审计师选聘权（包括审计服务和非审计服务），选聘符合其自身利益的具有独立性的审计师，一旦审计师被发现舞弊，则其就会被排除在选聘范围之外，由此采取独立策略的审计师的期望收益为 $b+v_n$，采取不独立策略的审计师的期望收益是 $a+pv_n$；②当各方都希望采取独立审计策略时，其策略只好符合会计报告使用者的利益，因此，采取一致独立审计策略审计师获取的收益均为 $b+v_n$；③当各方都采取不独立策略时，显然各方均可以获得采取不独立策略时的收益 $a+v_n$。

由以上分析得到的 O－A/O－NA 配置下的审计师博弈收益矩阵为：

		审计师 2 D	审计师 2 DN
审计师 1	D	$b+v_n, b+v_n$	$b+v_n, a+pv_n$
	DN	$a+pv_n, b+v_n$	$a+v_n, a+v_n$

同理，审计师选择 D 策略的期望收益 u_1、选择 DN 策略的期望收益 u_2 以及平均收益 $\bar{u}$ 分别为：

$$u_1=(b+v_n)x+(b+v_n)(1-x)=b+v_n$$

$$u_2=(a+pv_n)x+(a+v_n)(1-x)=a+v_n-(1-P)v_nx$$

$$\bar{u}=u_1x+u_2(1-x)$$

构造的审计师复制动态方程为：

$$F(x)=\frac{dx}{dt}=x(u_1-\bar{u})=x(1-x)(u_1-u_2)$$

$$=x(1-x)[b-a+(1-P)v_nx]$$

令 $F(x)=0$，得到上述复制动态方程的稳定态为：$x^*=0$，$x^*=1$，$x=\frac{a-b}{(1-P)\ v_n}$。

（1）当 $b+v_n-pv_n<a$ 时，$x^*=0$ 为进化稳定策略，即制度变迁的结果是几乎所有的审计师均采取不独立策略。

（2）当 $b+v_n-pv_n>a>b$ 时，$x^*=0$，$x^*=1$ 为进化稳定策略，即如果初始时采取独立策略的审计师比例小于$\frac{a-b}{(1-P)\ v_n}$，那么制度变迁的结果是没有审计师会采取独立策略。只有初始时采取独立策略的审计师比例大于$\frac{a-b}{(1-P)\ v_n}$，制度变迁的结果才是审计师均会采取独立策略。如果审计师初次进行博弈时采取两种策略的比例为均匀分布的话，那么通过复制动态最终实现采取独立进化稳定策略均衡的机会是$1-\frac{a-b}{(1-P)\ v_n}$，实现不采取独立进化稳定策略均衡的机会是$\frac{a-b}{(1-P)\ v_n}$。

（3）当$a<b$时，$x^*=1$为进化稳定策略，即制度变迁的结果是几乎所有的审计师均采取独立策略。

将以上结果归纳，我们得到以下结论。

（1）形成（独立，独立）进化稳定策略均衡的解集是：

$$U_D^C=\{(a,\ b,\ x):a<b\}\cup\left\{(a,\ b,\ x):b+v_n-pv_n>a>b,\ x>\frac{a-b}{(1-P)v_n}\right\}$$

（2）形成（不独立，不独立）进化稳定策略均衡的解集是：

$$U_{ND}^C=\{(a,\ b,\ x):a>b+(1-P)v_n\}\cup\left\{(a,\ b,\ x):b+v_n-pv_n>a>b,\ x<\frac{a-b}{(1-P)v_n}\right\}$$

五　审计师选聘权 O－A/M－NA 配置和审计师进化稳定策略

在 O－A/M－NA 配置下，审计师之间采取各种博弈策略进行博弈的收益如下。①当博弈各方的策略不同时，由于会计报告使用者拥有对审计师的选聘权，所以采取独立策略的审计师的审计服务期望收益为b。对于采取合谋的审计师，一旦审计师被发现合谋，则由于其将不能再被雇用，采取不独立策略的审计师的期望收益是a。同时，由于此时非审计服务的审计师由报告提供者选聘，其自然会利用该选聘权来寻找不独立的审计师，采取独立策略的审计师则会被排除在非审计服务审计师的选聘范围之外，由此，采取不独立策略的审计师的非审计服务期望收益为v_n，采取独立策略的审计师的非审计服务期望收益为0。于是，采取独立策略的审计师的收益为b，采取不独立策略的审计师的收益为$a+v_n$。②当各方都希望采取独立审计策略时，尽管报告提供者拥有非审计服务审计师的选聘权，但是面对一致采取独立策略的审计师，其无法利用选聘权来谋求与审计师合谋，此时采取一致独立审计策略的审计师获取的收益为$b+v_n$。③当各方都采取不独立策略时，如前所述，显然各方均可以获得采取不独立策略时的

收益 $a+v_n$。

由以上分析得到的 O－A/M－NA 配置下的审计师博弈收益矩阵为：

		审计师2 D	审计师2 DN
审计师1	D	$b+v_n, b+v_n$	$b, a+v_n$
	DN	$a+v_n, b$	$a+v_n, a+v_n$

同理，审计师选择 D 策略的期望收益 u_1、选择 DN 策略的期望收益 u_2 以及平均收益 $\bar{u}$ 分别为：

$$u_1=(b+v_n)x+b(1-x)=b+v_nx$$
$$u_2=(a+v_n)x+(a+v_n)(1-x)=a+v_n$$
$$\bar{u}=u_1x+u_2(1-x)$$

构造的审计师复制动态方程为：

$$F(x)=\frac{dx}{dt}=x(u_1-\bar{u})=x(1-x)(u_1-u_2)$$
$$=x(1-x)(v_nx+b-a-v_n)$$

令 $F(x)=0$，得到上述复制动态方程的稳定态为：$x^*=0$，$x^*=1$，$x=\frac{a-b+v_n}{v_n}$。

（1）当 $b>a+v_n$时，进化稳定态是 $x^*=1$。

（2）当 $a<b<a+v_n$时，进化稳定态是 $x^*=0$，$x^*=1$；此时，博弈的初始状态决定着最终的博弈结果。如果博弈初始时采取独立策略的审计师比例小于$\frac{a-b+v_n}{v_n}$，那么制度变迁的结果是没有审计师会采取独立策略。只有初始时采取独立策略的审计师比例大于$\frac{a-b+v_n}{v_n}$，制度变迁的结果才是审计师均会采取独立策略。如果审计师初次进行博弈时采取两种策略的比例为均匀分布的话，那么通过复制动态最终实现采取独立进化稳定策略均衡的机会是$1-\frac{a-b+v_n}{v_n}$，实现不采取独立进化稳定策略均衡的机会是$\frac{a-b+v_n}{v_n}$。

（3）当 $a>b$ 时，进化稳定态是 $x^*=0$。

将以上结果归纳，我们得到以下结论。

（1）形成（独立，独立）进化稳定策略均衡的解集是：

$$U_D^D = \{(a, b, x): b > a + v_n\} \cup \left\{(a, b, x): a < b < a + v_n, x > \frac{a - b + v_n}{v_n}\right\}$$

（2）形成（不独立，不独立）进化稳定策略均衡的解集是：

$$U_{ND}^D = \{(a, b, x): a > b\} \cup \left\{(a, b, x): a < b < a + v_n, x < \frac{a - b + v_n}{v_n}\right\}$$

六　审计师选聘权 OA－MA/ONA－MNA 配置和审计师进化稳定策略

OA－MA/ONA－MNA 配置实际上是一个混合配置，即 k 比例的会计报告使用者拥有审计选聘权，$1-k$ 比例的报告提供者拥有审计选聘权；s 比例的会计报告使用者拥有非审计服务的选聘权，$1-s$ 比例的报告提供者拥有非审计服务的选聘权。于是，在审计市场中，审计师遇到M－A/M－NA 配置类型的概率是 $(1-k)(1-s)$，遇到 M－A/O－NA 配置类型的概率是 $(1-k)s$，遇到 O－A/O－NA 配置类型的概率是 ks，遇到 O－A/M－NA 配置类型的概率是 $k(1-s)$。由此，审计师之间采取各种博弈策略进行博弈的收益为：①当博弈各方的策略不同时，将 M－A/M－NA、M－A/O－NA、O－A/O－NA、O－A/M－NA 四种类型中各方采取不同策略时的审计师期望收益进行加权，可以得到的审计师采取独立策略时的期望收益为 $kb + sv_n$，采取不独立策略的期望收益为 $a + spv_n + (1-s)v_n$；②当各方都希望采取独立审计策略时，同理，可以得到的此时采取一致独立审计策略的审计师获取的收益为 $b + v_n$；③当各方都采取不独立策略时，同理得到的各方的期望收益为 $a + v_n$。

由以上分析得到 OA－MA/ONA－MNA 配置下的审计师博弈收益矩阵为：

		审计师 2：D	审计师 2：DN
审计师 1	D	$b + v_n$, $b + v_n$	$kb + sv_n$, $a + spv_n + (1-s)v_n$
	DN	$a + spv_n + (1-s)v_n$, $kb + sv_n$	$a + v_n$, $a + v_n$

同理，审计师选择 D 策略的期望收益 u_1、选择 DN 策略的期望收益 u_2 以

及平均收益 $\bar{u}$ 分别为：

$$u_1 = (b + v_n)x + (kb + sv_n)(1 - x)$$

$$u_2 = [a + spv_n + (1 - s)v_n]x + (a + v_n)(1 - x) = a + v_n - s(1 - P)v_n x$$

$$\bar{u} = u_1 x + u_2(1 - x)$$

构造的审计师复制动态方程为：

$$F(x) = \frac{dx}{dt} = x(u_1 - \bar{u}) = x(1 - x)(u_1 - u_2)$$

$$= x(1 - x)[(b + v_n - kb - spv_n)x + kb + sv_n - v_n - a]$$

令 $F(x) = 0$，得到上述复制动态方程的稳定态为：$x^* = 0$，$x^* = 1$，$x^* = \frac{v_n + a - kb - sv_n}{b + v_n - kb - spv_n}$。

（1）当 $b + sv_n - spv_n < a$ 时，$x^* = 0$ 为进化稳定策略。

（2）当 $b + sv_n - spv_n > a > kb + sv_n - v_n$时，$x^* = 0$，$x^* = 1$ 为进化稳定策略。此时，博弈的初始状态决定着最终的博弈结果。如果博弈初始时采取独立策略的审计师比例小于$\frac{v_n + a - kb - sv_n}{b + v_n - kb - spv_n}$，那么制度变迁的结果是没有审计师会采取独立策略。只有初始时采取独立策略的审计师比例大于$\frac{v_n + a - kb - sv_n}{b + v_n - kb - spv_n}$，制度变迁的结果才是审计师均会采取独立策略。如果审计师初次进行博弈时采取两种策略的比例为均匀分布的话，那么通过复制动态最终实现采取独立进化稳定策略均衡的机会是 $1 - \frac{v_n + a - kb - sv_n}{b + v_n - kb - spv_n}$，实现不采取独立进化稳定策略均衡的机会是$\frac{v_n + a - kb - sv_n}{b + v_n - kb - spv_n}$。

（3）当 $a < kb + sv_n - v_n$时，$x^* = 1$ 为进化稳定策略。

将以上结果归纳，我们得到以下结论。

（1）形成（独立，独立）进化稳定策略均衡的解集是：

$$U_D^E = \{(a, b, x): a < kb + sv_n - v_n\} \cup$$

$$\left\{(a, b, x): b + sv_n - spv_n > a > kb + sv_n - v_n, \ x > \frac{v_n + a - kb - sv_n}{b + v_n - kb - spv_n}\right\}$$

（2）形成（不独立，不独立）进化稳定策略均衡的解集是：

$$U_{ND}^{E}=\{(a,b,x):b+sv_n-spv_n<a\}\cup$$

$$\left\{(a,b,x):b+sv_n-spv_n>a>kb+sv_n-v_n,\ x<\frac{v_n+a-kb-sv_n}{b+v_n-kb-spv_n}\right\}$$

第五节　审计师选聘权配置和独立审计发展的历史路径依赖

一　审计师选聘权配置和进化博弈结果

比较以上五种选聘权配置类型的解集，得到如下解集之间的包含关系：

（1）$U_{ND}^{M-A/M-NA}\supset U_{ND}^{M-A/O-NA}$，$U_{ND}^{M-A/M-NA}\supset U_{ND}^{O-A/O-NA}$，$U_{ND}^{M-A/M-NA}\supset U_{ND}^{O-A/M-NA}$，$U_{ND}^{M-A/M-NA}\supset U_{ND}^{OA-MA/ONA-MNA}$；

（2）$U_{ND}^{M-A/O-NA}\supset U_{ND}^{O-A/O-NA}$；

（3）$U_{ND}^{O-A/M-NA}\supset U_{ND}^{O-A/O-NA}$；

（4）$U_{ND}^{OA-MA/ONA-MNA}\supset U_{ND}^{O-A/O-NA}$。

或者：

（1）$U_{D}^{O-A/O-NA}\supset U_{D}^{M-A/M-NA}$，$U_{D}^{O-A/O-NA}\supset U_{D}^{M-A/O-NA}$，$U_{D}^{O-A/O-NA}\supset U_{D}^{O-A/M-NA}$，$U_{D}^{O-A/O-NA}\supset U_{D}^{OA-MA/ONA-MNA}$；

（2）$U_{D}^{O-A/M-NA}\supset U_{D}^{M-A/M-NA}$；

（3）$U_{D}^{BM-A/O-NA}\supset U_{D}^{M-A/M-NA}$；

（4）$U_{D}^{OA-MA/ONA-MNA}\supset U_{D}^{M-A/M-NA}$。

因此，从形成独立审计社会规则的效果看，我们得到如下结论：M-A/M-NA 模式为最劣配置，O-A/O-NA 模式为最优配置。对此，我们可以给出一个直观的解释。不考虑非审计服务的影响和 $a<0$ 的情况，我们做一个简单比较。在 O-A/O-NA 配置下，只要存在一个充分小的正数 ε，使得 $b=a+\varepsilon$ 成立，制度变迁的结果就会是全部审计师采取（独立，独立）策略的均衡格局。但是在 M-A/M-NA 配置下，其只会演变为全部审计师采取（不独立，不独立）策略格局。如果要形成全部审计师均采取（独立，独立）策略的结果，就要求 $b=a+\infty$，即采取独立策略的审计师所获得的收益要无穷大才行。

二　非审计服务和独立审计制度演变

从 $U_{D}^{M-A/O-NA}\supset U_{D}^{M-A/M-NA}$，$U_{D}^{O-A/O-NA}\supset U_{D}^{O-A/M-NA}$ 或者 $U_{ND}^{O-A/M-NA}\supset$

$U_{ND}^{O-A/O-NA}$，$U_{ND}^{M-A/M-NA} \supset U_{ND}^{M-A/O-NA}$，我们还可以得出，非审计服务的引入对形成习惯和制度的影响①。

（1）当非审计服务的审计师选聘权由报告提供者拥有时，非审计服务的引入将恶化审计环境，因为它增大了导致（不独立，不独立）进化稳定策略的解集。

（2）当非审计服务的审计师选聘权由会计报告使用者拥有时，非审计服务的引入将优化审计环境，因为它增大了导致（独立，独立）进化稳定策略的解集。

三 独立审计制度演变的影响因素

从不同审计师选聘权配置类型的进化稳定策略解集中容易得到以下结论。

（1）审计师声誉的影响。对于各种审计师选聘权配置类型来说，由假设知道，存在两种情况②，一种是当$(1-P)\frac{\partial \mu(r)}{\partial r} < p\frac{\partial l(r)}{\partial r}$时，$\frac{\partial a}{\partial r} < 0$。它表示$r$越高，$a$越小，$a$就越有可能落入独立策略的解集，有利于实现（独立，独立）的进化稳定策略均衡；另一种当$(1-P)\frac{\partial \mu(r)}{\partial r} > p\frac{\partial l(r)}{\partial r}$时，$\frac{\partial a}{\partial r} > 0$。此时，又存在两种情况，一种是如果$\frac{\partial b}{\partial r} - \frac{\partial a}{\partial r} > 0$，那么当$r$增加时，$b$的增速快于$a$的增速，$a$就越有可能落入独立策略的解集，这有利于实现（独立，独立）的进化稳定策略均衡；另一种是如果$\frac{\partial b}{\partial r} - \frac{\partial a}{\partial r} < 0$，那么当$r$增加时，$b$的增速慢于$a$的增速，这导致（不独立，不独立）的进化稳定策略均衡的机会增加。避免这种情况产生的办法是提高审计师的法律责任$l(r)$和增加监管力度$1-p$，进而降低a的增速，最终使得$\frac{\partial b}{\partial r} - \frac{\partial a}{\partial r} > 0$③。

（2）法律责任的影响。对于各种审计师选聘权配置类型来说，由于$\frac{\partial a}{\partial l} < 0$，因此，$l$越高，$a$越小，$a$就越有可能落入独立策略的解集，因此，加

① 有关Sarbanes－Oxley法案禁止审计师提供特定非审计服务的规定，在学术界引起很大的质疑。有趣的是本书对该规定给予了一个分析性结论。

② 为简化起见，这里暂时不考虑声誉对非审计服务的影响。

③ Tirole（1986）认为，声誉机制很可能有正反两方面的作用，既可以提高审计师的审计质量，也会加大合谋的可能。本书正好对此给出了一个分析性结论。

大对舞弊审计师的处罚，有利于实现（独立，独立）的进化稳定策略均衡。

（3）会计监管的影响。对于各种审计师选聘权配置类型来说，$\frac{\partial a}{\partial(1-P)}<0$，因此，$1-p$ 越高，a 越小，a 就越有可能落入采取独立进化稳定策略的解集，因此，加强会计监管，有利于实现（独立，独立）的进化稳定策略均衡。

以上结果表明，在选聘权 M－A/M－NA 配置下，我们将面临十分严峻的形势，这很难形成一个独立审计的局面。但是在 O－A/O－NA 模式下，事情就要容易得多。模型的分析结果与现实拟合的意义在于：如前所述，市场化发展路径实际上类似于 O－A/O－NA 模型方式，行政式推进的路径类似于 M－A/M－NA 模型方式。市场化发展路径已经在市场经济发达国家的现实中得到证实，现实独立审计的存在就是其演变的结果。但是我国的行政式推进模式的现实是不容乐观的，实际上，有关这方面实例的文献很多，这里不再一一赘述。以上结论的意义在于不仅证实了现实，同时还预示着今后可能的发展态势，这应当引起我们的关注。

四　审计师选聘权配置和独立审计发展的历史路径依赖

社会体制是由历史的初期条件、过去的环境变化过程、社会中的实验、政府的介入以及同异文化的接触因素决定的（青木昌彦，1999）。此间，历史的初期条件、过去的环境变化过程起着重要的决定性作用。如前所述，在独立审计发展的历史中，存在两种不同的历史起点，两种起点开始进行演变的过程中又存在一个共同的趋势。由此所带来的问题是，在这样的演变过程中，是否存在对历史起点的路径依赖。下面，我们做进一步的分析。

为方便比较，这里我们做一个基本假定：$b>a$①。同时我们将审计师选聘配置 M－A/M－NA 类型称为 M－A/M－NA－社会审计环境，其他的依此类推。

（1）历史初期的条件为 M－A/M－NA－社会审计环境，演变后的社会审计状态为 OA－MA/ONA－MNA－社会审计环境

---

① 当 $b<a$ 时，所有的模式均演变为（不独立，不独立）进化稳定策略。

当历史初期的条件为 M－A/M－NA－社会审计环境时，由基本假设知道，其进化博弈的结果是全部审计师采取（不独立，不独立）的审计策略，即由 100% 比例的审计师采取（不独立，不独立）的审计策略。当社会发生审计环境的变化，其演变为 OA－MA/ONA－MNA－社会审计环境时，审计师博弈的收益矩阵也随之发生变化，更形成具有独立审计优势的环境（$U_D^{OA-MA/ONA-MNA} \supset U_D^{M-A/M-NA}$），那么审计师的行为会发生什么样的变化？此时，在 M－A/M－NA－社会审计环境已经形成的 100% 比例的审计师采取（不独立，不独立）的审计策略习惯，将成为 OA－MA/ONA－MNA－社会审计环境下演变的初始条件，显然它属于（不独立，不独立）进化稳定策略的解集，于是，在 OA－MA/ONA－MNA－社会审计环境下，审计师的进化稳定策略还是所有审计师采取（不独立，不独立）的审计策略。这说明，由于社会的历史起点的原因，尽管演变后的独立审计环境发生改进，但是审计师的进化稳定策略难以使审计师从帕累托劣势中摆脱出来。

（2）审计师的历史初期条件为 M－A/O－NA －社会审计环境，演变后的社会审计状态为 OA－MA/ONA－MNA －社会审计环境

当历史初期的条件为 M－A/O－NA－社会审计环境时，由基本假设知道，其进化博弈的结果是全部审计师采取（不独立，不独立）的审计策略，即由 100% 比例的审计师采取（不独立，不独立）的审计策略。同审计师的历史初期条件为 M－A/O－NA－社会审计环境演变一样，当社会发生审计环境的变化，其演变为 OA－MA/ONA－MNA－社会审计环境时，不论该审计环境优于还是劣于初始环境，审计师的进化稳定策略仍为所有审计师采取（不独立，不独立）的审计策略，尽管演变后的独立审计环境发生改进，但是审计师的进化稳定策略会难以使审计师从原来的帕累托劣势中摆脱出来。

（3）审计师的历史初期条件为 O－A/O－NA－社会审计环境，演变后的社会审计状态为 OA－MA/ONA－MNA－社会审计环境

当历史初期的条件为 O－A/O－NA－社会审计环境时，由基本假设知道，其进化博弈的结果是全部审计师采取（独立，独立）的审计策略，即由 100% 比例的审计师采取（独立，独立）的审计策略。当社会发生审计环境的变化，其演变为 OA－MA/ONA－MNA－社会审计环境时，审计师博弈的收益矩阵也随之发生变化，相对丧失了原有的独立审计优势环境

（$U_D^{O-A/O-NA} \supset U_D^{OA-MA/ONA-MNA}$），那么审计师的行为会发生什么样的变化？此时，由于在 O－A/O－NA－社会审计环境已经形成的 100% 比例的审计师采取（独立，独立）的审计策略习惯，将成为 OA－MA/ONA－MNA－社会审计环境下演变的初始条件，显然，它依然属于 OA－MA/ONA－MNA－社会审计环境下（独立，独立）进化稳定策略的解集。这说明，由于社会的历史起点的原因，尽管演变后的独立审计环境发生恶化，但是审计师的进化稳定策略会继续维持审计师的帕累托优势。

（4）审计师的历史初期条件为 O－A/M－NA －社会审计环境，演变后的社会审计状态为 OA－MA/ONA－MNA－社会审计环境

当历史初期的条件为 O－A/M－NA－社会审计环境时，由基本假设知道，其进化博弈的结果是全部审计师采取（独立，独立）的审计策略，即由 100% 比例的审计师采取（独立，独立）的审计策略。同审计师的历史初期条件为 O－A/O－NA－社会审计环境演变一样，当社会发生审计环境的变化，其演变为 OA－MA/ONA－MNA－社会审计环境时，不论该审计环境优于还是劣于初始环境，审计师的进化稳定策略仍为所有审计师采取（独立，独立）的审计策略，审计师的进化稳定策略会继续维持审计师的帕累托优势。

以上结果表明，独立审计行业的发展存在强烈的历史路径依赖，历史初期条件、社会审计状态的变化对形成独立审计最佳的传统和制度是十分重要的。这就意味着，尽管随着我国市场化不断成熟，但很有可能由于历史起点的原因，这仍然会导致审计师行业难以从原来的不良状态摆脱出来。

第六节　本章的结论性评述

本章通过采用进化博弈的方法来分析独立审计发展所取得的主要结论是：制度环境的不同，造成了审计师选聘权配置模式的不同，这又进一步造成关于其演进起点、学习路径的不同，最终很可能导致两种截然相反的独立审计传统和制度。独立审计行业的发展存在强烈的路径依赖。

第七章

我国审计师行业发展的经济学分析：基于审计师选聘权配置分析框架的理论解释

第一节　引言

与发达国家审计师发展历史不同，我国审计师的发展更多地依赖政府的推动。这种政府推动集中体现在审计师法规体系的建设之中。自 1994 年 1 月 1 日《中华人民共和国注册会计师法》实施以来，经过努力，我国已经基本形成了以《中华人民共和国注册会计师法》为中心的审计师法规体系。本章将对我国审计师行业发展变迁进行系统分析，以从中获得一些有益的启示。

从本质上说，审计师审计是一种私人部门的活动。审计失败可以被看作一种市场失灵。而“需求 - 供给”分析方法是经济理论分析市场问题的基本方法。萨缪尔森曾引言：“你甚至可以使鹦鹉成为一个博学的政治经济学家——它所必须学的就是‘供给’与‘需求’这两个名词。”这里，“需求 - 供给”运用本书建立的审计师选聘权配置、市场竞争与审计师独立性分析框架，对我国审计师发展的路径进行一个合理的理论解释和给出相应的政策建议。

第二节　我国审计市场的经济学分析——一个基于审计师选聘权配置分析框架的解释

审计师的供给和需求的问题同样是一个复杂的问题，不同的假设前提同样可以得到不同的“主导”方向。但不管争论如何，供给和需求同样是审计师管理过程必须涉及的两个方面。根据以上思路，本书将审计师独立性完整分析框架引入“需求－供给”理论构架中，描绘了审计师运行和管理的一个完整过程（如图7－1所示）。

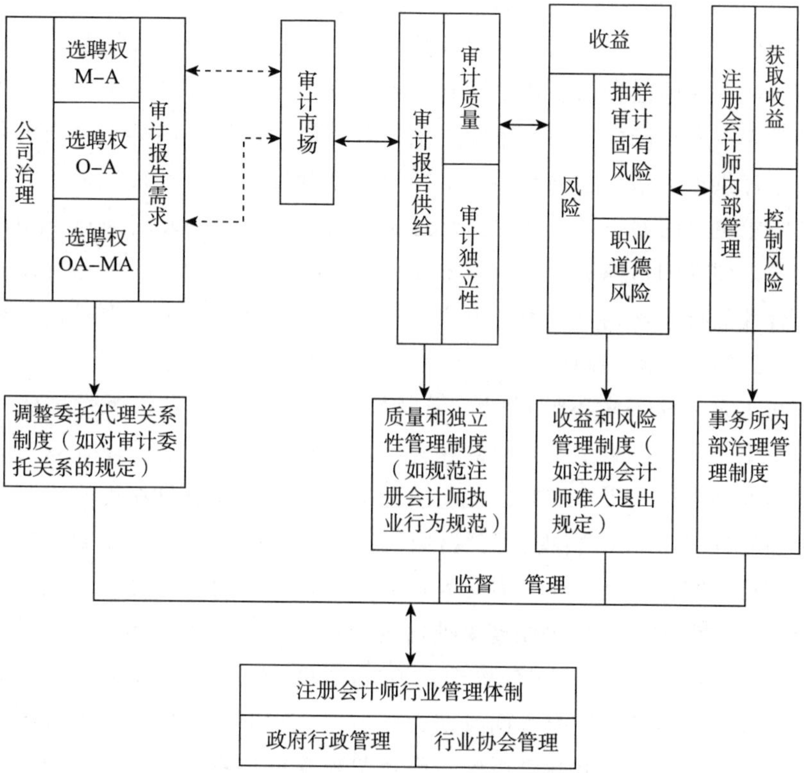

图7－1　审计师运行和管理的完整过程

从审计师制度变迁看，由于审计师职业服务市场发展的历史起点不一样，其发展的内在逻辑思路也就不一样。历史地看，主要有两条发展路径，一条路径是以市场推动为历史与逻辑起点出发、发展，它基本依靠市场自身的力量，实行行业自律；另一条路径是以政府推动为历史与逻辑起点出发、发展，其开始阶段主要依靠政府的行政力量去推进市场化，创造市场需求。英美等发达市场经济国家走的就是前一条发展路径，我国走的就是后一条发展路径（谢德仁，2002）。前一种审计师制度安排属于诱致性制度变迁的结果，而后一种审计师制度安排属于强制性制度变迁。这两种制度变迁的差异在于：诱致性制度变迁是建立在一致性同意原则和经济原则基础上的，如果它能克服外部效果和“搭便车”之类的问题，那么它在制度变迁中将是最有效的形式之一；而强制性制度变迁的优势在于，它能以最少的实践和最快的速度推进制度变迁，降低制度变迁成本，但它面临着统治者的有限理性、意识形态的刚性、官僚政治、利益集体的冲突和社会学识局限等问题（卢现祥，2003）。应该说，我国采取后一条路径，在不长的时间内，迅速建立了审计师体系。但由于我国经济体制转轨具有特殊特征，我国这种依靠强制性制度安排所形成的审计师体系，与在市场经济条件下自发产生的独立审计体系显著不同，这种不同集中表现为我国独立审计供求关系上的强制性。①需求的强制性。在审计市场上，对审计师的需求更多的并不是企业的内在意愿性需求，而是由政府通过强制性制度安排来硬性创造这种需求[①]。②供给的强制性。审计师的行业自律和具有权威性的行业规则不是通过依靠市场选择而发展起来的，而是借鉴采取前一条路径的国家的制度安排，依靠政府权威建立与实施的。

与市场自发需求不同的是，强制性需求和强制性供给所带来的结果是：①由于强制性供给不是建立在一致性同意基础上的，所以需要持续保持一定的强制性；②审计师以机会主义的态度对待强制性制度安排；③为保证强制性供给得以实现，监管部门需要适时采取相应的强制措施。所以，实行强制性制度安排时需要满足的条件是，任何企图激进地改变内在制度的尝试（如引进外来制度来处罚被禁止的内在制度的使用）的总的执行成本都会增加（K. F. 齐默尔曼，2004）。因此，为了推动我国独立审计不断发展，政府始终结合不同时期的发展特点和存在的问题，持续不断地出台一系列法律制度和政策措施，使我国独立审计行业走出一条独特的发展之路。

第三节　我国审计师行业的制度变迁——基于审计师选聘权配置分析框架的理论解释

从我国审计师的制度变迁不难看出，依靠强制性制度安排所形成的独立审计体系，体现出其与在市场经济条件下自发产生的独立审计体系显著

① 调查显示，67.9%企业的审计需求源于法律法规的规定，只有17.9%企业的审计需求来源于股东会或者董事会的需求（课题组，2004）。

不同，这种不同使得我国审计师行业形成了一个独特的发展变迁特征①，下面我们将对这个独特的发展变迁特征进行一个基本的描述并运用本书提出的审计师独立性完整分析框架进行解释。

一　审计师审计需求发展的描述和理论解释

按照前面的分析，在我国审计师行业发展的早期，公司治理结构中的审计师选聘权配置实质上处于 M－A 配置。按照本书提出的分析框架分析，与 O－A 配置完全不同，在 M－A 配置下将产生一系列审计代理问题。为了解决公司治理结构中的审计师选聘权配置问题，政府和监管部门必然会选择进一步完善公司治理结构，促使审计师的选聘权从M－A 配置逐步向 O－A 配置发展、过渡。在现实中，我国审计师选聘权配置也正经历了这样的从 M－A 配置逐步向 O－A 配置发展的过程。早期的研究表明，尽管我国公司法规定，审计师由董事会来选聘，但是当时审计师选聘的实际背景是：①67.9%企业的审计需求源于法律法规的规定，只有 17.9%企业的审计需求源于股东会或者董事会的需求（课题组，2004）；②国有企业"所有者缺位"和"内部人控制"的现象尚未得到根本改观，国有企业真正人格意义上的所有者（股东）缺位，缺乏有效公司治理结构，董事与经理高度重合的情况普遍，一股独大、"内部人"控制现象突出（青木昌彦和钱颖一，1995）。在上市公司方面，内部人控制成为中国上市公司治理结构的主要特征之一（上海证券交易所研究中心，2003）。因此，在这个时期，企业的审计师选聘权配置实质上处于 M－A 配置。按照本书的分析，这将把审计师更多地引向"迎合"机会主义的歧途。因此，为了解决由此带来的一系列审计代理问题，自 2005 年后，情况发生变化。2004 年，国务院国资委发布的《中央企业财务决算报告管理办法》明确规定，自 2004 年起，由国资委统一委托会计师事务所对企业年度财务决算进行审计。2004 年国务院国资委发布《中央企业财务决算审计工作规则》明确规定，国资委统一委托会计师事务所，按照"公开、公平、公正"的原则，采取国资委公开招标或者企业推荐报国资委核准等方式进行。随后，各地方国资委逐渐参照国务院国资委的管理办法，对地方国有企业也采取由国资委

① 有关我国审计师行业状况的研究、论述很多，这里只是为了阐述本书对现实问题的分析，而对有关现状的研究做一个简要的介绍。换言之，本章不是研究我国审计师现状，而是说明本书观点的应用。

统一委托会计师事务所对企业年度财务决算进行审计。研究表明，国资委采取将会计师事务所审计的选聘权收回到国资委的做法，有效地提高了审计师独立性，进而提高了审计质量（Chi，Lei，Long，Wang，2013；胡海燕和唐建新，2015）。

二　审计师审计供给发展的描述和理论解释

（一）市场机制环境

按照前面的分析，在我国审计师行业发展的早期，企业的审计师选聘权配置实质上处于 M - A。按照本书提出的分析框架，在 M - A 配置下，市场竞争的加剧将进一步增强审计师“迎合”机会主义管理者的动机。为了解决由审计市场竞争带来的审计师独立性降低问题，政府和监管部门必然会采取政策措施，降低恶性竞争，减缓由此带来的审计师独立性降低问题。现实中，我国审计市场的发展也验证了这样的发展逻辑。从我国审计市场的基本结构看，我国审计市场的集中度呈现逐渐提高的发展态势。早期的研究表明，我国审计市场的集中度很低，前 4 名的市场份额仅为 30.32%，前 8 名的市场份额为 44.7%，上市公司审计业务前 20 名的市场集中度为 64.21%。如果剔除国内事务所不可竞争业务（如境外上市的审计费用），那么市场集中度更低。对收费水平、人均劳动生产率、利润率的考察也同样存在类似的情况（夏冬林和林震昃，2003），在 IPO 审计市场也是如此（朱红军、夏立军和陈信元，2004），集中度与发达国家相比均比较低（李眺，2005），因此，在这个时期，我国审计市场还是一个类似于完全竞争性的市场（夏冬林和林震昃，2003）。到 2009 年，全国已有 7400 多家会计师事务所，执业注册会计师超过 8.5 万人，从业人员近 30 万人。为了解决在 M - A 配置下审计竞争带来的一系列审计代理问题，政府监管部门不断出台政策，促进会计师事务所通过重组、合并方式，不断做大做强。2009 年国务院办公厅转发财政部《关于加快发展我国注册会计师行业若干意见》，明确指出，要积极探索加快行业发展的多种模式、途径和方法，鼓励优化组合、兼并重组、强强联合，促进行业走跨越式发展道路。主要发展目标是重点扶持 10 家左右具有核心竞争力、能够跨国经营并提供综合服务的大型会计师事务所。积极促进中型会计师事务所健康发展，努力形成 200 家左右能够为大中型企事业单位及上市公司提供高质量服务、管理规范的中型会计师事务所。科学引导小型会计师事务所规范有序发展。为了鼓励会计师事务所做大做强，2007 年、2012 年财政部、证监会调整了证券资格会计师事务所申请条件，不断提高会计师事务所取得证券业务审计资格的门槛，鼓励会计师事务所通过优化组合、兼并重组、强强联合方式进一步做大做强。经过不懈的努力，具有证券业务审计资格的会计师事务所从 2002 年的 71 家逐步减少到 2015 年的 40 家，与此同时，其所审计的上市公司从 1236 家上升到 2827 家，合计总资产 1724470 亿元。

（二）审计师财富

按照前面的分析，在企业的审计师选聘权配置处于 M－A 状态时，在其他条件不变的情况下，审计师财富越少，审计师独立性就越低，反之，审计师独立性就越高。为了解决由于审计师财富过低带来的审计师独立性问题，政府和监管部门必然会选择提高准入门槛，降低由于无门槛所带来的审计师独立性问题。现实中，我国审计市场的发展也经历了这样的过程。据调查（课题组，2004），截至 2003 年底，我国会计师注册资金在 500 万～800 万元的事务所有 12 家，占 0.2%；在 300 万～499 万元的事务所有 19 家，占 0.4%；在 100 万～299 万元的事务所有 641 家，占 12.8%；在 50 万～99 万元的事务所有 830 家，占 16.6%；在 50 万元以下的事务所有 3496 家，占 69.9%。因此，由于我国会计师事务所普遍采取有限责任制，大多数有限事务所的注册资金仅为几十万元，因此事务所所承担的有限责任实在不足以引起事务所管理者对其审计报告质量和风险的重视。为了发挥审计师财富对保持审计师独立性的作用，2007 年、2012 年财政部、证监会调整了证券资格会计师事务所申请条件，进一步提高了会计师事务所准入的条件，即具有证券业务审计资格的会计师事务所的净资产均在 500 万元以上，年度收入不少于 8000 万元。2009 年，国务院办公厅转发财政部《关于加快发展我国注册会计师行业若干意见》明确要求："支持会计师事务所依法采用与其发展战略、业务特点和规模相适应的组织形式。进一步健全透明高效、相互制衡的治理结构和内控机制，不断完善内部管理制度和执业责任保险制度。"按照意见的要求，从 2010 年起，财政部等部门要求大中型和从事上市公司审计业务的会计师事务所从有限责任制转制为特殊普通合伙制，到 2013 年，所有从事上市公司审计业务的会计师事务所全部转制为特殊普通合伙制。从有限责任制转制为特殊普通合伙制，最大的差别在于法律责任安排的不同。在特殊普通合伙制下，合伙人财富完全暴露在无限责任或无限连带责任下，会计师事务所面临因合伙人的故意或重大过失执业行为而可能造成全部损失的法律风险，这有利于进一步强化审计师的法律责任风险意识，促进审计师不断提高审计质量。

（三）审计师任期

按照本书的分析，在企业的审计师选聘权配置处于 M－A 状态时，在其他条件不变的情况下，可能出现审计意见购买，或者通过延长审计师任期以获得标准审计意见。为了解决这类问题，政府和监管部门必然会规范审计师变更。证监会 1999 年发布《关于上市公司聘用、更换会计师事务所（审计师事务所）有关问题的通知》，明确要求，公司解聘或者不再续聘会计师事务所（审计事务所）由股东大会做出决定，并在有关的报刊上予以披露，必要时说明更换原因，并报中国证监会和中国注册会计师协会备案。同时，为了解决由于审计师任期过长带来的审计师独立性损害问题，政府和监管部门必然会选择定期轮换制度，以降低任期过长所带来的审计师独立性问题。2003 年证监会和财政部颁布了《关于证券期货审计业务签字注册会计师定期轮换的规定》，要求签字注册会计师连续为某一相关机构提供审计服务，不得超过五年；为首次公开发行证券公司提供审计服务的签字注册会计师，在该公司上市后连续提供审计服务的期限，不得超过两个完整会计年度。

（四）法律责任

按照前面的分析，在企业的审计师选聘权配置处于 M－A 时，在其他条件不变的情况下，法律责任是影响审计师独立性至关重要的因素。为了促使审计师保持独立性，立法部门、政府和监管部门必然会不断地建立和完善审计师法律责任制度。在现实中，尽管《证券法》《注册会计师法》规定了会计师事务所应当依法承担行政责任和赔偿责任，但是由于法律制度的不配套，在 1998 年会计师事务所与政府脱钩改制、2002 年最高人民法院发布《关于受理证券市场因虚假陈述引发的民事侵权纠纷案件有关问题的通知》和 2003 年《关于审理证券市场因虚假陈述引发的民事赔偿案件的若干规定》前，对审计师的处罚主要是行政处罚，且行政处罚更多的是警告、罚款和整改，吊销执业许可证的强制退出市场的处罚也十分少见。而在民事赔偿责任的司法诉讼中，排在第一位的是虚假验资问题，在诉讼案件实践中，少有会计师事务所因为民事赔偿案件而导致会计师事务所解散。但是自 2003 年最高人民法院发布通知后，普通合伙制会计师事务所感受到比有限责任制会计师事务所需承担更多的法律责任，并开始陆续改制为有限责任制，到2005年几乎所有具有审计上市公司证券业务资格的会计师事务所都改制为有限责任制。2006年新公司法和新证券法生效实施，2007年6月最高人民法院颁布了新的司法解释，明确规定了以会计师事务所出具不实报告并遭受损失为由提起民事侵权赔偿诉讼的，人民法院应该受理。研究发现，在此后的2006~2009年，涉及会计师事务所审计的上市公司的民事赔偿案件共有3852件，这涉及16家事务所，说明我国的法律环境发生了实质性的变化，审计师面临的诉讼风险明显增加（刘启亮等，2014）。2006年中国实施《破产法》后，国内十大会计师事务所出具持续经营意见的可能性提高，法律风险意识明显增强（Mo，Rui，Wu，2015）。为适应会计师事务所、律师事务所发展的需要，2006年，中国对《合伙企业法》进行了修订，增加了以专业知识和专门技能为客户提供有偿服务的专业服务机构，为特殊的普通合伙企业设立条款。2009年，国务院办公厅转发财政部的《关于加快发展我国注册会计师行业若干意见》，明确要求："支持会计师事务所依法采用与其发展战略、业务特点和规模相适应的组织形式。进一步健全透明高效、相互制衡的治理结构和内控机制，不断完善内部管理制度和执业责任保险制度。"按照意见的要求，从2010年起，财政部等部门要求大中型和从事上市公司审计业务的会计师事务所从有限责任制转制为特殊普通合伙制，转制的主要目的就是优化审计师法律责任安排，促进审计师强化内部治理，提高审计质量。到2013年，所有从事上市公司审计业务的会计师事务所全部转制为特殊普通合伙制，会计师事务所的法律责任明显增强。

（五）会计监管

目前关于会计监管的研究常常将监管的广度作为预设的外生变量来考虑，很少将它作为内生变量来进行理论和实证的研究。本书的分析框架表明，如果监管广度不足，那么即使监管的力度再大，法律责任也是形同虚设的。在现实中，加强监管是政府和监管部门的必然选择。证据表明，对审计师监督检查的力度一直呈现不断强化的趋势，其正不断在加大投入和改进方法，以建立和实施科学合理的监督检查制度。有研究认为，加大对审计师的检查和处罚力度，会使得审计师增加审计收费（朱春艳和伍利娜，2009；刘笑霞，2013），增加出具非标准审计意见的概率（Firth，Mo，Wong，2005；朱春艳和伍利娜，2009），降低客户操控性应计（方军雄，

2011；刘笑霞，2013）。

不难看出，我国审计师行业发展实际上走了一条“先发展，再规范”的路子。由于独立审计行业的发展存在强烈的历史路径依赖，于是在行政式推进进程中所形成的审计师选聘权的 M－A 配置模式的作用下，审计师行业在发展过程出现了一系列需要解决的问题，为了解决这些问题，监管部门为此付出了巨大的努力。

问题的本身并不在于行政式推进的本身，而在于当时并没有深刻理解行政式推进本身所隐含的内在演变机制，以及因此采取的相应的配套政策措施。

第四节　制度和机制设计——基于审计师选聘权配置分析框架的政策含义

一　审计师需求管理的政策含义

就需求管理而言，按照本书建立的审计师选聘权配置、市场竞争和审计师独立性分析框架，完善公司治理结构中审计师的选聘权是至关重要的问题，审计需求的管理核心在于在公司治理结构中限制管理层对审计师选聘权的影响，完善配置审计师选聘权，弥补或纠正错位的审计委托关系。关于重新配置审计师选聘权的问题，在实践上，也有了不少有益的探索，如著名的 Sarbanes－Oxley 法案要求审计师向公司审计委员会而非管理层报告，并且其受审计委员会的监督；审计委员会必须预先批准审计师所提供的所有服务，国有企业由国资委直接选聘审计师，有的政府部门对政府类审计实行“公开招标”等。本书认为，重新配置审计师选聘权的目标取向是：①委托者应当具有追求真实审计报告的动机；②会计报告使用者拥有对审计师的选聘；③选聘权的覆盖范围应当包括审计和非审计服务。重新调整审计师选聘权的内容取向是：①公司治理结构中的审计师选聘权，应当在公司治理结构中加以重点关注，以把重新完善审计师选聘权与完善公司治理结构框架结合起来；②对于政府性强制性审计，重新完善审计师选聘权的关键是，如何建立一套有效的实施和监管机制，以促使政府部门具有追求真实审计报告的动机。

二　审计师需求管理制度的政策含义

政府借助于法律的非市场的刺激方式来使审计师审计合乎市场经济的要求，创造了对审计师的需求。一方面，政府作为国有资产所有者的代表，需要会计师事务所对其控股的企业进行年度会计报表审计等；另一方面，政府作为社会事务的管理者，也需要会计师事务所提供相应的服务。但是期间的行为是不完善的：决策者有命令如何去做的权利，这使得结果是符合法律要求的，但是决策者不用去承担后果。这有可能导致“坏”的选择（小贾尔斯·伯吉斯，2003）。政府部门需要审计师审计只是为了合乎法律要求，但没有追求高质量审计的内在动机，所以，在尚需保持政府强制性审计的条件下，就需要建立其对高质量审计需求的动机。①政府审计需要采取“公开招标”方式进行，以发挥市场竞争机制的作用。事实上，一些地方国资委已经采取这种做法。②建立审计失败的责任追究制度，有关政府需求部门应当对审计失败承担相应的连带责任。

三　审计师供给管理含义

（一）内部治理结构管理的含义

会计师事务所通过合伙人－审计师的委托代理关系来实现审计师执业能力的控制权和剩余索取权。从这个意义上说，对事务所的内部治理的制度设计，应当强调的是合伙人的审计师执业身份；明确合伙人在委托代理中的权责关系；建立合理的股权结构配置和股东的进出机制，并在此基础上指引事务所建立以章程为核心的内部治理结构和有效解决内部问题的机制。

（二）审计师执业管理的含义

处于制度变迁时期的我国微观经济结构十分复杂，这给审计师独立性的制度和机制设计带来较大的难度。对价格竞争、低价承揽、审计师任期、非审计服务实施统一的政府管制很可能使审计师独立性产生正反两方面的效果，也自然会引起各方面不同的反应，这就需要政府监管部门在实施有关管制制度时，认真权衡利弊并加以统筹安排，否则，任何“一刀切”的管理方式都有可能产生很多难以预料或者意料不到的结果。

按照本书的分析，审计师独立性分析框架给出的政策含义如下。①合理设置准入组织形式。会计师事务所的组织形式有三种：普通合伙制、特殊普通合伙制（有限责任合伙制）、有限责任制。在实际中，根据不同的审计业务范围、对象，合理地设置不同类型的准入条件，并明确不同组织形式事务所的设立条件、业务范围限制、强制职业责任保险、计提职业风险保证基金等，引导审计师和事务所根据业务特点和自身情况自行选择合理的组织形式。②对资质管理、价格竞争、低价承揽、审计师任期、非审计服务实施统一的政府管制很可能使审计师独立性产生正反两方面的作用，政府监管部门在实施有关管制制度时，要认真权衡利弊并加以分类以进行管理，以免因“一刀切”的管理方式带来很多难以预料或者意料不到的结果。③建立公开、透明的事务所评价信用体系，激励审计师创造声誉，鼓励审计师做大做强。声誉和审计师规模（财富）的变化，可以在一定程度上改变审计师的收益矩阵，发挥正向引导作用①。因此激励审计师创造声誉，鼓励审计师做大做强，也应当是本书一项重要的政策选择。

（三）法律责任和监督管理含义

1. 法律责任含义

包括行政责任、民事责任和刑事责任的完整责任形式体系，明确了对责任人的处罚界定（如图 7－2 所示）。本书分析框架所给出的法律责任的政策含义如下。①在审计师财富有限的情况下，大幅度提高对审计师的经济处罚实际上并没有更大的现实意义（即使有了完善的民事赔偿制度也是如此），换言之它并不能显著改变审计师的收益矩阵。此时，建立更加严格有效的审计师行业退出制度更加符合现实，即大幅度降低退出的门槛，实施严格的监管制度，及时清除违法违规的审计师。②完整的法律责任体系应当包括合伙人、项目负责人以及执业审计师的连带处罚责任对象体系，以形成一个主次关系明确的共同责任机制。

2. 提高会计监管效力

我国审计需求的起点以及现状表明，提高会计监管效力对我国审计师发展至关重要。会计监督的有效性取决于两个因素：一个是信息问题，另一个是积极性问题。而信息问题往往又依赖于积极性问题。本书分析框架对会计监管所给出的政策含义如下。①规范监督检查的抽样比例、时间频

---

① 前文分析表明，声誉的正面影响作用是有条件的，因此使得声誉正面作用得以发挥，还需要同时加强对审计师的监管，以防止声誉出现可能的负面作用。

率、内容和方式，形成科学有效的威慑机制。②建立监督检查的信息公开披露制度，确保信息的快速传播和交流。③建立审计师行业监管的责任追究制度，提高监管当局的积极性。

需要强调的是，经济体制是通过各种制度的互补而形成的，在这些制度之间，实际上存在一个相互衔接和协调的关系，并共同决定制度变迁的结果。因此，在独立审计的制度变迁中，各种制度政策的相互协调也是十分重要的。

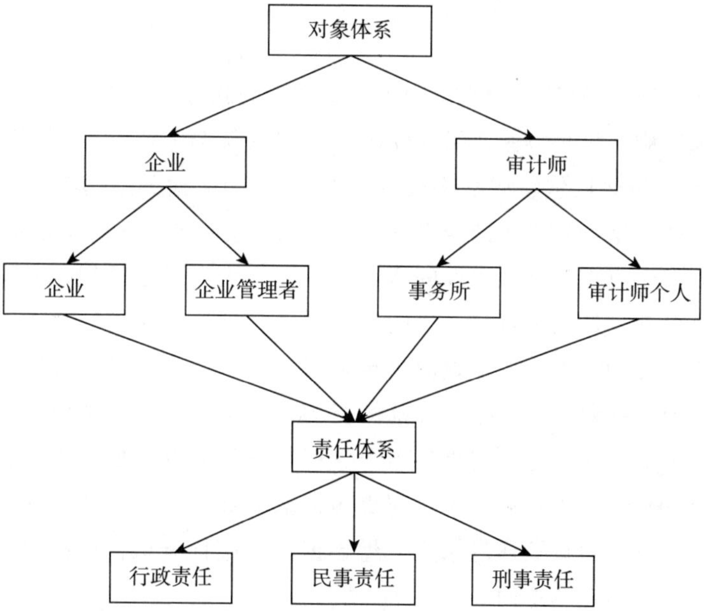

图 7－2　完整责任形式体系

第五节　结论性评述

处于制度变迁时期的我国微观经济结构十分复杂，这给审计师独立性的制度和机制设计带来极大的难度。对审计市场竞争、低价承揽、审计师任期、非审计服务、会计监管等实施统一的政府管制政策很可能使审计师独立性产生正反两方面的影响，需要政府监管部门在实施有关管制政策时，按照不同阶段我国不同的审计师执业环境特征，对有关审计师管理政策认真权衡并加以统筹安排和适时调整，否则，任何武断或者“一刀切”的管理政策很可能会带来难以预料或者意想不到的结果。

第八章 展望

在21世纪，经济学研究出现了一个重要的趋势，一方面宏观经济学在寻找微观基础，另一方面，微观经济学也试图从个体行为推演出宏观经济行为。2005年诺贝尔经济学奖获得者托马斯·C. 谢林认为，将微观和宏观两方面研究结合起来时的结果有可能是出乎意料的，不容易被猜测到。

目前关于对审计师独立性的研究，主要集中在两个领域，一个领域是研究审计师独立性微观行为，目的是揭示审计师独立性的行为动机，以期对现实中审计师的行为选择取向进行解释；另一个领域是研究审计师的宏观行为，目的是发现现实中审计师的行为选择取向。前一个研究主要采取分析性的研究方法，往往将审计师个体行为作为研究对象，以分析审计师行为选择的形成动因；后一个研究更多采取实证性研究方法，往往将审计师群体作为研究对象，通过采集大量数据进行统计分析，以找出现实中审计师行为选择的基本取向。

显然，对审计师独立性的微观动机和宏观行为的研究是相辅相成的。前者为后者提供相应的分析和解释工具，后者为前者提供了课题和实践检验的基础。但是，要将两者结合起来，并不是一件简单的加总和外推的事情。因为我们不能仅仅通过观察到的群体行为就做出有关个体倾向的结论，也不能仅仅从所了解或猜测的个体倾向就做出有关群体行为的结论（托马斯·C. 谢林，2005）。我们需要建立起两种研究之间的联系和桥梁，从而才能对很多现实问题做出合理的解释。

本书试图在对有关审计师独立性文献进行综述的基础上，以分析性证明方法为主要研究方法，以审计师选聘权配置为切入点，将审计师之间竞争的行为因素引入进来，以建立一个完整的审计师独立性一般分析框架，从而在寻找审计师微观动机和宏观行为之间的有机联系方面做一个初步的尝试性探索。应当说，这种探索本身就是一个不小的课题，需要研究的问题很多。但是不管如何，一旦我们进行这样的探索，我们就会发现很多意想不到的结果和新的研究思路，这进一步丰富了审计师独立性的研究内容，为今后开展审计师独立性的实证研究提供更多可供选择的新的研究方法和视角。当然，这也为本书今后开展深入研究提供广阔的空间。

参考文献

〔美〕艾里克·拉斯缪森：《博弈与信息——博弈论概论》，王辉等译，北京大学出版社、三联书店，2003。

白华、赵迎春：《国资委统一委托审计：理论基础与改进措施》，《审计研究》2010年第6期。

查道林、费娟英：《独立审计声誉机制研究》，《审计研究》2004年第5期。

陈武朝、郑军：《中国注册会计师行业服务需求的特点及其影响的探讨》，《审计研究》2001年第1期。

陈小林、潘克勤：《法律环境、政治关系与审计定价——本自中国证券市场的经验证据》，《财贸经济》2007年第S1期。

陈晓：《对"上市公司的财务指标与审计意见类型相关性的实证分析"一文的点评》，《中国会计评论》2003年第0期。

崔学刚：《上市公司财务信息披露：政府功能与角色定位》，《会计研究》2004年第1期。

方军雄：《转型经济中声誉机制有效性研究——来自中国审计市场的证据》，《财经研究》2011年第12期。

房巧玲：《中国审计市场效率研究》，经济管理出版社，2006。

张曙光：《控制内部人控制》，《经济研究》1996年第6期。

高鸿业主编《西方经济学》，中国经济出版社，1996。

葛家澍、黄世忠：《安然事件的反思——对安然公司会计审计问题的剖析》，《会计研究》2002年第2期。

洪剑峭、张静、娄贺统：《防止上市公司虚假信息披露机制的一个模型分析》，《复旦学报》(自然科学版) 2003年第5期。

胡海燕、唐建新：《招标选聘审计师、审计质量与审计收费》，《会计研究》2015 年第 3 期。

黄世忠、陈建明：《美国财务舞弊症结探究》，《会计研究》2002 年第 10 期。

黄世忠主编《会计数字游戏：美国十大财务舞弊案例剖析》，中国财政经济出版社，2003。

课题组：《注册会计师法规体系建设问题研究报告》，2004。

〔德〕K. F. 齐默尔曼主编《经济学前沿问题》，申其辉等译，中国发展出版社，2004。

〔美〕O. 雷·惠廷顿、〔美〕库尔特·帕尼：《审计与其他保证服务》，萧英达等译，机械工业出版社，2003。

雷光勇、曹建：《法律责任、审计质量与最佳投资水平》，《当代财经》2008 年第 3 期。

李东平：《大股东控制、盈余管理与上市公司业绩滑坡》，中国财政经济出版社，2005。

李东平、黄德华、王振林：《“不清洁”审计意见、盈余管理与会计师事务所变更》，《会计研究》2001 年第 6 期。

李怀祖编著《管理研究方法论》，西安交通大学出版社，2004。

李树华：《上市公司年度报告审计意见之实证分析（1997）》，《上海证券报》1998 年 8 月 11 日。

李树华：《审计独立性的提高与审计市场的背离》，上海三联书店，2000。

李爽、吴溪：《制度因素与独立审计质量——来自持续经营不确定性审计意见的经验证据》，《中国注册会计师》2002 年第 6 期。

李爽、吴溪：《中国证券市场中的审计报告行为：监管视角与经验证据》，中国财政经济出版社，2003。

李眺：《审计市场：产业组织视角的分析》，上海财经大学出版社，2005。

李增泉：《实证分析：审计意见的信息含量》，《会计研究》1999 年第 8 期。

李正龙：《审计博弈分析》，《审计研究》2001 年第 3 期。

刘峰、林斌：《会计师事务所脱钩与政府选择：一种解释》，《会计研究》2000 年第 2 期。

刘更新、蔡利：《审计管制、审计责任与审计质量研究：基于法律标准不确性影响的分析》，《审计研究》2010 第 3 期。

刘明辉主编《高级审计理论与实务》，东北财经大学出版社，2006。
刘明辉、金一：《注册会计师行为与制度约束的经济分析》，《会计研究》1999 年第 10 期。
刘笑霞：《审计师惩戒与审计定价——基于中国证监会 2008 ~ 2010 年行政处罚案的研究》，《审计研究》2013 年第 2 期。
刘行健、王开田：《会计师事务所转制对审计质量有影响吗?》，《会计研究》2014 年第 4 期 。
龙小海、黄登仕、朱庆芬、覃东、徐融：《基于注册会计师关联关系的会计监管体系博弈分析》，《会计研究》2004 年第 10 期。
龙小海、黄登仕、朱庆芬、覃东：《我国注册会计师行业管理的经济学分析：制度和机制设计》，《会计研究》2005 年第 6 期。
龙小海、余怒涛、黄登仕、叶子荣：《注册会计师独立性的微观动机和宏观行为：综述、分析和展望》，《会计研究》2006 年第 8 期。
卢现祥：《西方新制度经济学》，中国发展出版社，2003。
陆建桥：《后安然时代的会计与审计——评美国〈2002 年萨班斯—奥克斯利法案〉及其对会计、审计发展的影响》，《会计研究》2002 年第 10 期。
〔美〕平狄克、鲁宾费尔德：《微观经济学（第四版)》，张军译，中国人民大学出版社，2000。
平新乔、李自然：《上市公司信息披露中的勾结问题》，http://www. ccer. pku. edu. cn，2003。
〔日〕青木昌彦：《比较制度分析》，周黎安译，上海远东出版社，2001。
〔日〕青木昌彦、〔日〕奥野正宽编著《经济体制中的比较制度分析》，魏加宁等译，中国发展出版社，1999。
〔日〕青木昌彦、钱颖一主编《转轨经济中的公司治理结构》，中国经济出版社，1995。
上海证券交易所研究中心：《中国公司治理报告（2003 年)》，复旦大学出版社，2003。
沈辉、肖小凤：《会计师事务所法律责任与审计收费溢价》，《审计与经济研究》2013 第 6 期。
孙铮、曹宇：《股权结构与审计需求》，《审计研究》2004 年第 3 期。
〔美〕托马斯 · C. 谢林：《微观动机与宏观行为》，谢静、邓子梁等译，中国人民大学出版社，2005。

王广明、张奇峰：《注册会计师“诚信”的经济学分析》，《会计研究》2003 年第 4 期。

王善平：《独立审计的诚信问题》，《会计研究》2002 年第 7 期。

〔加〕威廉姆·R. 司可脱：《财务会计理论》，陈汉文等译，机械工业出版社，2000。

吴联生、顾智勇：《审计质量与注册会计师责任》，《中国注册会计师》2002 年第 5 期。

吴溪：《双重审计模式下的审计独立性与审计定价：中国 B 股市场的证据》，中国财政经济出版社，2005。

吴溪：《我国证券审计市场的集中度与注册会计师独立性》，《中国注册会计师》2001 年第 9 期。

吴溪：《我国证券市场审计师变更的若干特征分析》，《中国注册会计师》2002 年第 1 期。

夏冬林：《我国上市公司股东大会功能分析》，《会计研究》2000 年第 3 期。

夏冬林、林震昃：《我国审计市场的竞争状况分析》，《会计研究》2003 年第 3 期。

〔美〕小贾尔斯·伯吉斯：《管制和反垄断经济学》，冯金华译，上海财经大学出版社，2003。

谢德仁：《注册会计师行业管制模式：理论分析》，《会计研究》2002 年第 2 期。

谢德仁、陈武朝：《注册会计师职业服务市场的细分研究》，《会计研究》1999 年第 8 期。

谢识予：《经济博弈论（第二版）》，复旦大学出版社，2002。

谢识予：《有限理性条件下的进化博弈理论》，《上海财经大学学报》2001 年第 5 期。

薛祖云、陈靖、陈汉文：《审计需求：传统解释与保险假说》，《审计研究》2004 年第 5 期。

闫焕民、刘宁、陈小林：《事务所转制是否影响审计定价策略？——来自我国上市公司的经验证据》，《审计研究》2015 年第 5 期。

阎达五、李勇：《也谈美国会计造假事件》，《会计研究》2002 年第 9 期。

姚海鑫、尹波、李正：《关于上市公司会计监管的不完全信息博弈分析》，

《会计研究》2003 年第 5 期。

叶忠明：《对重塑审计关系的思考》，《审计研究》2004 年第 3 期。

〔美〕约翰·海普：《审计质量和经济结构》，于小旺、李红霞译，《会计研究》2002 年第 6 期。

曾铁兵：《注册会计师职业问题的多视角研究初探》，中国财政经济出版社，2005。

张阳：《审计师选聘权与独立性——基于制度环境视角》，上海三联书店，2008。

赵国宇、王善平：《CPA 法律责任制度变迁对审计质量的影响》，《财经科学》2008 年第 10 期。

证监会：《2002 年证券期货相关审计市场分析》。

证监会：《谁审计中国证券市场》，2003。

〔美〕朱·弗登博格、〔法〕让·梯若尔：《博弈论》，黄涛等译，中国人民大学出版社，2002。

朱春艳、伍利娜：《上市公司违规问题的审计后果研究——基于证券监管部门处罚公告的分析》，《审计研究》2009 第 4 期。

朱红军、夏立军、陈信元：《转型经济中审计市场的需求特征研究》，《审计研究》2004 年第 5 期。

朱小平、余谦：《我国审计收费影响因素之实证分析》，《中国会计评论》2004 年第 2 期。

Antle R. , Griffen P. , Teece D. , Williamson O. , *An Economic Analysis of Auditor Independence for Multi-Client*, *Service Pubic Accounting Firm*, Reports of Prepared for AICPA by the Law and Economics Consulting Inc. , AICPA, New York, 1997.

Antle R. , Demski J. S. , "Contracting Frictions, Regulation and The Structure of CPA Firms," *Journal of Accounting Research*, 1991 (29) (Supplement).

Antle R. , "The Auditor as an Economic Agent," *Journal of Accounting Research*, 1982 (20).

Antle R. , "The Auditor Independence," *Journal of Accounting Research*, 1984 (22).

Ashbaugh H. , Lafond R. , Mayhew BW, "Do Nonaudit Services Compromise

Auditor Independence? Further Evidence," *Accounting Review*, 2003, 78 (3).

Baber W. E. , Brooks E. , Ricks W. , "An Empirical Investigation of The Market for Audit Services in The Public Sector," *Journal of Accounting Research*, 1987 (25) (Autumn).

Baiman S. , Evans H. , "Decentralization and Pre-Decision Information," *Journal of Accounting Research*, 1983 (21) (Autumn).

Baiman S. , Evans J. H. , Nagarajan J. , "Collusion in Auditing," *Journal of Accounting Research*, 1991 (25).

Baiman S. , Evans J. H. , Noel J. , "Optimal Contracts with A Utility Maximizing Auditor," *Journal of Accounting Research*, 1987 (25).

Balachandran B. , Ramakrishnan R. , "Internal Control and External Auditing for Incentive Compensation Schedules," *Journal of Accounting Research*, 1980 (18) (Supplement).

Bandyopadhyay, S. P. , Kao, J. L. , "Getting the Price Right," *Ca Magazine*, 2001, 79 (66).

Bazerman M, H. , Morgan K. P. , Loewenstein G. F. , "The Impossibility of Auditor Independence," *Sloan Management Review*, 1997 (Summer).

Beck, P. J. , Wu, M. G. H. , "Learning by Doing and Audit Quality," *Contemporary Accounting Research*, 2006 (23).

Becker C. , DeFond M. , Jiambalvo J. , Subramanyam K. R. , "The Effect of Audit Quality on Earnings Management," *Contemporary Accounting Research*, 1998 (15).

Beneish D. , Press E. , "Costs of Technical Default," *The Accounting Review*, 1993 (68).

Benston, G. , "Accountant's Integrity and Financial Reporting," *Financial Executive*, 1975 (August).

Bernheim, B. D. , Whinston M. D. , "Common Agency," *Econometrica*, 1986 (54).

Blacconiere W. , DeFond M. , "An Investigation of Independence Auditor Opinions and Subsequent Independence Auditor Litigation of Publicly Traded Failed Saving and Loans," *Journal of Accounting and Public Policy*, 1997

(16).

Blay, A. D. , Geiger, M. A. , "Auditor Fees and Auditor Independence: Evidence from Going Concern Reporting Decisions," *Contemporary Accounting Research*, 2013, 30 (2).

Bockus K. , Gigler F. , "A Theory of Auditor Resignation," *Journal of Accounting Research*, 1998 (36).

Bohn H, "Monitoring Multiple Agents," *Journal of Economic Behavior and Organization*, 1987 (8).

Boone JP. , Khurana IK. , Raman KK. , "Audit Firm Tenure and the Equity Risk Premium," *Journal of Accounting Auditing and Finance*, 2008, 23 (1).

Brody R. G. , Moscove S. A. , "Mandatory Auditor Rotation," *National Public Accountant*, 1998 (May).

Callaghan, J. , Parkash, M. , Singhal, R. , "Going-Concern Audit Opinions and the Provision of Nonaudit Services: Implications for Auditor Independence of Bankrupt Firms," *Auditing: A Journal of Practice & Theory*, 2009, 28 (2).

Cameran M, Francis J, Marra A, Pettinicchio A. , "Are There Adverse Consequences of Mandatory Auditor Rotation? Evidence from the Italian Experience," *Auditing A Journal of Practice and Theory*, 2015, 34 (1).

Carey, P. , Simnett, R. , "Audit Partner Tenure and Audit Quality," *The Accounting Review*, 2006 (81).

Chan, D. K. , Pae, S. , "An Analysis of the Economic Consequences of the Proportionate Liability Rule," *Contemporary Accounting Research*, 1998, 15 (4).

Chan, D. K. , Wong, K. P. , "Scope of Auditors' Liability, Audit Quality, and Capital Investment," *Review of Accounting Studies*, 2002, 7 (1).

Chen, F. , Peng, S. , Xue, S. , Yang, Z, Feiteng, Ye, "Do Audit Clients Successfully Engage in Opinion Shopping? Partner-Level Evidence," *Journal of Accounting Research*, 2016, 54 (1).

Chen, S. , Sun, S. Y. J. , Wu, D. , "Client Importance, Institutional Improvements, and Audit Quality in China: An Office and Individual Auditor Level

Analysis," *The Accounting Review*, 2010, 85 (1).

Chi W., Lei, LL., Long, X., Wang, K., "Do Regulations Limiting Management Influence over Auditors Improve Audit Quality? Evidence from China," *Journal of Accounting and Public Policy*, 2013, 32 (2).

Choi J., Liu X. H., Kim J. B., Simunic D. A., "Audit Pricing, Legal Liability Regimes and Big 4 Premiums: Theory and Cross-country Evidence," *Contemporary Accounting Research*, 2009, 25 (1).

Choi J. H., Wong T. J., "Auditors' Governance Functions and Legal Environments: An International Investigation," *Contemporary Accounting Research*, 2007, 24 (1).

Chow C., Rice S., "Qualified Audit Opinions and Auditor Switching," *The Accounting Review*, 1982 (April).

Christensen J., "Communication in Agencies," *Bell Journal of Economics*, 1981 (Autumn).

Chtistensen, J., "The Deternination of Performance Standards and participation," *Journal of Accounting Research*, 1982 (20) (Autumn).

Chung, H., Kallapur S., *Client Importance, Non-Audit Service and Abnormal Accruals*, Working Paper, Purdue University, 2001.

Cooper R. T., "Ross., Product Warranties and Double Moral Hazard," *Rand Journal of Economics*, 1985 (16).

Cordially A., Stokes D. J., Lanughton J., "Auditor Independence and Fee Dependence," *Journal of Accounting and Economics*, 2002 (33).

Craswell A. T., Francis J. R., Taylor S. L., "Auditor Brand Name Reputations and Industry Specializations," *Journal of Accounting and Economics*, 1995 (20).

Daniel Kahneman, Amos Tverskey, "Prospect Theory: An Analysis of Decision under Risk," *Econometrica*, 1979 (47).

Dao, M., Mishra, S., Raghunandan, K., "Auditor Tenure and Shareholder Ratification of the Auditor," *Accounting Horizons*, 2008, 22 (3).

Davis, L., Soo, R., B., Trompeter, G., *Auditor Tenure, Auditor Independence and Earning Management*, Working Paper, Boston College, 2002.

DeAngelo, L., "Auditor Size and Audit Quality," *Journal of Accounting and E-*

conomics, 1981a (3).

DeAngelo. L., "Auditor Independence, Low Balling and Disclosure Regulation," *Journal of Accounting and Economics*, 1981b (3).

DeFond M., Wong T. J., S. Li, "The Impact of Improved Auditor Independence on Audit Market Concentration in China," *Journal of Accounting and Economic*, 1999 (28).

DeFond M., "The Association between Changes in Client Firm Agency Costs and Auditor Switching," *Auditing: A Journal of Practice and Theory*, 1992 (11).

DeFond M. L., Lennox C. S., "The Effect of SOX on Small Auditor Exits and Audit Quality," *Journal of Accounting and Economics*, 2011 (52).

DeFond M. L., Zhang J., "A Review of Archival Auditing Research," *Journal of Accounting and Economics*, 2014 (58).

DeFond, M. L., Raghunandan K., Subramanyam K. R., "Do Non-Audit Service Fees Impair Auditor Independence? Evidence from Going Concern Opinions," *Journal of Accounting Research*, 2002 (40).

Deis, Jr., D. R., Giroux G. A., "Determinants of Audit Quality in the Public Sector," *The Accounting Review*, 1992, 67 (3).

DeJong D. W., Forsythe R., Lundolm R. J., "Rip-Offs, Lemons, and Reputation Formation in Agency Relationships: A Laboratory Market Study," *Journal of Finance*, 1985 (July).

Demski. J., Kreps D., "Models in Managerial Accounting," *Journal of Accounting Research*, 1982 (20) (Supplement).

Demski. J., Sappington D., "Optimal Incentive Contracts with Multiple Agents," *Review of Economic Studies*, 1984 (46).

Dixit A. K., Grossman G. H., Helpman H., "Common Agency and Coordination: General Theory and Application to Government Policy Making," *Journal of Accounting and Economic*, 1997 (105).

Dopuch N., Holthausen R., Lefwich R., "Predicting Audit Qualifications with Financial and Market Variables," *The Accounting Review*, 1987 (62).

Dopuch N., Holthausen R. W., Leftwich R. W., "Abnormal Stock Returns Associated with Media Disclosures of Subject to Qualified Audit Opinions,"

Journal of Accounting and Economics, 1997 (8).

Dopuch N., King R., Schwartz R., "Independence in Appearance and in Face: An Empirical Investigation," *Contemporary Accounting Research*, 2003 (65).

Dopuch N., King R., Wallin D., "The Use of Experimental Markets in Auditing Research: Some Initial Findings," *Auditing: A Journal of Practice and Theory*, 1989 (Supplement).

Dye R., Balachandran B. V., Magee R. P., "Contigent Fees for Audit Firms," *Journal of Accounting Research*, 1990 (28).

Dye R., "Communication and Post-Decision Information," *Journal of Accounting Research*, 1983 (21) (Autumn).

Dye R. A., "Auditing Standards, Legal Liability, and Auditor Wealth," *Journal of Political Economy*, 1993 (101).

Dye R. A., "Informatically Motivated Auditor Replacement," *Journal of Accounting and Economics*, 1991 (14)

Evans J. H., "Optimal Contracts with Costly Conditional Auditing," *Journal of Accounting Research*, 1980 (18) (Supplement).

Fama E., "Agency Problems and the Theory of the Firm," *Journal of Political Economy*, 1980 (88).

Fan J. P. H., Wong T. J., "Do External Auditors Perform A Corporate Governance Role in Emerging Markets? Evidence from East Asia," *Journal of Accounting Research*, 2005 (43).

Farmer T., Rittenberg L., Trompeter G., "An Investigation of the Impact of Economic and Organization Factors in Auditor Independence," *Auditing A Journal of Practice and Theroy*, 1987 (7).

Fatemi, DJ., "An Experimental Investigation of the Influence of Audit Fee Structure and Auditor Selection Rights on Auditor Independence and Client Investment Decisions," *Auditing: A Journal of Practice and Theory*, 2012, 31 (3).

Fearnley S., Beattie V. and Brandt R., "Auditor Independence and Audit Risk: A Reconceptualisation," *Journal of International Accounting Research*, 2005, 4 (1).

Feldmann D. A. , Read W. J. , "Auditor Conservatism After Enron," *Auditing: A Journal of Practice and Theory*, 2010, 29 (1).

Firth M. , Mo P. L. L. , Wong R. M. K. , "Financial Statement Frauds and Auditor Sanctions: An Analysis of Enforcement Actions in China," *Journal of Business Ethics*, 2005, 62 (4).

Firth M. , "The Provision of Non-Audit Services by Accounting Firms to Their Audit Clients," *Contemporary Accounting Research*, 1997 (14).

Francis J. , Ke B. , *Non-Audit Services Compromise Auditor Independence*, Working Paper, University of Missouri, 2002.

Francis J. R. , Simon D. , "A Test of Audit Pricing in the Small-client Segment of the U. S. Audit Market," *The Accounting Review*, 1987 (January).

Francis J. R. , Wang D. , "The Joint Effect of Investor Protection and Big 4 Audits on Earnings Quality Around the World," *Contemporary Accounting Research*, 2008, 25 (1).

Francis J. R. , Wilson E. , "Autitor Changes : A Joint Test of Theories Relating to Agency Costs and Auditor Differentiation," *The Accounting Review*, 1988 (63).

Francis J. R. , Krishnan J. , "Accounting Accruals and Reporting Conservatism," *Contemporary Accounting Research*, 1999 (16).

Francis J. R. , "The Effect of Audit Firm Size on Audit Prices: A Study of the Australian Market," *Journal of Accounting and Economics*, 1984, 6 (August).

Frankel R. , Johnson M. , Nelson K. , *Auditor Independence and Earning Quality*, Working Paper, Massachusetts Institute of Technology, 2002a.

Frankel R. M. , Johnson M. F. , Nelson K. K. , "The Relation between Auditors' fees for Nonaudit Services and Earnings Quality," *The Accounting Review*, 2002b (77) (Supplement).

Fried D. , Schiff A. , "CPA Switches and Associated Market Reactions," *The Accounting Review*, 1981 (56).

Geiger M. A. , Rama D. V. , "Audit Fees, Nonaudit fees, and Auditor Reporting on Stressed Companies," *Auditing: A Journal of Practice & Theory*, 2003, 22 (2).

Geiger M. A. , Raghunandan K. , Rama D. V. , "Recent Changes in the Association between Bankruptcies and Prior Audit Opinions," *Auditing: A Journal of Practice and Theory*, 2005, 24 (1).

Ghosh A. , Moon D. , "Autitor Tenure and Perception of Auditor Quality," *The Accounting Review*, 2005 (80).

Ghosh A. , Pawlewicz R. , "The Impact of Regulation on Auditor Fees: Evidence from the Sarbanes – Oxley Act," *Auditing: A Journal of Practice and Theory*, 2009, 28 (2).

Gigler F. , Penno M. , "Imperfect Competition in Audit Markets and Its Effect on the Demand for Audit-Related Services," *The Accounting Review*, 1995 (70).

Gjesdal F. , "Accounting for Stewardship," *Journal of Accounting Research*, *Spring*, 1981.

Glezen G. W. , Millar J. A. , "An Empirical Investigation of Stockholder Reaction to Disclosures Required by ASR No. 250," *Journal of Accounting Research*, 1985, 23 (2).

Hillegeist S. A. , "Financial Reporting and Auditing under Alternative Damage Apportionment Rules," *The Accounting Review*, 1999, 74 (3).

Hope O. K. , Langli J. C. , "Auditor Independence in A Private Firm and Low Litigation Risk Setting," *The Accounting Review*, 2010, 85 (2).

Ijiri Y. , Kaplan R. S. , "The Auditor's Sampling Objectives : Four or Two?: A Reply," *Journal of Accounting Research*, 1972, 10 (2).

Jensen M. , Meckling W. , "Theory of the Firm: Managerial Behavior, Agency Costs and Ownership Structure," *Journal of Finance and Economics*, 1976 (3).

Johnson V. , Khurana I. K. , Reynolds J. K. , "Audit-Firm Tenure and the Quality of Finance Reports," *Contemporary Accounting Research*, 2002 (19).

Johnstone K. M. , Bedard J. C. , "Audit Firm Portfolio Management Decisions," *Journal of Accounting Research*, 2004, 42 (4).

Kachelmeier B. J, "A Laboratory Market Investigation of the Demand for Strategic Auditing," *A Journal of Practice and Theory*, 1991 (Supplement).

Kahneman, D. , Tversky, A. , "Prospect Theory: An Analysis of Decision under Risk," *Econometrica*, 1979, 47 (2).

Kanodia C., Mukherji A., "Audit Pricing, Lowballing and Auditor Turnover: A dynamic Analysis," *The Accounting Review*, 1994 (69) (October).

Ke B., Lennox C., Xin Q., "The Effect of China's Weak Institutional Environment on the Quality of Big Four Audits," *The Accounting Review*, 2015, 90 (4).

Khurana I. K., Raman K. K., "Litigation Risk and the Financial Reporting Credibility of Big 4 versus Non-Big 4 Audits: Evidence from Anglo-American Counties," *The Accounting Review*, 2004 (79).

King R., "An Experimental Investigation of Self-Serving Biases in An Auditing Trust Game: The Effect of Group Affiliation," *The Accounting Review*, 2002 (77).

King R., "Reputation Formation for Reliable Reporting: An Experiment Investigation," *The Accounting Review*, 1996 (July).

Knechel W. R., Vanstraelen A., "The Relationship between Auditor Tenure and Audit Quality Implied by Going Concern Opinions," *Auditing: A Journal of Practice & Theory*, 2007, 26 (1).

Kofman F., Lawarree J., "Collusion in Hierarchical Agency," *Econometrica*, 1993 (61).

Kornish L. J., Levine C. B., "Discipline with Common Agency: The Case of Audit and Nonaudit Services," *The Accounting Review*, 2004 (79).

Krishnan J., J. Krishnan, "Litigation Risk and Auditor Resignations," *The Accounting Review*, 1997 (72).

Kuo T. W., "Auditor Tenure and Perceptions of Audit Quality," *Accounting Review*, 2011, 80 (2).

Lam K., Mensah Y. M., "Auditors Decision-Making under Going-Concern Uncertainties in Low Litigation-Risk Environments: Evidence from Hong Kong," *Journal of Accounting and Public Policy*, 2006, 25 (6).

Laussel D., Le Breton M., "Conflict and Cooperation: The Structure of Equilibrium Payoffs in Common Agency," *Journal of Economic Theory*, 2001 (100).

Lee C. J., Gu Z., "Low Balling, Legal Liability and Auditor Independence,"

The Accounting Review, 1998 (73).

Lennox C. S., "Audit Quality and Auditor Size: An Evaluation of Reputation and Deep Pockets Hypotheses," *Journal of Business Finance and Accounting*, 1999, 26 (7/8), (September/October).

Lennox C., "Do Companies Successfully Engage in Opinion-Shopping? Evidence from the UK," *Journal of Accounting and Economics*, 2000, 29 (3).

Lennox C. S., Wu, X., Zhang T., "Does Mandatory Rotation of Audit Partners Improve Audit Quality?" *Accounting Review*, 2014, 89 (5).

Lim C. Y., Tan H. T., "Does Auditor Tenure Improve Audit Quality? Moderating Effects of Industry Specialization and Fee Dependence," *Contemporary Accounting Research*, 2010, 27 (3).

Lim C., Tan H., "Non-Audit Service Fees and Audit Quality: The Impact of Auditor Specialization," *Journal of Accounting Research*, 2008, 46 (1).

Liu C., Wang T., "Auditor Liability and Business Investment," *Contemporary Accounting Research*, 2006, 23 (4).

Lui F. T., "An Equilibrium Queuing Model of Bribery," *Journal of Political Economy*, 1985 (93).

Lyon J. D., Maher M. W., "The Importance of Business Risk in Setting Audit Fee: Evidence from Cases of Client Misconduct," *Journal of Accounting Research*, 2005 (42).

Magee R. P., Tseng M., "Audit Pricing and Independence," *The Accounting Review*, 1990 (65).

Mansi S. A., Maxwell W. F., Miller D. P., "Does Auditor Quality and Tenure Matter to Investor? Evidence from the Bond Market," *Journal of Accounting Research*, 2004 (42).

Mayhew B. W., Pike J. E., "Does Investor Selection of Auditor Enhance Auditor Independence?" *The Accounting Review*, 2004 (79).

Mayhew B. W., "Auditor Reputation Building," *Journal of Accounting Research*, 2001 (39).

Melumad N. D., Thoman L., "On Auditors and the Courts in An Adverse Selection Setting," *Journal of Accounting Research*, 1990 (28).

Milgrom P., Roberts J., "Limit Pricing and Entry Under Incomplete Information: An Equilibrium Analysis," *Econometrica*, 1982 (50).

Mo P. L., Rui O. M., Wu X., "Auditors' Going Concern Reporting in the Pre- and Post-Bankruptcy Law Eras: Chinese Affiliates of Big 4 Versus Local Auditors," *The International Journal of Accounting*, 2015 (50).

Mookherjee D. "Optimal Incentive Schemes with Many Agents," *Review of Economic Studies*, 1984 (51).

Moore G., Scott W. R., "Auditors' Legal Liability, Collusion with Management and Investors' Loss," *Contemporary Accounting Research*, 1989 (5).

Myers J. N., Myers L. A., Omer T. C., "Exploring the Term of the Audit-Client Relationship and the Quality of Earning: A Case for Mandatory Auditor Rotation?" *The Accounting Review*, 2003 (78).

Myerson R., "Incentive Compatibility and the Bargaining Problem," *Econometrica*, 1979 (January).

Narayanan V. G, "An Analysis of Auditor Liability Rules," *Journal of Accounting Research*, 1994, 32 (Supplement).

Newman D. P., Patterson E. R., Smith J. R., "The Role of Auditing in Investor Protection," *The Accounting Review*, 2005 (80).

Ng D., Stoeckenius J., "Auditing: Incentives and Truthful Reporting," *Journal of Accounting Research*, 1979 (19) (Supplement).

Nichols D. R., PRICE K. H., "The Auditor-Firm Conflict: An Analysis Using Concepts of Exchange Theory," *The Accounting Review*, 1976 (51) (A-pril).

Palmrose Z., "Audit Fees and Auditor Size: Further Evidence," *Journal of Accounting Research*, 1986 (24) (Spring).

Palmrose Z., "Emprical Research on Auditor Litigation: Considerations and Data," *Studies in Accounting Research*, 1999 (33).

Palmrose Z., "The Effect of Non – Audit Service on the Pricing of Audit Service: Further Evidence," *Journal of Accounting Research*, 1984 (24).

Patterson E., D. Wright, "Evidence of Fraud, Audit Risk and Audit Liability Regimes," *Review of Accounting Studies*, 2003 (8).

Peters M., "Common Agency and the Revelation Principle," *Econometrica*, 2001 (69).

Raghunandan K. , Rama D. V. , "Audit Committee Composition and Shareholder Actions: Evidence from Voting on Auditor Ratification," *Auditing: A Journal of Practice and Theory*, 2003, 22 (2).

Raghunandan K. , Rama D. V. , "SOX Section 404 Material Weakness Disclosures and Audit Fees," *Auditing: A Journal of Practice and Theory*, 2006, 25 (1).

Rander R. , "Monitoring Cooperative Agreement in A Repeated Principal-Agent Relationship," *Econometrica*, 1981 (49) (September).

Read WJ. , Yezegel A. , "Auditor Tenure and Going Concern Opinions for Bankrupt Clients: Additional Evidence," *Auditing: A Journal of Practice and Theory*, 2016, 35 (1).

Reynolds K. , Francis J. R. , "Does Size Matter? The Influence of Large Clients on Office-Level Auditor Reporting Decisions," *Journal of Accounting and Economics*, 2001 (30).

Reynolds K. D. , Deis J. , "Francis Professional Service Fees and Auditor Objectivity," *Auditing: A Journal of Practice and Theory*, 2004, 23 (23).

Robinson D. , "Auditor Independence and Auditor-provided Tax Service: Evidence from Going-Concern Audit Opinions Prior to Bankruptcy Filings," *Auditing: A Journal of Practice & Theory*, 2008, 27 (4).

Ryan S. G. , Herz R. H. , Iannaconi T. E. , Maines l. A. , Palepu K. , Schrand C. M. , Skinner D. J. , Vincent L. , "Commentary SEC Auditor Independence Requirement: AAA Financial Accounting Standard Committee," *Accounting Horizons*, 2001 (15).

Sankaraguruswamy S. , Whisenant S. , "An Empirical Analysis of Voluntarily Supplied Client-auditor Realignment Reasons," *Auditing: A Journal of Practice & Theory*, 2004, 23 (1).

Schatzberg J. W. , "A Laboratory Market Investigation of Low Balling in Audit Pricing," *The Accounting Review*, 1990 (65) (April).

Schwartz R. , "Legal Regimes, Audit Quality and Investment," *The Accounting Review*, 1997, 72 (3).

Seetharaman A. , Gul F. A. , Lynn S. G. , "Litigation Risk and Audit Fees: Evidence from UK Firms Cross-listed on US Markets," *Journal of Accounting and Economics*, 2002 (33).

Selten R., Stoecker R., "Behavior in Sequences of Finite Prisoner's Dilemma Supergames," *Journal of Economic Behavior and Organization*, 1986 (March).

Sharma D., Sidhu J., "Professionalism Versus Commercialism: The Association between Non-audit Services (NAS) and Audit Independence," *Journal of Business Finance & Accounting*, 2001, 28 (June/July).

Shu S., "Auditor Resignation: Clientele Effects and Legal Liability," *Journal of Accounting and Economics*, 2000 (29).

Simon D., Francis J., "The Effects of Auditor Change on Audit Fees: Tests of Price Cutting and Price Recovery," *The Accounting Review*, 1988 (63) (April).

Simunic D. A., "Auditing, Consulting and Auditor Independence," *Journal of Accounting Research*, 1984 (22).

Simunic D. A., "The Pricing of Audit Services: Theory and Evidence," *Journal of Accounting Research*, 1980 (18) (Spring).

Skinner D. J., Srinivasan S., "Audit Quality and Auditor Reputation: Evidence from Japan," *The Accounting Review*, 2012, 87 (5).

Solomon I., Shields M. D., Whittington R. O., "What Does Industry Specialist Auditor Know?" *Journal of Accounting Research*, 1999 (37).

Stanley JD., Brandon DM., "Mcmillan JJ, Does Lowballing Impair Audit Quality? Evidence from Client Accruals Surrounding Analyst Forecasts," *Journal of Accounting and Public Policy*, 2015, 34 (6).

Stiglitz J., Weiss A., "Credit Rationing in Markets with Imperfect Information," *American Economic Review*, 1981 (June).

Su Lixin (Nancy), Xuezhou (Rachel), Zhao Gaoguang (Stephen), Zhou, "Auditor Tenure and Stock Price Idiosyncratic Volatility: The Moderating Role of Industry Specialization," *Auditing: A Journal of Practice & Theory*, 2016, 35 (2).

Suh Y., "Collusion and Noncontrollable Cost Allocation," *Journal of Accounting Research*, 1987 (Supplement).

Sutton M. H., "Auditor Independence: The Challenge of Fact and Appearance," *Accounting Horizons*, 1997 (11).

Swieringa R. J. , Weick K. E. , "An Assessment of Laboratory Experiment in Accounting," *Journal of Accounting Research*, 1982 (Supplement).

Teoh S. H. , "Auditor Independence, Dismissal Threats, and the Market Reaction to Auditor Switches," *Journal of Accounting Research*, 1992 (30) (Spring).

Tepalagul N, Lin L. , "Auditor Independence and Audit Quality: A Literature Review," *Journal of Accounting Auditing and Finance*, 2015, 30 (1).

Tirole J. , "Hierarchies and Bureaucracies: On the Role of Collusion in Organizations," *Journal of Law, Economics, and Organization*, 1986 (2) (Fall).

Titman S. , Trueman B. , "Information Quality and the Valuation of New Issues," *Journal of Accounting & Economics*, 1986 (June).

Tuener L. , *Testimony and Statement before the Committee on Banking, Housing and Urban Affairs U. S Senate*, http:// banking. senate. gov. , 2002.

Wallace W. A. , "The Economic Role of the Audit in Free and Regulated Markets: A Look back and A Look forward," *Research in Accounting Regulation*, 2004, 17 (4).

Wallace W. A. , "The Economic Role of the Audit in Free and Regulated Markets: A Review," *Research in Accounting Regulation*, 1987 (1).

Wallace W. A. , *The Economic Role of the Audit in Free and Regulated Markets* (New York: Touch Ross, 1980).

Wallin D. E. , "Legal Recourse and the Demand for Auditing," *The Accounting Review*, 1992 (January).

Watts R. , Zimmerman J. , *Positive Accounting Theory* (NJ: Prentice-Hall Englewood Cliffs, 1986).

Watts R. , Zimmerman J. , "Agency Problems, Auditing, and The Theory of the Firm: Some Evidence," *Journal of Law and Economics*, 1983 (26).

Weber J. , Willenborg M. , Zhang J. , "Does Auditor Reputation Matter? The Case of KPMG Germany and ComROAD AG," *Journal of Accounting Research*, 2008, 46 (4).

Wilson R. , "Auditing: Perspectives from Multi-Person Decision Theory," *The Accounting Review*, 1983 (58).

Yu H. C. , "Legal Systems and Auditor Independence," *Review of Accounting*

Studies, 2011 (16).

Zmijewski M. , "Methodological Issues Related to the Estimation Financial Distress Prediction Models," *Journal of Accounting Research*, 1984 (22).

附　录

审计竞争中的审计师"囚徒困境"

按照独立审计的起源和初衷，应该说，在博弈的初始阶段，审计师首先采取的策略一般为（独立，独立）。假定由 n 个审计师进行博弈，最初所有审计师采取的策略为（独立，独立），其收益平均为 $\mu_a^f(r)$。假设在某个博弈阶段某个审计师选择不独立策略，此时其收益假定为 $\mu_a^f(r)$，其他审计师的收益为0，以上关系可以用以下收益矩阵表示：

		审计师2	
		D	DN
审计师1	D	$\mu_a(r),\mu_a(r)$	$0,\frac{n}{n-1}\mu_a^f(r)$
	DN	$\frac{n}{n-1}\mu_a^f(r),0$	$\mu_a^f(r),\mu_a^f(r)$

考虑到所有审计师均采取独立策略，此时，只要审计师采取合谋策略，其比较收益为：

$$\sum_1^\infty n\mu_a^f(r)+\delta^i\frac{\mu_a^f(r)}{(1-\delta)}\leqslant\sum_0^\infty\delta^i\frac{\mu_a(r)}{(1-\delta)}$$

$$\mu_a^f(r)+\frac{\delta}{n(1-\delta)}\mu_a^f(r)\leqslant\frac{\delta}{n(1-\delta)}\mu_a(r)$$

$$\delta\geqslant\frac{n\mu_a^f(r)-\mu_a(r)}{(n-1)\mu_a^f(r)}=1+\frac{\mu_a^f(r)-\mu_a(r)}{(n-1)\mu_a^f(r)}$$

当 $n\to\infty$ 时，$\delta\to 1$。也就是说，审计师越多，默契合作就越困难。换言之，在完全竞争市场中，如果合谋的收益大于审计师采取独立策略的收益，则形成独立审计策略而不陷入"囚徒困境"是不现实的。

图书在版编目（CIP）数据

审计师选聘权配置、市场竞争与独立性 / 龙小海著. -- 北京：社会科学文献出版社，2017.10
ISBN 978-7-5201-1508-7

Ⅰ.①审… Ⅱ.①龙… Ⅲ.①审计人员-人力资源管理-中国 Ⅳ.①F239.22

中国版本图书馆CIP数据核字（2017）第244530号

审计师选聘权配置、市场竞争与独立性

著　　者 / 龙小海

出 版 人 / 谢寿光
项目统筹 / 恽　薇　冯咏梅
责任编辑 / 冯咏梅　王春梅

出　　版 / 社会科学文献出版社·经济与管理分社（010）59367226
　　　　　地址：北京市北三环中路甲29号院华龙大厦　邮编：100029
　　　　　网址：www.ssap.com.cn
发　　行 / 市场营销中心（010）59367081　59367018
印　　装 / 北京季蜂印刷有限公司

规　　格 / 开 本：787mm×1092mm　1/16
　　　　　印 张：17.5　字 数：293千字
版　　次 / 2017年10月第1版　2017年10月第1次印刷
书　　号 / ISBN 978-7-5201-1508-7
定　　价 / 79.00元